Collection dirigée par Étienne Ch

20 dissertatic

avec analyses et commentaires

sur le thème

L'argent

Molière – *L'Avare*
Émile Zola – *L'Argent*
Georg Simmel – *Philosophie de l'argent*

Sous la coordination de Céline Bohnert et Natalia Leclerc

Par

Matthieu Bennet
Ancien élève de l'ENS (Lyon)
Professeur agrégé de Philosophie

Céline Bohnert
Agrégée de Lettres modernes
Maître de conférences à l'université

Géraldine Déries
Professeur agrégé de Lettres modernes
Ancienne élève de HEC
Docteur ès Lettres

Sophie Fortin
Professeur agrégé de Lettres modernes

Renaud Garcia
Professeur agrégé de Philosophie

Marianne Isola-Esclangon
Certifiée de Philosophie
Conservateur des bibliothèques

Anouk Jurado
Professeur agrégé de Lettres modernes
Enseignante à l'université

Mathilde Labbé
Ancienne élève de l'ENS
Professeur agrégé de Lettres modernes

Natalia Leclerc
Professeur agrégé de Lettres modernes
Enseignante à l'université
Interrogatrice en CPGE

Sabine Mélone
Professeur agrégé de Lettres modernes

Hélia Paukner
Ancienne élève de l'ENS (Lyon)
Agrégée d'Allemand

Aurélien Pigeat
Professeur en CPGE
Agrégé de Lettres modernes
Docteur ès Lettres

Les auteurs remercient Céline Chevalier pour la précieuse aide qu'elle a apportée à la préparation de cet ouvrage.

Les indications de pages dans cet ouvrage renvoient aux éditions suivantes. Ces renvois sont destinés à faciliter votre recherche ; ils ne doivent pas figurer dans vos dissertations.

L'Argent	Livre de Poche, « Classiques » n°584
Philosophie de l'argent	Partie analytique, chap. 3, I-II PUF, « Quadrige »
L'Avare	Pas d'édition particulière

Dépôt légal juin 2009
ISBN13 : 978-2-35141-043-1

Mode d'emploi

Un bon ingénieur, comme son titre l'indique, est ingénieux, il possède un génie certain pour mettre en place des projets au sein de son entreprise. Mais outre la conception de ces projets, il doit savoir les exposer, convaincre, et pour cela s'exprimer avec précision et élégance, argumenter et illustrer son point de vue. L'exercice de la dissertation met en œuvre ces facultés, et c'est la raison de sa présence parmi les épreuves de recrutement des grandes écoles.

Objectif de cet ouvrage

L'ouvrage que vous tenez entre les mains entend vous former pour cet exercice, qui paraît n'être qu'académique et qui est pourtant la manifestation d'une certaine capacité à réfléchir et à exposer son argumentation, si toutefois on en connaît les règles. « Vous former », c'est-à-dire vous conduire à savoir faire cet exercice par vous-même le jour du concours. Pour cela, il ne s'agit pas d'apprendre par cœur les plans et encore moins les dissertations proposées – même si cela est tentant ! Il s'agit de vous préparer de manière raisonnée et rigoureuse.

Aucun livre ne peut se substituer à une étude personnelle des œuvres ni aux cours de votre professeur. Mais il peut les compléter et vous montrer comment en tirer le meilleur parti. C'est pourquoi vous trouverez dans cet ouvrage tout ce dont vous avez besoin pour aborder les concours en toute confiance :

- une méthode claire et efficace ;
- une présentation des auteurs et des œuvres au programme ;
- une réflexion sur les principaux enjeux du thème de l'année ;
- vingt dissertations étudiées et corrigées en détail ;
- des analyses fouillées des passages clefs des œuvres ;
- des citations prêtes à l'emploi.

Quand et comment utiliser cet ouvrage

Le secret, c'est qu'il n'y a pas de secret : il faut travailler régulièrement et intelligemment, comme en sciences. Reste à savoir ce que cela veut dire à propos du français... La démarche que nous vous proposons ci-dessous n'est pas la seule possible, mais elle vous garantit une progression continue, un bon niveau final et un excellent rapport note au concours / temps investi.

Pendant l'été

Commencez bien sûr par lire les œuvres au programme. Cette première étape doit déjà être rentabilisée : au fil de la lecture, réfléchissez aux liens que chaque œuvre entretient avec le thème de l'année, aux diverses façons dont elle l'illustre.

Soulignez les passages qui vous semblent importants et les citations que vous souhaitez retenir. Aidez-vous pour cela de ceux que nous avons sélectionnés, ce sont de bons repères, mais ne négligez pas les extraits qui vous plaisent ou vous frappent. Une lecture personnelle est tout à fait valorisée.

Étudiez ensuite les parties de ce manuel qui présentent les auteurs, les œuvres et le thème. Vous aurez ainsi une bonne vue d'ensemble du programme, qui vous permettra de recevoir dans de bonnes conditions les cours de votre professeur.

Pendant l'automne

Travaillez les extraits commentés de ce manuel. Pour chacun, relisez le passage dans les œuvres, ainsi que quelques pages avant et après, puis demandez-vous (pendant environ cinq minutes) pourquoi il est important et ce que vous diriez à son sujet. Lisez ensuite l'analyse. Ceci vous aidera à constituer un bagage de références et d'exemples précis. Apprenez les citations au fur et à mesure, en sachant les situer aussi précisément que possible dans les œuvres.

En parallèle, lisez une fois la méthode (page 10 à 25), puis lisez une dissertation chaque semaine en panachant les parties du manuel, soit dix dissertations avant Noël – ne travaillez pas pendant les vacances. Vous devez chercher à comprendre (pendant une demi-heure, lecture comprise) comment la réflexion préparatoire est menée, comment la méthode est appliquée et enfin comment la dissertation est constituée, puis rédigée. La structure est pour l'instant plus importante que le détail de la rédaction. Inutile à ce stade de disserter vous-même : commencez par apprendre en observant. Les exercices demandés par votre professeur suffisent – n'hésitez d'ailleurs pas à le solliciter en cas de problème avec la méthode.

Pendant l'hiver

Il est temps de passer à la pratique. Relisez la méthode puis, chaque semaine, choisissez un libellé parmi les dix restants et consacrez-lui une heure de la manière suivante. Travaillez le sujet pendant vingt minutes en suivant les mêmes étapes que nous : analyse du sujet, confrontation aux œuvres, construction d'une problématique. Lisez ensuite l'analyse que nous proposons. Passez dix minutes à élaborer un plan détaillé, sans oublier les transitions, puis confrontez-le au nôtre. Enfin, consacrez une demi-heure à un essai de rédaction : faites systématiquement une introduction et, en alternance, une conclusion ou une sous-partie.

Maintenant que vous cernez bien le sujet, lisez la dissertation corrigée. Elle n'est pas la seule manière de traiter le sujet, mais elle constitue un exemple de bonne copie. Portez une attention particulière à la manière dont les exemples sont exploités dans l'argumentation, et retenez-les si vous ne les avez pas encore rencontrés. Soyez également attentif à la langue, à la syntaxe, à l'orthographe de certains termes clefs.

Ne négligez pas les annexes *Éviter le hors sujet* : elles déminent l'une des principales difficultés de l'exercice. Chaque sujet est différent et doit être traité dans sa singularité. Gare au copier-coller.

Pendant le printemps

Si vous êtes en spé, il ne reste que quatre semaines avant les écrits : contentez-vous de réviser les citations et les textes commentés. Si vous avez travaillé régulièrement, cela suffit. Mais lorsque vous « bouquinez », choisissez un livre « utile » : les œuvres au programme si vous ressentez le besoin de vous les remettre en mémoire, ou un livre de réflexion sur le thème de l'année en général. Évitez les autres œuvres des mêmes auteurs : d'une part vous risquez de confondre les intrigues, d'autre part vous ne devez utiliser que les œuvres au programme dans vos copies.

Si vous êtes en sup, il faut entretenir votre niveau pour éviter de revenir à la case départ l'année suivante. Pour cela, travaillez selon le programme d'hiver cinq des dix libellés dont vous aviez lu le corrigé pendant l'automne.

Et n'oubliez pas...

Votre emploi du temps réserve deux heures chaque semaine pour l'étude du français : essayez d'en tirer le meilleur parti. En premier lieu, écoutez attentivement le cours. C'est toujours la base. Mais ne vous contentez pas de noter docilement tout ce qui est dit : gardez un esprit critique et, au besoin, entamez un dialogue avec votre professeur pendant le cours ou après. Pratiquées dans les limites du bon sens, ces questions contribuent à rendre le cours vivant et stimulant pour tout le monde. Un bon élève n'est plus, comme au lycée, celui qui sait le mieux répondre aux questions, mais celui qui pose les meilleures questions.

L'ensemble de l'équipe vous souhaite une belle réussite aux concours.

Sommaire

La méthode
pour réussir ses dissertations

I Prologue

1 Qu'est-ce qu'une dissertation ?

La dissertation est un exercice scolaire qui peut se définir comme la mise en scène d'un raisonnement.

Elle part en effet d'un problème, contenu dans le sujet, auquel elle apporte une réponse organisée et argumentée. Il faut d'abord formuler le problème en termes précis ; puis apporter des éléments de réponse. Ces éléments de réponse doivent suivre un ordre logique : on commence en général par ce qui semble le plus évident pour montrer progressivement toute la complexité de la question. L'important est donc plus votre capacité à envisager tous les aspects du problème et à les articuler logiquement que la réponse en elle-même.

L'exercice peut certes être critiquable, mais c'est celui qui vous est proposé et vous devez accepter de jouer le jeu. Pour réussir une dissertation, il vous faut donc avant tout bien comprendre le but et les règles de ce jeu.

2 Les objectifs de la dissertation

Le premier objectif de la dissertation est de montrer que vous êtes capable de tenir un raisonnement logique pour défendre une idée. Autrement dit, on vous demande de prouver que vous savez répondre à une question en hiérarchisant et en articulant vos idées et utiliser des arguments pour les étayer.

Le deuxième objectif est de montrer que votre travail de l'année vous a permis d'acquérir une vraie culture littéraire personnelle. Ainsi, non seulement votre dissertation doit être un raisonnement qui répond à la question posée, mais il doit le faire en s'appuyant sur une analyse fine, rigoureuse et personnelle des œuvres au programme.

Le troisième objectif est de montrer votre capacité à mobiliser vos connaissances et votre savoir-faire en temps limité tout en respectant la forme de la dissertation et le langage commun à votre correcteur et à vous : le français courant soigné.

3 Les exigences du jury

Ces trois objectifs sont tous également pris en compte dans l'évaluation de votre copie, qui n'est pas, contrairement à ce que l'on croit trop souvent, une question de « subjectivité ». Les correcteurs appliquent un certain nombre de critères d'évaluation qui correspondent précisément aux objectifs de la dissertation que nous venons de dégager. Reprenons-les dans l'ordre.

Concernant le premier objectif, c'est la cohérence de votre propos qui sera évaluée : on attend que vous ne vous contredisiez pas d'un paragraphe à l'autre ou d'une partie à l'autre en affirmant une chose et son contraire, et que vous soyez capable de raisonner. Chacun de vos paragraphes, par exemple, doit être logiquement relié au précédent. Souvenez-vous toujours que la réponse au problème posé par le sujet importe moins au jury que la façon dont vous raisonnez.

Pour le deuxième objectif, on évaluera votre connaissance des œuvres à travers la qualité de vos exemples. Votre exemple doit être pertinent pour votre argument et précis. Le jury attend que vous connaissiez très bien par vous-même les œuvres au programme et que vous soyez capable d'utiliser vos connaissances au bon moment.

On vous jugera sur le troisième objectif d'après les qualités formelles de votre devoir qui devra être achevé, bien présenté, sans fautes d'orthographe et dans un style soigné (vocabulaire précis et varié, syntaxe irréprochable, voire élégante). Votre dissertation devra aussi impérativement se conformer à un schéma strict et comporter une introduction en trois parties, un développement en deux ou trois parties composées elles-mêmes de plusieurs paragraphes, et une conclusion en deux parties. Les rapports du jury soulignent l'importance qu'il attache à ces règles en rappelant, par exemple, qu'une « désinvolture regrettable à l'égard des consignes [...] expose à des pénalités » (Centrale-Supélec 2004).

II La préparation de l'épreuve avant les concours

Chacun des objectifs ci-dessus se travaille spécifiquement. L'avant-propos de cet ouvrage vous offre un programme de travail à mettre en place pour répartir vos efforts sur l'année. Nous vous proposons à présent une méthode pour que, dans ce cadre, votre travail soit le plus efficace possible.

1 La lecture des œuvres

La première étape de la préparation consiste bien sûr en la lecture des œuvres au programme. Pour que cette lecture ne soit pas « passive » mais vous permette de prendre vos repères dans le texte, faites-la crayon en main afin de marquer les passages que vous aimez ou qui vous semblent importants en fonction du thème.

Ces lectures vous conduiront à relever des citations (de préférence pas trop longues, elles seront plus faciles à retenir) et des exemples. Ce manuel vous en propose aussi une sélection dans laquelle vous pourrez choisir ceux qui vous plaisent le plus. Vous vous serez donc vite constitué, en fonction de vos goûts, une réserve de citations et d'exemples à apprendre avec leur contexte précis.

Par ailleurs, vous allez très vite distinguer, lors de vos (re)lectures, différents aspects du thème de l'année. Les sections de ce manuel peuvent vous mettre sur des pistes. Pensez donc à classer vos fiches de citations et d'exemples, qui seront ainsi d'autant plus faciles à utiliser.

Cette lecture des œuvres est la base de votre travail : vous devez vous faire votre propre avis. Une fois cette étape essentielle maîtrisée, vous pouvez tout à fait, en fonction de votre temps et de vos goûts, élargir vos connaissances sur le thème et les œuvres au programme. Il peut être intéressant, par exemple, pour comprendre *L'Argent*, de connaître le naturalisme et de savoir que Zola développe dans ses romans une analyse des tares génétiques et de l'influence du milieu sur les individus.

Aidez-vous pour cela des notices sur les œuvres que vous trouverez dans cet ouvrage.

2 Un travail de réflexion personnelle

Les rapports de jurys rappellent chaque année la nécessité de s'impliquer personnellement dans la lecture des œuvres : « la dissertation ne consiste pas en la reproduction d'un discours convenu, mais nécessite une approche personnelle » (Centrale-Supélec 2004). Une dissertation ne consiste pas à coudre ensemble diverses parties de cours ou de manuels.

Ne considérez donc pas les œuvres au programme comme de simples illustrations du thème, mais aussi comme des invitations à la discussion. Il faut apprendre à réfuter, à prendre position, avoir le courage de penser. On peut très bien estimer que Simmel propose une vision trop désincarnée de l'argent, qui ne tient pas suffisamment compte de sa dimension concrète (pièces, billets, métal précieux qui lui donne son nom). Il faut penser par soi-même.

3 Lire les rapports de jury

La lecture des rapports de jury est essentielle à votre préparation pendant l'année. Vous vous familiariserez ainsi avec les types de sujet, ce qui peut éviter une surprise le jour du concours. Si vous êtes en Spé, il peut aussi être intéressant de voir quelles étaient les attentes du jury sur un programme que vous avez travaillé l'année précédente. Le jury lui-même conçoit son rapport comme un instrument de travail : « le présent rapport se voudrait un instrument de travail à destination des futurs candidats afin de préparer au mieux, afin de réussir l'épreuve de français-philosophie » (Concours Communs Polytechniques 2004).

Vous pouvez vous procurer ces rapports librement sur Internet. Ils vous proposent, à la suite du sujet, une analyse et une problématisation, différents pièges à éviter, de très utiles considérations générales de méthode, parfois aussi les critères de notation du jury et, éventuellement, un corrigé du sujet. Enfin, le jury reproduit souvent une ou deux bonnes copies « représentatives de ce qu'un candidat sérieux peut réaliser » (Mines-Pont 2005). Lisez-les, vous verrez que l'épreuve, même exigeante, reste tout à fait à votre portée.

III L'épreuve de dissertation en temps limité

Il s'agit à présent de comprendre comment appliquer ces règles du jeu. Mais avant d'aborder, dans l'ordre de leur exécution lors de l'épreuve, les différentes étapes menant à la confection de la dissertation, il nous faut rappeler deux conseils pratiques absolument essentiels.

Premièrement, vous devez vous fixer des objectifs successifs limités. Même si votre professeur vous demande de rendre des dissertations très tôt dans l'année, il est normal que vous ne réussissiez pas tout de suite et l'analyse du sujet, et la problématisation, et l'élaboration du plan ; en voulant tout réussir d'un coup, vous risquez de ne rien réussir du tout. Donc, en fonction de vos difficultés et des conseils de votre professeur, et en suivant le plan de travail qui vous est proposé dans l'avant-propos de cet ouvrage, fixez-vous un objectif à la fois et travaillez-le à l'aide de ce manuel ; une fois qu'il est atteint, passez à l'étape suivante.

Deuxièmement, la dissertation étant un exercice en temps limité, vous devez composer avec une montre en évidence devant vous. Afin de maîtriser votre temps le jour du concours, entraînez-vous pendant l'année à chronométrer les étapes de l'exercice. Comme la durée des épreuves (de 2h30 à 4h00) varie selon les concours, nous vous donnerons ici seulement une indication des proportions à respecter.

1 Aborder le sujet (quelques minutes)

Vous voici donc devant votre sujet. Il peut vous paraître très facile, s'il est proche d'un sujet que vous avez déjà traité pendant l'année ; dans ce cas, méfiez-vous. Deux sujets semblables ne sont jamais exactement les mêmes, soyez donc très vigilant lors de l'analyse et de la problématisation : si vous reproduisez un plan tout fait, vous risquez de passer à côté de la spécificité du sujet et de tomber dans le hors-sujet.

Le sujet peut au contraire vous surprendre, vous inquiéter, par sa formulation ou son approche du thème. C'est en général bon signe, car cela vous forcera à creuser l'analyse et à mobiliser vos connaissances. Vous prendrez plaisir à découvrir peu à peu un sens au sujet et vous aurez la satisfaction d'avoir créé une véritable réflexion au lieu d'avoir passivement articulé des analyses préfabriquées.

Enfin, le sujet peut vous effrayer. Vous ne voyez pas du tout à quoi il renvoie, vous n'êtes pas sûr d'en comprendre les termes. Dans ce cas, le risque est de perdre son calme, ce qui conduit souvent à prendre les choses à l'envers. Accrochez-vous alors à l'analyse du sujet : on peut vous pardonner de ne pas comprendre la question posée, on ne vous pardonnera pas de raisonner de travers et d'écrire n'importe quoi. Du sang-froid et du bon sens ! Mais souvenez-vous que, quel que soit le sujet, quelle que soit votre impression, ce sujet est un beau sujet.

2 L'analyse du sujet (1/4 du temps imparti environ)

Les types de sujet

Vous constaterez tout d'abord que les sujets proposés aux concours se répartissent en deux types différents : soit un sujet « ouvert » (une citation ou une affirmation à commenter), soit un sujet « fermé » (une question précise – éventuellement sous la forme d'une citation – pour laquelle on vous demande une réponse précise).

Dans le premier cas, il s'agit soit d'une citation brève suivie d'un intitulé neutre (« Vous discuterez cette citation à la lumière de votre connaissance des œuvres du programme »), soit d'une citation plus longue dont on aura extrait une phrase significative que l'on vous demande de commenter. Voyez, par exemple, dans ce manuel, les sujets 6 et 10.

Dans le second type de sujet, vous serez confronté soit à une question brève sans contexte (« L'argent représente-t-il une forme d'esclavage ? », sujet 18 du manuel), soit à une question portant sur la validité d'une thèse contenue dans une citation (« Les œuvres au programme vous permettent-elles de dire... ? » ; voir sujet 11 du manuel).

Ces types de sujet appellent des types de raisonnements différents. Dans le premier cas, il vous faudra dégager les éléments importants de la citation, les illustrer par des exemples précis et les discuter un à un en les confrontant aux œuvres du programme. Dans le second cas, on attend de vous un travail de définition des notions contenues dans le sujet (qu'est-ce que l'esclavage, par exemple) qui doit déboucher sur une réponse argumentée et mise à l'épreuve par un moment de réfutation. Ces raisonnements correspondent à des plans différents, nous en verrons plus loin quelques exemples.

L'analyse des termes du sujet

Une fois que vous avez déterminé le type de sujet proposé, passez à l'analyse des termes du sujet. Ce sont eux qui vont vous permettre de formuler votre problématique. En effet, ils peuvent, soit soulever un paradoxe, soit distinguer une nuance de sens entre deux termes apparemment synonymes, soit encore définir une notion, apparemment banale, d'une façon originale. Bref, ils ne sont pas neutres : laissez-vous guider par toutes les idées, les questions, qu'ils suscitent, et faites jouer les mots et les notions entre eux – par exemple en cherchant les antonymes, les synonymes, les mots de la même famille, etc., qui peuvent aider à préciser le sens des termes.

Soit le sujet suivant : « L'argent n'a de valeur que quand il sort de votre poche. Il n'en a pas quand il y rentre. » (Sacha Guitry) En quoi votre lecture des œuvres au programme éclaire-t-elle cette citation ?

La citation peut frapper par son aspect familier et par un ton léger : elle ressemble à une boutade ou à un bon mot, genres dont Guitry a le secret. Elle n'en pose pas moins des questions importantes et il serait dommage de la lire trop vite. Elle se compose de deux phrases symétriques, dont l'argent est le sujet. Guitry oppose la valeur de l'argent gagné et de l'argent dépensé, en un apparent paradoxe : l'argent que l'on gagne n'aurait pas la même valeur que l'argent que l'on dépense. Plus encore : l'argent gagné n'aurait pas de valeur. Seul l'argent dépensé en aurait une. Guitry nous amène ainsi à nous interroger à propos de la notion de valeur. Les conventions économiques et monétaires, ainsi que la conjoncture, fixent la valeur de l'argent d'un point de vue purement comptable. Mais l'argent a aussi une valeur affective, liée à la réalisation de nos désirs. C'est ce type de valeur qu'évoque Sacha Guitry.

La mobilisation des connaissances

En même temps que vous entrez dans le vif du sujet, des arguments et des exemples vous viendront à l'esprit. Plus votre lecture des œuvres au programme aura été précise, plus vos idées seront nombreuses. Parallèlement à votre analyse des termes du sujet, notez donc, en vrac, les idées qui vous viennent et qui seront autant d'arguments ou d'exemples. N'hésitez surtout pas à noter beaucoup d'idées : vous devrez nécessairement choisir les plus pertinentes au moment de faire votre plan et en abandonner beaucoup d'autres.

Vous verrez très vite vos idées s'organiser d'elles-mêmes autour de grands thèmes et vous pouvez donc déjà les rassembler en rubriques sur votre brouillon. Mais cette étape étant destinée à mobiliser le plus de ressources possible, n'ayez pas peur du désordre temporaire de vos idées et n'hésitez pas à penser par association d'idées ni à « sauter du coq à l'âne ».

Harpagon, le personnage central de *L'Avare*, ne pourrait pas être d'accord avec Guitry. Molière fait de lui un thésaurisateur, dont le bonheur réside dans la possession de l'argent : Harpagon cherche à faire des économies même lorsqu'il s'agit de ses intérêts amoureux et refuse de faire des cadeaux à Mariane. Mais son comportement est pathologique et confirmerait par contraste la thèse de Guitry. Les autres personnages de la pièce, eux, ne cherchent à gagner de l'argent que pour pouvoir mettre celui-ci, par la dépense, au service de leur bonheur. Zola montre lui aussi des personnages avides d'argent. Mais Saccard cherche la fortune pour mieux la dépenser et se donner ainsi l'ivresse de la puissance et du luxe. Simmel, enfin, analyse lui aussi la dimension affective et passionnelle liée à l'argent : il aborde différents comportements dans lesquels l'usage de l'argent est détourné. Ainsi passe-t-il en revue l'avarice, la prodigalité, le blasement, le cynisme. Chacun de ces comportements pose la question de la valeur de façon particulière. Mais Simmel ouvre aussi d'autres pistes de réflexion lorsqu'il affirme que l'argent en lui-même est parfaitement neutre et que c'est ce qui fait sa spécificité en tant que moyen.

3 Construire une problématique et un plan (1/4 du temps imparti)

Formuler votre problématique

Ces pistes de réflexion que vous avez dégagées et organisées en rubriques sur votre brouillon constituent autant d'aspects du problème fondamental qui se cache derrière la formulation du sujet et sur lequel le jury veut vous faire réfléchir. Après avoir cerné ce problème fondamental sous ses diverses facettes grâce à votre analyse des termes du sujet, vous devez donc lui donner une formulation : c'est ce que l'on appelle la « problématique ».

Sacha Guitry affirme que la valeur de l'argent est fluctuante : l'argent gagné a moins de valeur à ses yeux que l'argent dépensé. Par là, Guitry pose un rapport à l'argent qui est d'abord affectif et subjectif. Or on peut s'interroger sur ce type de rapport à l'argent : en se situant sur ce plan, peut-on réellement évaluer l'argent ? Autrement dit, comment peut-on évaluer l'argent de façon juste, quelle est la valeur de l'argent ?

Une fois ce problème fondamental formulé de la façon la plus précise possible (mais ce n'est pas une formule magique, faites-le avec vos mots), votre plan doit être conçu comme la démarche qui vous permet de construire votre réponse. Attention, donc, à bien respecter l'ordre des étapes : il est inutile, voire dangereux, de chercher à élaborer trop vite un plan, avant d'avoir suffisamment dialogué avec le sujet.

Les types de plans

Si vous avez bien suivi les étapes précédentes, vous avez en main des pistes de réflexion, toutes rattachées à la problématique, étayées par des arguments et illustrées par des exemples tirés des œuvres au programme. Pour construire votre plan, il vous suffit alors d'articuler de manière logique ces pistes de réflexion.

Les règles de la dissertation que nous avons rappelées plus haut veulent que votre plan comporte plusieurs parties (trois le plus souvent, parfois deux, voire quatre) et que chacune de ces parties se divise à son tour en paragraphes appelés « sous-parties » (au moins deux et jamais plus de quatre). Cela veut donc dire que chacune de vos parties constitue un élément de votre réponse à la problématique, lié logiquement à celui qui précède.

Comme il n'y a pas tant de façons que cela de construire un plan logique, vous pouvez vous aider de « schémas » de plans. Les deux plans les plus utilisés sont, pour les sujets « ouverts », le plan analytique et, pour les sujets « fermés », le plan dialectique. Mais il existe des variantes à ces plans qui ne doivent donc pas être considérés comme des recettes miracles.

Le plan analytique est utilisé quand on a besoin de définir une notion et d'en montrer les approfondissements possibles. C'est le plan du sujet 6 de ce manuel :

- la première partie explique le problème posé par le sujet en l'illustrant par des exemples tirés des œuvres ;
- la deuxième partie montre que le problème a un deuxième aspect plus complexe, d'autres conséquences moins évidentes ;
- la troisième partie rattache alors la question à un problème plus général.

Le plan dialectique est utilisé quand on doit répondre à une question fermée.

C'est le plan du sujet 20 de ce manuel :

- la première partie développe la thèse proposée par le sujet ;
- la deuxième partie analyse les objections que peut rencontrer cette thèse ;
- la troisième partie montre que ces objections peuvent être dépassées et résout la question en apportant une réponse plus complète et plus nuancée que dans la 1re partie.

Construire votre plan

Il ne sert à rien de se demander comment trouver « le » bon plan, car il y a, la plupart du temps, plusieurs plans recevables pour un unique sujet. En revanche, il existe plusieurs critères pour déterminer si votre plan est « un » des bons plans possibles. Il doit pour cela posséder trois qualités essentielles.

Premièrement, il doit se présenter comme un véritable raisonnement. Vos parties doivent s'articuler de façon logique et ne pas être simplement juxtaposées.

Chacune doit apporter un approfondissement, une objection, une conséquence, etc., à celle qui la précède.

Deuxièmement, un bon plan doit faire place, dans chacune de ses parties, à toutes les œuvres au programme. Il faut donc absolument proscrire les plans du type :

I L'argent chez Zola
II L'argent chez Molière
III L'argent chez Simmel

Enfin, votre plan doit envisager tous les aspects de votre problématique, mais uniquement de celle-ci. Il ne sert donc à rien de disposer d'une petite réserve de plans appris par cœur. Chaque sujet – donc chaque problématique – demande un plan original. Faire fi de cette règle vous conduira immanquablement au hors-sujet. Dans cet ouvrage, nous vous proposons, à la suite de chaque corrigé, une section intitulée « Éviter le hors-sujet », destinée à attirer votre attention sur les spécificités de chaque sujet.

Rédiger un plan détaillé

Le plan détaillé est la trame de votre raisonnement, qui vous guidera lors de la rédaction définitive. Sa fonction est de présenter succinctement : les thèses de chacune de vos parties, leurs arguments, les exemples et les transitions logiques entre les paragraphes.

Commencez par poser les titres de vos parties. Donnez-leur la forme d'une phrase énonçant l'idée directrice de votre partie, cela vous permettra de vérifier, d'une part, que vos parties se rattachent bien à la problématique et, d'autre part, qu'elles sont articulées logiquement l'une à l'autre.

Posez ensuite, à l'intérieur de chaque partie et toujours sous la forme d'une phrase, le titre de vos sous-parties, c'est-à-dire les arguments qui vous permettent d'étayer l'idée de chaque partie.

À la suite de chaque argument, notez toujours les exemples qui vous permettent de l'illustrer.

Enfin, pensez toujours que le plan détaillé doit faciliter la rédaction finale : plus il sera précis, plus votre rédaction en sera facilitée. Rédigez à la fin de chaque partie, une transition d'une phrase, que vous réutiliserez au moment de la rédaction : le but est de conclure votre partie en la reliant à la problématique et d'annoncer l'idée de la partie suivante. Voici un plan détaillé pour le sujet analysé cidessus :

I Certes, nous avons toujours tendance à faire primer nos passions dans notre rapport à l'argent.

1. L'argent est cherché pour les biens qu'il donne...

Exemples : Simmel analyse les mécanismes de l'échange – l'argent est la valeur en laquelle toute marchandise peut être convertie, on a donc tendance à reporter sur lui la valeur de l'objet désiré ; tous les personnages de *L'Avare* désirent obtenir de l'argent, chacun pour une raison différente.

2. ... ou pour les passions qu'il alimente

   Exemples : Harpagon, en avare, est comblé par la possession de l'argent ; Saccard, en « poète du million », par l'ivresse que donne l'acquisition de la fortune.

3. Il peut aussi être honni pour ces raisons

   Exemples : la princesse d'Orviedo, après avoir appris que sa fortune venait d'affaires véreuses, cherche à s'en débarrasser à tout prix ; Simmel montre pourquoi la religion voit dans l'argent un principe du mal.

Transition : Ce type d'évaluation a souvent conduit dans l'histoire à diaboliser l'argent. Celui-ci ne peut-il être évalué d'une façon objective ?

II Pourtant, l'argent n'est en soi qu'un instrument

1. Il peut servir les buts les meilleurs ou les pires

   Exemples : la fondation de l'Universelle, dans le roman de Zola, sert à la fois la passion de Saccard et les visées civilisatrices de Hamelin ; Saccard lui-même cause à la fois la ruine des actionnaires de l'Universelle et le salut des enfants de l'Œuvre du Travail ; Anselme et Harpagon, dans *L'Avare*, offrent des figurent symétriques et complémentaires du père fortuné.

2. La valeur qu'on lui accorde est relative à l'importance accordée à d'autres valeurs

   Exemples : Saccard ne peut acheter les faveurs de Mme Conin, malgré le million qu'il lui propose ; confrontation de l'argent et de l'amour dans *L'Avare*.

3. ou à l'argent que possèdent les autres

   Exemples : analyse du « *superadditum* », le supplément de pouvoir et de richesse du riche, par Simmel ; la course au profit, dans *L'Argent*, est alimentée par le désir de posséder plus que les autres – Saccard veut détrôner Gundermann

Transition : Observé comme un pur moyen, l'argent révèle à la fois sa neutralité et sa tendance à fasciner pour cela même. On peut dès lors se demander comment entretenir avec lui une relation équilibrée.

III Comment trouver un équilibre dans nos rapports à l'argent ?

1. Un usage raisonné et raisonnable, en fonction de nos besoins

   Exemples : le rapport à l'argent du petit couple Jordan dans *L'Argent* ; pour Simmel, l'argent prend la forme que lui donne notre volonté – à nous de nous laisser guider par la raison.

2. Un désir de gagner et de dépenser de l'argent limité par l'éthique

   Exemples : Mme Caroline vend ses actions de l'Universelle lorsque le cours atteint 2000 francs ; Molière propose en creux un modèle qui rejette aussi bien les dépenses frivoles que l'épargne excessive.
3. Ainsi nous conservons notre liberté face à l'argent

   Exemples : optimisme de Mme Caroline à la fin du roman, alors même qu'elle repart du même point qu'au début de l'intrigue – la perte de sa fortune n'altère pas son amour de la vie ; l'argent conserve ainsi sa place dans la chaîne téléologique analysée par Simmel.

4 La rédaction de la dissertation (1/2 du temps imparti)

Passez ensuite à la rédaction de votre dissertation. Sauf pour l'introduction et la conclusion, qu'il faut particulièrement soigner en les rédigeant au brouillon, rédigez directement « au propre » le développement de la dissertation.

L'introduction

L'introduction comporte trois sections, organisées selon un ordre qui va du général au particulier (pensez à l'image de l'entonnoir). Chacune de ces sections est matérialisée par un paragraphe (allez à la ligne et commencez la section par un alinéa).

L'introduction commence par présenter brièvement (une ou deux phrases) le contexte dans lequel se situe votre sujet, en évitant les phrases trop générales et « passe-partout ». Pour cela, il peut être habile d'ouvrir l'introduction par une brève citation (voir l'introduction du sujet 14 de ce manuel, par exemple). Nous pouvons ainsi relever quelques entrées en matière réussies dans les bonnes copies citées par les rapports de jury :

- « "Rien que la médiocrité n'est bon", affirmait Pascal, dans la continuité philosophique des Anciens qui prônaient la mesure plutôt que la démesure. C'est sur cette position largement représentée dans la Grèce antique que Louis Gernet revient dans son ouvrage... »
- « "Lorsqu'il s'agit de définir ce qui rend la vie heureuse, tout le monde tâtonne, et il est si difficile de parvenir à une vie heureuse que, pour peu qu'on prenne la mauvaise voie, on s'en éloigne d'autant plus qu'on la poursuit avec plus de fougue." (Sénèque, *La Vie heureuse*) Le désir unanime de bonheur se heurte donc à la difficulté de sa recherche et à l'incertitude concernant sa nature même.

  Ainsi, Albert Jacquard affirme... »

La deuxième section présente le sujet lui-même et la problématique. Quand la citation proposée dans la formulation du sujet est courte, vous devez la citer intégralement. Si elle est plus longue, vous pouvez la reformuler en ne citant que les passages clés et en résumant le reste (voir la dissertation 2). Puis, donnez une formulation de votre problématique, en prenant bien soin de montrer qu'elle naît logiquement du sujet que vous venez de citer.

Vient enfin l'annonce de votre plan, c'est-à-dire de l'idée principale soutenue dans chacune de vos parties. Soyez très clairs : le plus simple est d'annoncer chaque partie par une phrase. Voici une introduction au sujet d'après la citation de Guitry :

> « Qui vole ma bourse vole une chose sans valeur », affirme Shakespeare par l'intermédiaire d'un personnage d'*Othello*.
>
> On peut s'interroger en effet sur la valeur de l'argent. Sacha Guitry nous y invite lorsqu'il affirme : « L'argent n'a de valeur que quand il sort de votre poche. Il n'en a pas quand il y rentre. » Guitry souligne que la valeur de l'argent est avant tout subjective : si la monnaie a un cours fluctuant, la véritable valeur que l'individu accorde à l'argent dépend d'une estimation personnelle, liée aux circonstances, à ses désirs, à sa capacité de les satisfaire. Le plaisir de dépenser, selon Guitry, serait ce qui confère son importance à l'argent. L'argent serait donc coloré par la valeur de ce que je peux obtenir par son intermédiaire. Pourtant, l'argent est au départ une institution, un élément neutre, dont la collectivité s'accorde à fixer le prix. L'argent est sans doute la seule réalité dont la valeur puisse être si difficilement estimée. On s'interrogera dès lors sur la fascination qu'exerce l'argent : comment peut-on évaluer l'argent de façon juste, quelle est la valeur de l'argent ?
>
> Nous verrons dans un premier temps que, comme le suggère la citation de Guitry, nous avons toujours tendance à faire primer les passions dans notre rapport à l'argent. Pourtant, il faudra rappeler que celui-ci est un instrument, neutre en soi. Dès lors, comment peut-on trouver un équilibre dans nos rapports à l'argent ?

Le corps du développement

Rédigez ensuite votre développement en suivant votre plan détaillé sans jamais perdre de vue que vous rédigez un raisonnement. Voici quelques conseils pour vous aider à structurer vos parties et sous-parties.

Chaque partie doit commencer par une phrase de présentation de l'idée générale que vous allez y développer. Nulle difficulté nouvelle, puisqu'il vous suffit de reprendre le titre de la partie, en l'étoffant éventuellement. Matériellement, vos parties s'ouvrent donc sur un petit paragraphe introductif.

Rédigez ensuite chaque sous-partie en matérialisant bien les paragraphes par un alinéa. Chaque paragraphe doit suivre une structure précise : 1) il énonce l'argument en une phrase ou deux, en prenant soin de montrer qu'il vient logiquement à la suite du précédent ; 2) il développe l'argument en montrant en quoi il permet d'étayer la problématique ; 3) il donne un/des exemple(s) ; 4) il récapitule ce qui a été montré et annonce le paragraphe suivant.

À la fin de chaque partie, reprenez la petite conclusion-transition que vous aurez déjà schématiquement rédigée dans votre plan détaillé. Ainsi, chacune de vos parties se termine avec une phrase de transition qui, en récapitulant ce que vous avez déjà établi, montre que cela amène à un autre aspect de la question, que vous traiterez dans la partie suivante.

Exploiter les exemples

La principale difficulté de la rédaction d'un paragraphe réside dans l'exploitation des exemples. Il ne sert à rien de multiplier les exemples sans les exploiter : une succession d'exemples ne prouve rien et vous n'aurez pas le temps de les développer tous correctement. L'exemple sert à illustrer l'idée principale de votre paragraphe ; il doit donc venir après l'énoncé et le développement de l'idée et non en début de paragraphe.

Le mieux est de choisir l'exemple le plus pertinent pour le point que vous avez à illustrer et de le développer en détail : donnez le passage précis de l'œuvre, citez éventuellement le texte, dites en quoi cela éclaire votre argument. Mais gardez à l'esprit que les trois œuvres au programme doivent dialoguer dans votre dissertation. Vous n'aurez pas le temps de comparer en profondeur les trois œuvres dans chacun des paragraphes – et ils ne s'y prêteront pas nécessairement. Néanmoins, autant que possible en fonction du temps dont vous disposez, éclairez votre premier exemple par un second tiré d'une œuvre différente.

À titre d'exemple, nous vous proposons ci-dessous la sous-partie I.1 du sujet analysé plus haut. Nous avons indiqué les différentes composantes du paragraphe. À vous de vous entraîner à rédiger les autres sur le même modèle.

> Certes, l'argent dans sa forme matérielle se réduit aujourd'hui à des morceaux de papier, voire à des chiffres sur un relevé de banque. Pourtant, de même que l'or qui fascine pour lui-même, l'argent, dans ses formes abstraites, excite toujours les passions. [Phrase de présentation de la première partie]
>
> C'est d'abord que l'argent est cherché pour les biens qu'il donne. [Énoncé de l'idée de la sous-partie] Or la valeur que l'on accorde à ces biens, qu'ils soient matériels ou qu'ils prennent la forme de services,

tend à rejaillir sur l'argent qui permet de les obtenir. [Développement de l'idée] Lorsqu'il analyse les mécanismes de l'échange, Simmel souligne que l'argent est la valeur en laquelle toute marchandise peut être convertie. On a donc tendance à reporter sur lui la valeur de l'objet désiré. Plus encore, l'argent vaut plus que tous les objets pris individuellement, puisqu'il permet idéalement de les obtenir tous : en plus de la capacité d'obtenir ce que nous voulons, il nous donne une liberté et une puissance particulières. C'est ainsi que, selon lui, l'acheteur est toujours avantagé par rapport au vendeur. Il semble donc normal que la majorité des hommes cherchent à se procurer de l'argent, comme dans *L'Avare*, où Harpagon n'est pas le seul à désirer la richesse : tous les personnages désirent avoir de l'argent, chacun pour une raison différente. [Énoncé et analyse des exemples] La valeur de l'argent, loin d'être fixée seulement par les critères économiques et financiers, fait naturellement intervenir l'estimation subjective. [Récapitulation]

La conclusion

Une fois votre raisonnement achevé, gardez encore un peu d'énergie pour rédiger votre conclusion au brouillon avant de la recopier. Elle est le point d'aboutissement de votre raisonnement et vous devez y répondre de façon non ambiguë à la question posée dans le sujet.

La conclusion comporte deux sections, dans un mouvement inverse à celui de l'introduction, vers le plus général (pensez cette fois-ci à l'image de l'entonnoir renversé). La première section reprend les principales articulations de votre démonstration et répond à la problématique. Évitez toutefois de reprendre mot pour mot les étapes de votre développement : il s'agit d'en faire ressortir les traits significatifs, pas de vous répéter. N'abordez aucun nouvel aspect du sujet que vous n'auriez pas développé dans le corps du raisonnement : s'il est hors-sujet, il n'a rien à faire en conclusion ; s'il fait partie du sujet, il aurait dû être traité plus haut et n'a donc rien à faire non plus en conclusion.

La seconde section, l'ouverture, est plus délicate. Il s'agit de montrer à votre correcteur que la réflexion que vous avez menée dans votre dissertation se rattache à un problème plus général, ou a des conséquences plus importantes encore, que ce que permet d'en dire le cadre du sujet. Évitez deux écueils particulièrement fréquents : l'ouverture « cheveu sur la soupe » (sur quelque chose qui n'a rien à voir avec le sujet) et l'ouverture en faux suspense (faire semblant de vous interroger sur un problème évident auquel on a depuis longtemps apporté une réponse).

Nous vous proposons ici une conclusion du sujet tiré de la citation de Guitry :

> Ainsi, la puissance même de l'argent lui confère-t-elle une aura particulière, dans laquelle se mêlent nos désirs, nos passions, nos objectifs individuels. Mais cette fascination qu'exerce l'argent, aisément retournée en abomination, peut sembler dangereuse : elle risque toujours d'amener celui qui désire ou possède l'argent dans une course effrénée à la thésaurisation ou à la dépense. L'homme est entraîné par ses passions et devient l'esclave ou tout au moins la victime d'évaluations erronées. La raison, les valeurs morales et éthiques, doivent donc être sollicitées et limiter la libido particulière, parfois pathologique, qu'excite l'argent.
>
> C'est à cette condition seulement que l'argent retrouve sa place de pur moyen et peut être un instrument de libération.

La relecture

Pour éviter la lassitude ou, selon les cas, la panique des dernières minutes, il vaut mieux relire chacune de vos parties juste après l'avoir rédigée. Cette méthode a l'avantage de vous permettre de contrôler la rigueur de votre raisonnement, quand il en est encore temps. Après avoir terminé votre dissertation, consacrez deux minutes à une dernière relecture pour soigner la présentation générale (fermer des parenthèses qui sont restées désespérément ouvertes, ajouter les accents oubliés, vérifier les accords...).

IV Épilogue

Pendant la période des concours, votre travail s'arrête là et vous ne reverrez jamais votre copie, la plupart du temps. En revanche, au cours de l'année scolaire, elle vous sera rendue pour que vous puissiez finir votre travail et préparer le suivant.

Un exercice non corrigé est un exercice inutile. Reprenez donc toujours les copies que l'on vous rend et travaillez votre style en reformulant systématiquement ce que votre professeur vous a signalé comme incorrect ou maladroit. Corrigez également systématiquement toutes les fautes d'orthographe et faites une liste des mots d'usage dont l'orthographe vous échappe. Vérifiez aussi toutes les erreurs dans les références aux œuvres pour ne pas mémoriser de fausses références.

Faites également une liste des défauts de méthode que vous reproche votre professeur (mauvaise exploitation des exemples, plan mal articulé, etc.). Relisez alors les points de méthode correspondants dans ce manuel et passez un peu de temps à refaire ce qui n'était pas réussi. Si l'on critiquait votre plan, faites un nouveau plan détaillé ; si vos exemples étaient mal exploités, rédigez un nouveau paragraphe en travaillant ce point particulier ; etc. Soumettez ensuite l'exercice à votre professeur.

Enfin, gardez précieusement ces listes de fautes à éviter : avant chaque nouveau devoir (et bien sûr avant les concours), relisez-les pour ne pas reproduire les mêmes erreurs.

Bonnes lectures, bon travail et bon succès.

Le thème
et ses principaux enjeux

I Le thème de l'argent

La difficulté du programme provient cette année de son amplitude. Contrairement à ces dernières années, où le thème associait deux notions, le thème de cette année est composé d'une notion unique, notion aussi large que toutes les autres notions philosophiques. Il ne s'agit pourtant pas de tout savoir sur l'argent, puisque la réflexion générale est orientée par une application dans les œuvres proposées au programme. Ainsi, si une perspective historique de l'argent est intéressante, les siècles qui nous intéressent sont ici le siècle classique, celui de Molière, et la fin du XIXe siècle européen, celui de Zola et de Simmel. De même, si l'actualité peut apporter un regard sur le programme, et inversement, si le programme peut éclairer l'actualité, il ne s'agit pas d'une épreuve de culture générale, obligeant à connaître tous les rouages de la crise financière internationale qui agite le monde depuis deux ans. Ainsi, des connaissances abstraites élémentaires sont requises, une compréhension suffisante du contexte dans lequel nous vivons est souhaitable, mais le programme est bien composé d'un thème et d'un corpus d'œuvres.

1 Un concept philosophique

Le regroupement d'individus en société ne peut se faire sans échanges. Pour que les membres d'une association donnée soient liés les uns aux autres, une circulation, et notamment une circulation de biens et de services, est nécessaire. L'échange ne nécessite pas forcément l'argent et peut avoir la forme du troc ; mais, dès lors que les échanges deviennent complexes et nombreux, un objet plus universel devient indispensable : l'argent devient le relais abstrait des échanges. L'histoire de la monnaie est celle d'une dématérialisation progressive : objets de troc, pièces, billets, chèque, virements.

Mais à l'argent utilisé dans une logique d'échange vient s'ajouter l'argent extérieur à une logique marchande. Ainsi, l'argent suscite des comportements tels que l'avarice, d'une part, et le don gratuit, la générosité de l'autre. L'argent peut encore être mis en jeu. Il ne représente pas un bien ou un service que l'on se procure, mais une valeur subjective. La littérature peut difficilement se nourrir du thème de l'argent envisagé dans une logique seulement économique. Elle trouve de la matière dans des utilisations de l'argent originales, échappant aux cadres ordinairement établis par la société. La philosophie, si elle traite du fonctionnement de la société et envisage alors l'argent dans la dimension de l'échange, ne peut faire l'impasse sur toutes les autres mises en œuvre de ce fascinant objet, qui permet d'accomplir ou non ses désirs, qui se substitue à tous les objets, qui récompense aussi bien le labeur que le jeu de casino ou de Bourse. Ce caractère protéiforme apparaît justement dans les œuvres au programme.

2 Son application dans les œuvres

S'il n'est pas indispensable de connaître toute l'histoire de l'argent, il est utile de posséder quelques éléments de la société décrite par Molière. Ainsi, l'argent dans *L'Avare* est essentiellement traité pour la pathologie qu'il engendre : l'avarice, l'appât du gain pour le gain. L'argent est alors très matériel : Harpagon renferme des pièces d'or et leur caractère concret est fondamental dans la passion idolâtre que le personnage leur voue. L'argent peut aussi être produit par d'autres forces que le travail – notion elle aussi datée dans le temps et ne comportant pas les mêmes implications dans la France de Molière que dans celle de Zola. Ainsi, il est utile de savoir qu'Harpagon pratique l'usure, c'est-à-dire le prêt à intérêt, et qu'il n'hésite pas à appliquer des taux exorbitants à ses débiteurs, allant jusqu'à leur réclamer 20%. Cette usure est interdite par les autorités religieuses, raison pour laquelle le prêt doit se faire discrètement. L'argent peut aussi être produit par le jeu, et Cléante, le fils d'Harpagon, aime jouer pour se divertir de son terrible père, mais aussi pour gagner de quoi se vêtir dignement, ce que ce même père ne lui permet pas. Le jeu d'argent est aussi mentionné par Frosine, lorsqu'elle fait le portrait de Mariane, la jeune femme que convoite Harpagon. Mariane est bien élevée, elle méprise donc le jeu, qui avait encore une réputation sulfureuse au XVIIe siècle. Enfin, la notion de dot joue un rôle important dans la pièce. Les mariages, qui constituent la trame de la pièce, mettent en jeu un échange financier. Harpagon s'inquiète de la rente que Mariane pourrait apporter, tandis qu'il se réjouit de voir Anselme accepter d'épouser sa fille Élise « sans dot ».

L'argent, dans le roman de Zola, est bien plus protéiforme. La galerie de personnages mise en scène par l'auteur représente une variation sur le thème de l'argent, chaque personnage en ayant à sa charge une facette différente. Pour n'en citer que quelques-uns, Saccard figure le passionné d'argent, atteint de folie des grandeurs, n'hésitant pas à contourner la législation pour s'enrichir et enrichir ses actionnaires. Gundermann au contraire est l'homme de l'argent froid. Busch et la Méchain, qui vivent du malheur des autres, sont les personnages de l'argent sale. La princesse d'Orviedo incarne le don, la générosité, mais aussi une forme de haine de l'argent. Les dames Beauvilliers, qui symbolisent l'ancienne France, la noblesse en cours d'extinction, méprisent aussi l'argent, notamment l'argent de la Bourse, qu'elles considèrent entaché, contrairement à l'argent de la terre, de leurs propriétés. Pourtant, elles cèdent à la fascination de cet argent facile, tandis qu'à l'autre extrême politique, Sigismond, le frère de Busch, incarne le marxisme et rêve d'une société sans argent. Des personnages plus secondaires, impossibles à énumérer ici, complètent ce tableau. Le point crucial pour *L'Argent* est une compréhension globale du fonctionnement de la Bourse à l'époque de Zola. Saccard monte une banque, qu'il appelle aussi un syndicat. Des actionnaires importants apportent de l'argent, avant que ne commencent à affluer des actionnaires plus modestes. L'Universelle a tant de succès que Saccard procède à des augmentations de capital. La valeur de l'action augmente et atteint des sommes inconsidérées, absurdes. Pour soutenir cette hausse, Saccard, qui a déjà contourné la loi à la création de sa banque, n'hésite pas à racheter lui-même les actions remises sur le marché. En procédant ainsi, il empêche le cours de son action de chuter. Il est question dans le roman d'« hommes de paille » : il s'agit de ceux qui achètent des actions non pour eux-mêmes, mais pour lui, dans ce système de maintien des cours. Pourtant, l'action de l'Universelle atteint de tels sommets qu'elle se détache de la rationalité. Les ennemis de Saccard, représentés par la banque juive, celle de Gundermann, commencent à jouer à la baisse. Ils commencent à vendre les actions de l'Universelle qui sont en leur possession : plus il y a d'actions à vendre sur le marché, plus leur prix baisse. La chute est vertigineuse. Les petits actionnaires sont les victimes pathétiques de cet effondrement. Tout le monde est touché, sauf ceux qui ont eu l'intelligence ou le flair de revendre leurs actions plus tôt.

L'œuvre de Simmel, enfin, s'intéresse à l'argent comme lien social. L'argent participe de l'échange, il est un moyen, ce qui signifie qu'il a une place définie dans une série téléologique, celle d'intermédiaire permettant d'atteindre une fin, un but déterminé. En tant que moyen, il a une propriété particulière, celle d'être détaché de toute détermination : il peut servir absolument à tous les échanges. En cela, il acquiert un statut paradoxal : c'est un moyen, donc un élément relatif, qui tend à devenir un absolu, caractéristique des fins. Il tend à l'abstraction, à la neutralité, car on peut le détacher du contenu qu'il représente. Mais cette modification de la nature première de l'argent a des répercussions dans la société, et notamment dans les rapports entre riches et pauvres. L'œuvre de Simmel est avant tout sociologique. Elle s'intéresse au phénomène du pourboire, à la question du besoin et du superflu, à l'établissement des prix. Elle a aussi une dimension historique et Simmel explique notamment le statut marginal des Juifs, relativement à l'argent. L'argent est enfin envisagé sous un aspect psychologique. Cette inversion que subit l'argent, moyen absolu devenu fin, a des répercussions sur l'individu et génère des comportements pathologiques, tels que l'avarice et la cupidité, la prodigalité et la dilapidation, mais aussi la haine et la méfiance pour l'argent, qui sous-tend le cynisme et le blasement. Ce caractère absolu a aussi une conséquence métaphysique : l'argent, devenu un absolu, apparaît comme un dieu. Si cela est sensible dans les comportements extrêmes évoqués, ce dieu permet aussi un dépassement de la matérialité. L'argent illustre l'ouverture de l'homme sur l'infinité des possibles, montre que l'homme ne se contente pas du donné, mais possède le pouvoir de réaliser des souhaits et volontés.

II Les axes d'étude

1 Puissance de l'argent

La première grande problématique interrogée par les œuvres du programme est celle du pouvoir, celui que possède l'argent et celui qu'il donne à son possesseur. On peut s'intéresser au caractère en apparence absolu de sa puissance (sujets 1 et 2), qui permet en outre de transformer toute chose en son contraire, de régler tous les problèmes. Si cette puissance s'applique à l'individu, à celui qui possède de l'argent, elle s'applique aussi au sujet, et pose le problème de son rapport à autrui, dans le cadre social, en rapport avec le pouvoir politique (sujet 3). Plus largement encore, la puissance de l'argent s'applique au moi et il est indispensable de s'interroger sur sa prétendue capacité à faire le bonheur (sujet 4).

2 Argent et valeur

L'argent est lié à la notion de valeur. Les objets ont une valeur qui peut être exprimée en argent. Cette relation fonde les échanges humains, notamment le commerce. Elle est l'objet d'un consensus social, mais peut parfois devenir irrationnelle, comme lorsqu'un objet coûte un prix complètement déconnecté de sa valeur réelle et raisonnable. L'argent fascine, surtout lorsqu'il a une forme abstraite et on se demande ce qui donne de la valeur à un billet ou à une abstraction censée représenter une somme. À quoi tient la valeur de l'argent (sujet 5) ? Cette valeur pose aussi problème dans une morale qui le refuse. Ainsi, pour l'estimer à sa juste valeur, certaines conditions sont nécessaires (sujets 6 et 9). Pourtant, l'argent semble participer d'un mouvement paradoxal de la société, et représenter une forme de mal nécessaire (sujet 8). Ce statut agrandit les champs d'action possibles de l'argent qui prend une valeur radicalement différente dans un domaine tels que le jeu (sujet 7). L'argent a aussi une valeur affective et symbolique.

3 Pathologies de l'argent

Le jeu peut conduire à la dépendance du joueur, obsédé par l'idée de gagner toujours plus ou de se refaire lorsqu'il est malheureux. Mais l'addiction au jeu n'est pas la seule pathologie que provoque l'argent. Il réveille en effet des tendances mauvaises chez l'homme : l'avidité pousse au crime (sujet 10) ; la pensée de l'argent pervertit des êtres qui pourraient au contraire tirer un bénéfice spirituel du dénuement (sujet 11) ; le désir d'agrandir sa fortune obsède le cupide, qui refuse toute relation humaine et participe d'une société égoïste et pervertie (sujets 13 et 14). Tous ces débordements viennent de ce que l'argent n'est pas seulement un objet, mais est le signe de quelque chose (sujet 12). En tant que tel, les hommes peuvent lui faire dire tout ce qu'ils veulent, y compris exprimer à travers lui leurs instincts les plus bas ou leurs angoisses les plus profondes.

4 Argent et échange

C'est ce statut de signe qui permet à l'argent de participer à l'échange. Ce dernier se fonde sur la rationalité de l'argent, sa possibilité d'engendrer des calculs, qui possède aussi un versant négatif, celui d'éloigner de la morale (sujet 15). En outre, l'échange lui-même peut être perverti par des tendances néfastes telles que l'avarice, qui peut être une métaphore d'autres comportements humains (sujet 16). Ainsi, l'argent est à la fois mobile et immobile : il participe d'un échange, mais pas d'un progrès. À ce titre, il n'est pas sans rappeler l'art (sujet 17).

5 Argent et travail

Cet échange peut prendre une forme particulière, celle du travail, où le travailleur produit un bien ou un service, en échange de quoi il touche un salaire, qui lui permet à son tour de se procurer les biens dont il a besoin ou qui lui plaisent. Pour certains penseurs, le travail est une forme d'aliénation et n'est pas recherché pour lui-même par les individus (sujet 19), mais on peut s'interroger sur la possibilité que l'argent, plus généralement, représente un esclavage (sujet 18). La course à l'argent, et notamment ses excès dans le système capitaliste, qui s'intéresse moins à l'argent lui-même qu'à la plus-value, remet en question le sens du travail pour l'homme, qui doit lui rendre sa place pour que la société trouve santé et équilibre (sujet 20).

Présentation des œuvres et des auteurs

I Molière et *L'Avare*

1 Molière et son temps

Molière ou le génie comique

Jean-Baptiste Poquelin naît à Paris le 15 janvier 1622. Fils d'un riche tapissier, issu de la bourgeoisie commerçante, il est destiné à reprendre la charge paternelle ou à devenir avocat. Mais c'est le théâtre qui attire avant tout le jeune homme, spectateur assidu des salles de spectacle parisiennes et admirateur du mime Scaramouche, directeur des Comédiens Italiens.

En 1643, à 21 ans, il décide donc de se lancer dans une carrière de comédien. Il rompt avec sa famille et fonde la troupe de L'Illustre-Théâtre. Il prend le pseudonyme de Molière. Mais le succès tarde à venir et Molière, criblé de dettes, passe quelques jours en prison. La troupe décide alors de tenter sa chance en province. Ce n'est qu'au bout de douze ans, en 1658, que, forte du soutien du prince de Conti et des premiers succès des compositions de Molière, elle peut revenir à Paris.

Cette même année, Molière joue devant Louis XIV *La Farce du docteur amoureux* : il séduit le roi et la cour par la qualité de son jeu et le brio de son écriture. Il devient alors le protégé du roi qui lui confie la charge des divertissements royaux. De 1658 à 1664, chaque pièce est un triomphe. Mais le succès a son revers. Jalousé, haï des groupes sociaux qu'il tourne en dérision, il est la cible de nombreuses attaques qui connaissent leur apogée lors de la querelle du *Tartuffe*. Le parti des dévots, se sentant attaqué par une pièce qui dénonce l'hypocrisie religieuse, obtient son interdiction, puis, en 1665, celle de *Dom Juan*. Attaqué jusque dans sa vie privée, criblé de dettes, malade, Molière ne perd pas le soutien du roi.

Cela lui permet de continuer à écrire : *L'Avare* et *George Dandin* en 1668, *Les Fourberies de Scapin* en 1671, *Les Femmes savantes* en 1672. En 1673, Molière est très affaibli par la maladie. Épuisé, il tient malgré tout à jouer sa dernière pièce, *Le Malade imaginaire*. Pris d'un malaise sur scène, il décède quelques heures après la représentation, le 17 février.

Molière et *L'Avare* : de la comédie de mœurs à la comédie humaine

Nul doute qu'à travers le tableau de la maisonnée d'Harpagon, c'est un tableau des mœurs du XVIIe siècle, dont il fut lui-même victime, qu'a construit Molière : portrait d'une bourgeoisie enrichie, avide d'argent et de d'ascension sociale, famille tyrannisée par une autorité paternelle toute-puissante qui soumet ses enfants à son propre égoïsme, pratiques impitoyables des usuriers, incurie de la justice corrompue par l'argent.

À cette réflexion sur les mœurs, Molière allie une réflexion sur l'homme. Le personnage de l'avare est un type littéraire bien connu, atteint d'un travers dont il peint les conséquences morales et familiales. Il dénonce la folie destructrice d'un personnage maniaque qui se livre en aveugle à son illusion. Aussi se fait-il l'écho des moralistes du XVIIe qui relient ses comportements à une vision pessimiste de la condition humaine dont le principal défaut est l'amour propre et la plus grande folie, celle de se croire sage. L'obsession de l'argent ne vient qu'aggraver ses travers et subvertit toutes les valeurs, pervertit tous les sentiments humains. D'où la dialectique entre mensonge et vérité, hypocrisie et sincérité, amour et argent, qui parcourt la pièce.

La comédie selon Molière

Selon l'esthétique classique, la comédie a une double visée. Par la représentation d'actions et de personnages empruntés à la réalité la plus quotidienne et triviale, elle est imitation du réel. Et par le spectacle ridicule des vices humains, elle corrige les hommes en les menant sur le chemin de la beauté et de la vérité morale : elle châtie les hommes par le rire.

L'originalité de Molière est d'avoir parfaitement réussi la synthèse de ces deux aspirations, mêlant dans son théâtre tout en subtilité psychologique le comique de farce le plus efficace et la comédie d'intrigue romanesque. *L'Avare* en est un bon exemple : nul grossissement de nos défauts chez Molière qui se contente de peindre d'après nature nos ridicules. Nul espoir rédempteur non plus pour les fous qu'il dépeint piégés dans leur propre représentation illusoire et faussée du monde : Harpagon ne sera pas guéri de son obsession à la fin de la pièce. La comédie ne corrige pas les vices, elle les dénonce, les met en lumière, les démasque derrière les faux-semblants, les montre dans leur ridicule pour mieux nous en préserver, mais surtout pour empêcher les fous de nous nuire. Elle est sage illusion, sage folie pour lutter contre la folie destructrice des avares égoïstes, elle est un masque nécessaire contre le masque hypocrite de la mauvaise foi.

2 *L'Avare*

L'intrigue se déroule dans la maison d'un riche bourgeois, Harpagon, père tyrannique et égoïste dont l'avarice prive sa famille de tous les plaisirs. Sa fille Élise est secrètement amoureuse de Valère, un jeune homme qui recherche ses parents et qui espère, en ayant pris la charge d'intendant auprès d'Harpagon, conquérir ses bonnes grâces. Cléante, le frère d'Élise, est lui amoureux d'une belle et douce jeune fille infortunée, Mariane, et rage de voir son bonheur interdit par l'avarice de son père. Harpagon a d'autres soucis : il a caché dans son jardin une cassette contenant la coquette somme de dix mille écus. Se pensant constamment épié, il soupçonne ses propres enfants de vouloir le voler. Il a néanmoins en tête un triple projet de mariage. Il destine sa fille au vieux seigneur Anselme, Cléante à une veuve de sa connaissance. Quant à lui, il a l'intention d'épouser la jeune Mariane.

Cléante est désespéré de découvrir que son père est son rival amoureux. Mais sa colère ne connaît plus de limites quand il découvre que l'usurier malhonnête à qui il est contraint d'emprunter de l'argent n'est autre qu'Harpagon. Le père et le fils s'affrontent avec violence. Harpagon, toujours ignorant de l'inclination que Cléante nourrit pour Mariane, poursuit ses projets de mariage. Et l'entremetteuse Frosine est chargée de favoriser l'affaire. Habile et rusée, l'intrigante espère retirer un bénéfice financier pour ce service. Peine perdue : l'avare fait le sourd à ses requêtes.

Harpagon endosse alors le rôle du séducteur et donne des ordres à ses domestiques pour la préparation du souper auquel il a convié Mariane : dépenser le moins possible, telle est la consigne. Maître Jacques, cuisinier sincèrement attaché à son maître, tente de lui ouvrir les yeux et de le ramener à la raison. Sa franchise est mal récompensée : il est sévèrement battu par son maître. Il s'en prend alors à Valère dont il ne peut supporter l'hypocrisie et qui le corrige à son tour. Maître Jacques promet de se venger. Mariane arrive alors et découvre avec horreur l'époux auquel son infortune la destine. Elle ne peut cacher sa surprise en reconnaissant en Cléante le jeune homme dont elle est amoureuse. Les deux jeunes gens, par un jeu savant de double langage, se déclarent mutuellement leur flamme, au nez et à la barbe d'Harpagon.

La situation semble pourtant bloquée, les jeunes gens désespèrent. Frosine propose son aide. Mais Harpagon soupçonne une idylle entre son fils et la femme qu'il convoite. Par une habile manipulation, il parvient à découvrir la vérité et l'affrontement entre le fils et le père atteint un point de non retour. C'est alors que La Flèche, valet de Cléante, fait irruption sur la scène et apprend à son maître qu'il vient de dérober la cassette de l'avare.

Harpagon est au désespoir et veut à tout prix retrouver son bien. Il croit sur parole maître Jacques qui, réalisant son projet de vengeance, accuse Valère. Le jeune homme avoue alors son amour pour Élise, dans une scène comique où Harpagon croit qu'il parle de sa cassette. Il dévoile aussi qu'il est le fils de Dom Thomas D'Alburcy, riche gentilhomme napolitain dont la famille fut dispersée jadis au cours d'un naufrage. Mariane ne peut contenir sa joie : elle est la sœur de Valère. Et le seigneur Anselme, venu pour le souper, révèle alors sa véritable identité : il n'est autre que Dom Thomas d'Alburcy, au comble du bonheur d'avoir retrouvé les siens. Seul Harpagon échappe à la liesse générale : il veut qu'on lui rende son argent. Cléante entre alors sur scène : la cassette du vieillard lui sera rendue s'il renonce à épouser Mariane. Aucune hésitation dans le cœur de l'avare, trop heureux de retrouver son trésor. Il consent à tous les mariages pourvu que le seigneur Anselme en paye les frais.

3 Les personnages : un jeu de symétrie

Les pères : Harpagon et Anselme

La pièce est construite sur un principe de symétrie assez strict. Ainsi, elle comporte deux figures de pères, opposées en tout point. Harpagon est avare, il est même l'avare ; il est cupide et rechigne à dépenser, alors qu'il n'hésite pas à flouer les personnes qui viennent lui demander des prêts à intérêt. Il a une adoration maladive pour son or, qu'il choie comme un enfant, comme un être aimé. Privé de son or, il risque de mourir. Inversement, Anselme incarne le père généreux. Il est riche, tout comme Harpagon, mais le montre et en fait profiter son entourage. Alors que l'avare essaie de faire croire qu'il est désargenté, Anselme répand ouvertement ses richesses sur sa famille et même sur Harpagon. De plus, ce dernier est autoritaire, et soumet ses enfants à un régime strict, alors qu'Anselme consacre sa fortune au bonheur de ses enfants.

Les couples de jeunes gens : Cléante et Mariane, Élise et Valère

Les deux enfants d'Harpagon sont amoureux, alors que leur père les destine à d'autres partis. Ces deux histoires d'amour contrariées sont le ressort de l'action : Cléante est précisément amoureux de la jeune femme qu'Harpagon se réserve, tandis qu'Élise aime l'intendant de la maison, qui doit discrètement gagner la bienveillance de son sinistre maître. Ces intrigues amoureuses s'articulent avec l'avarice d'Harpagon, qui est une autre forme d'amour venant concurrencer les sentiments amoureux.

Les valets : adjuvants et opposants

Les domestiques interviennent dans la pièce avec des fonctions diverses par rapport aux jeunes gens, dont le spectateur espère le bonheur. La Flèche est un adjuvant : il réalise le vol de la cassette, accélérant le dénouement de la situation. Maître Jacques semble être un opposant : il trompe Cléante, en prétendant son père rasséréné, met Valère en difficulté, l'accusant de vol. En réalité, ses intentions égoïstes permettent aussi des rebondissements conduisant finalement à une fin heureuse. Frosine est plus ambiguë : elle est d'abord du côté d'Harpagon, essayant d'arranger son mariage avec Mariane, puis se place, sans pour autant agir, dans le camp des jeunes gens.

Tous ces personnages composent des rapports de force variés, qui créent une pièce plus complexe que ne le laisse croire le titre. Il y est question de nombreuses passions humaines.

II Émile Zola et *L'Argent*

1 Zola et son temps

Une vie aux prises avec les contradictions du siècle

Zola, fils d'un ingénieur vénitien et d'une jeune fille du petit peuple parisien, est né en 1840 à Paris ; son père, alors chargé de grands travaux à Aix-en-Provence, meurt en 1847 ; la famille, fragilisée financièrement, déménage à Paris en 1858. Recalé deux fois au baccalauréat, Zola, après deux ans de vie de bohème, entre à la Librairie Hachette, où il se forme à l'édition et au journalisme. Il acquiert une forte culture positiviste et de libre pensée, ainsi qu'un respect foncier pour le savoir. À partir de 1866, il réussit à ne vivre que de sa plume, surtout du journalisme, tout en publiant des romans. Il conçoit en 1868 le projet de l'histoire d'une famille du Second Empire, qu'il décrira, en suivant le fil directeur de la descendance.

Avec le succès en 1877 du septième roman de la série, *L'Assommoir*, Zola s'assure confort matériel et reconnaissance intellectuelle ; il poursuit son œuvre tout en devenant chef d'une école littéraire réaliste, le naturalisme, dont les méthodes continuent de guider le restant de la saga, ainsi que les cycles qui lui succéderont après 1893. Sa vie prend deux tournants majeurs et inattendus : en 1889, à plus de cinquante ans, il tombe amoureux de la jeune lingère de sa femme, Jeanne Rozerot, qui lui donnera deux enfants, et avec laquelle il formera un ménage parallèle ; et, après avoir en vain fait campagne pour la révision du procès pour espionnage du capitaine Dreyfus, il publie en 1898 « J'accuse » dans le journal *L'Aurore*. Il y met nommément en cause les membres de l'état-major dont les agissements ont permis de condamner Dreyfus, ce qui conduit à son propre procès pour diffamation, qui fera éclater la vérité. Zola ne verra pas la réhabilitation complète de Dreyfus : il meurt asphyxié en 1902, mort qui est peut-être d'origine politique.

Le Second Empire et le projet d'une « Histoire d'une famille »

En 1868, Zola projette de faire la sociologie, l'ethnographie et l'histoire du Second Empire au travers de dix romans, chacun ancré dans un univers socioprofessionnel différent, contant le devenir d'une famille. L'Empire s'effondre en septembre 1870 à la suite de la défaite de Sedan dans la guerre franco-prussienne. Le projet, qui a maintenant une fin, passe de dix romans prévus à vingt. La série, dont chaque livre est construit sur la base d'une documentation exhaustive, comprenant presse de l'époque, documentation légale, et enquête de terrain, veut faire le tableau d'une période qui a vu un immense essor économique, scientifique, et technique mais aussi une restriction des libertés politiques et la domination des valeurs matérielles dans la vie publique. Elle se fonde aussi sur les convictions positivistes de Zola en matière d'hérédité, si bien que la série explore le développement familial de la tare de l'ancêtre, Adelaïde Fouque, épouse Rougon, maîtresse d'Antoine Macquart, et hystérique.

La place de *L'Argent* dans cette saga

L'Argent est le dix-huitième livre du cycle ; il reprend le héros de *La Curée*, deuxième livre du cycle, Aristide Saccard, qui construit puis perd une fortune dans l'immobilier parisien, à la faveur des démolitions et reconstructions du baron Haussmann, initiées par le gouvernement de Napoléon III, dont Rougon, le frère de Saccard est l'homme fort. *L'Argent*, le dernier roman du cycle à être centré sur un univers socioprofessionnel, semble issu de la pression des romans autonomes antérieurs. En effet, Zola a décrit une foison d'univers socio-économiques sans jamais se focaliser exclusivement sur ce qui à la fois alimente et justifie l'activité, pendant qu'il fonde les différentes classes sociales : l'argent. Le roman permet aussi de parler de cet argent omniprésent du Second Empire, l'argent de l'investissement industriel et commercial si différent de celui des fortunes domaniales des époques antérieures.

2 Le contexte socio-historique direct de *L'Argent*

Les sources du roman

Zola écrit en 1891 et situe son roman de mai 1864 à avril 1869. Cette durée correspond à l'aventure de l'Union Générale, banque créée en 1878 par Eugène Bontoux, dont les cours ont progressé de 1878 à fin 1881 – comme ceux de l'Universelle dans le roman de 1864 à fin 1867 – avant de s'effondrer début 1882 – janvier 1868 dans le roman. Les dates choisies permettent à Zola de reprendre le personnage de Saccard, mais surtout de faire coïncider l'apothéose de l'Universelle avec l'Exposition universelle d'avril 1867, de placer le coup financier de Saccard (il choisit la paix négociée après la défaite de Sadowa en juillet 1866), et de faire coïncider le krach de la banque (qui rappelle la faillite du Crédit mobilier des frères Pereire en 1867) avec le début de la détérioration des rapports avec la Prusse.

Les institutions financières pertinentes

Le décalage de dates ne gêne pas, car le Second Empire a vu se constituer l'univers financier moderne en même temps que son cadre légal.

Dans ce cadre légal, les sociétés par actions réunissent un grand nombre d'investisseurs inconnus les uns des autres, qui limitent leurs risques au montant pour lequel ils ont souscrit, mais dont le nombre permet de trouver des capitaux importants. Or les actions sont des titres négociables, et l'investisseur peut donc espérer, outre son intérêt aux bénéfices (le dividende), réaliser un gain en revendant ses actions sur le marché, c'est-à-dire la Bourse. Les lois de l'époque visent donc à empêcher la constitution de sociétés fictives à seules fins de revendre des actions à la Bourse sans qu'il y ait raison sociale réelle ou sommes versées pour les titres. Les actions, qui doivent toutes êtres souscrites, doivent avoir un montant minimum ; le quart du capital doit être versé physiquement à la constitution, puis le reste, selon un calendrier précis ; le gérant ne peut acheter ou rembourser des actions avec le capital social (parce qu'il est constitué par ces actions), ni accorder à un actionnaire la libération gratuite de ses actions ; l'assemblée générale élit un conseil de surveillance et, pour les sociétés anonymes, des commissaires censeurs. Saccard ne respecte aucune de ces règles, et met en place la mécanique de destruction ou de déréalisation du capital de la banque, contre lequel elles prémunissent.

L'époque voit, grâce à un assouplissement dans le cadre des formalités de constitution, décrit plus haut, l'essor des activités et établissements financiers, et la mise en place du réseau bancaire qui est encore celui de la France d'aujourd'hui – jusqu'aux nombreuses fusions des vingt dernières années. En 1852 sont fondés : le Crédit foncier, qui finance la propriété immobilière et les grands travaux ; le Crédit mobilier des frères Pereire, banque qui rivalisera, avant de faire faillite en 1867, avec la « Haute Banque » traditionnelle, représentée par James de Rothschild ; le Comptoir d'Escompte de Paris, future Banque nationale de Paris. Puis le Crédit Industriel en 1859, le Crédit Lyonnais en 1863, la Société Générale en 1864, toutes ayant, comme l'Universelle, des comportements de banques d'affaires prenant de gros risques industriels et commerciaux. La réaction ironique de Gundermann – encore une banque ! – face à Saccard, qui cherche son soutien, est donc parfaitement fondée, et le récit de Zola aussi.

Le contexte politique pertinent

Deux éléments résonnent avec *L'Argent* ; la libéralisation croissante du régime au cours des années 1860, et certains événements de politique extérieure. Les plus marquants sont l'aventure mexicaine de 1864 à 1867 ; le problème en Italie de l'indépendance de la Papauté face à l'unification du royaume, indépendance que veulent les catholiques français mais pas Napoléon III, qui envoie pourtant des troupes à Rome en 1867 ; et la montée d'une Allemagne fragilement réunifiée sous la dynastie prussienne, qui se cherche un ennemi héréditaire pour se renforcer : dès 1867 les rapports franco-prussiens se dégradent. 1867, année de l'Exposition universelle, symbole de prospérité, peut être vue comme celle du début du déclin de Napoléon, de l'Empire, et donc de la banque.

3 La structure de *L'Argent* : des récits pour « des » argents

Un récit financier et boursier maître

Une des façons les plus efficaces d'entrer dans cet énorme et répétitif roman est de le voir comme à la fois une immense toile que l'auteur déroule peu à peu, procédant dans chaque chapitre à l'avancement de l'ensemble, et de comprendre que cette toile est faite d'un grand nombre de récits qui se croisent ou restent parallèles les uns aux autres – en provoquant des résonances – tous écrits dans la perspective d'une vision bien précise de l'argent, vision portée par les personnages de ce récit. Le récit squelette, qui fait tenir l'ensemble, est composé de l'intrigue boursière et de la mécanique de la faillite bancaire.

D'autres récits de l'argent

Cette intrigue boursière est au départ une intrigue financière, celle du financement des rêves de développement économique de l'Orient de l'ingénieur Hamelin. Mais d'autres récits se greffent à ce roman du développement, celui du déclin de l'argent de la terre, au travers des Beauvilliers, et celui de la stérilité finale de la charité, au travers de la princesse d'Orviedo et de ses œuvres – deux conceptions de l'argent liées historiquement à la noblesse catholique et croyante. Face à ces intrigues de l'argent, interviennent les intrigues contre l'argent (Sigismond), celles de l'indifférence à l'argent et de la valorisation du travail (le couple Jordan, Sédille) et celles des limites du pouvoir de l'argent (Mme Caroline).

Des mélodrames familiaux

Et finalement, mêlés à ces univers représentatifs de la réalité sociale, les intrigues du lien individuel – le sang, le sexe, l'amour, la haine – que *L'Argent* relie aux questions d'argent, comme dans la plupart des romans. L'intrigue familiale est celle qui conduit le fils bâtard de Saccard, Victor, recueilli par Mme Caroline, à violer et voler Alice de Beauvilliers puis à s'enfuir, tout en permettant à Mme Caroline de se rapprocher du fils légitime, Maxime, et d'apprendre l'histoire de Saccard. Zola mêle les fils de l'intrigue sexuelle principale, aux connotations grotesques, celle qui lie la baronne Sandorff et Saccard, à l'intrigue boursière, au point de brouiller les rapports de cause à effet de la mécanique financière avec les passions des protagonistes de cette intrigue. Finalement, le récit de Saccard est aussi celui de sa rivalité avec son frère, le ministre Eugène Rougon.

III Georg Simmel et la *Philosophie de l'argent*

1 L'auteur et son œuvre

Georg Simmel, universitaire éclectique

Georg Simmel est né en 1858 à Berlin dans une famille très aisée. Ses parents étaient d'origine juive, mais convertis au christianisme, et Simmel fut baptisé selon le rite protestant. La fortune familiale lui permet de se consacrer à de longues études, toujours à Berlin, où il manifeste un intérêt pour des disciplines très variées. Il étudie ainsi l'histoire, puis l'ethnologie, la psychologie, pour finir par la philosophie, discipline dans laquelle il fera finalement carrière. Ses débuts sont difficiles : il utilise ces différentes disciplines, et cela n'est pas sans gêner ses professeurs qui regardent avec méfiance les débuts d'une pensée proche de ce qui deviendra la sociologie.

Malgré ces réticences, il devient professeur. Mais sa carrière est fortement freinée par l'antisémitisme latent dans les élites universitaires. De 1885, date à laquelle il commence à faire cours, jusqu'à 1901, il subit le statut de « Privatdozent », qui était d'ordinaire une simple étape vers des postes de professeur véritable. Ce statut fut parfois qualifié de « prolétariat intellectuel »[1] : en effet, l'université ne payait pas l'enseignant. C'étaient les étudiants qui payaient directement le professeur, selon leur bon vouloir. Cela ne l'empêche pas d'écrire, ni d'avoir un certain succès auprès des étudiants et de ses collègues. Même quand il acquiert un meilleur statut, ses demandes pour obtenir des chaires de philosophie sont rejetées. Ce n'est qu'en 1914 qu'il devient professeur ordinaire, en acceptant un poste à l'Université de Strasbourg, une université médiocre et éloignée du centre culturel qu'est Berlin (où il a passé toute sa vie jusqu'alors). Il vit ce départ comme un exil, et meurt à Strasbourg, en 1918, d'un cancer.

C'est dans le milieu des philosophes liés à la sociologie qu'il est le mieux reçu : Max Weber en Allemagne (un des rares à ne pas faire preuve d'antisémitisme à son égard), Émile Durkheim (1858–1917) en France, même s'il se brouillera assez vite avec lui. On lui fait bon accueil aux États-Unis, un pays qui a conservé plus d'intérêt pour lui que l'Europe, tout au long du XXe siècle.

Une œuvre protéiforme

L'œuvre de Simmel, et le texte au programme, peuvent être déroutants. La diversité des objets, le mélange des angles d'approches (sociologique, esthétique, métaphysique) ne facilitent pas le travail du lecteur. C'est ce qui a pu gêner ses contemporains, et lui-même a hésité à se définir comme sociologue, même s'il finira par se dire philosophe.

[1] Par son contemporain, le sociologue français Émile Durkheim.

En réalité, Simmel a bien traité d'un problème unique, mais sous des angles variés : le problème du lien social. C'est toujours la façon dont les hommes sont liés les uns aux autres, par des institutions (l'argent, la religion, la ville) ou des pratiques (l'art), qui l'intéresse. Mais il a abordé cet objet avec des outils variés, et dans un contexte où la séparation entre philosophie et sociologie n'était pas encore nette, et où elle était un objet de lutte intellectuelle intense. À son époque, il n'existe pas encore de chaire de sociologie, matière qui naît dans les facultés de philosophie, et n'acquiert son autonomie qu'un peu plus tard, selon les pays. La première chaire de sociologie allemande n'est créée qu'en 1918. En France, c'est Durkheim – lui aussi philosophe devenu sociologue – qui obtient la création de la première chaire de sociologie, en 1913. Mais Simmel n'adhère pas à la conception de la sociologie durkheimienne : le penseur allemand refuse le statut de science à cette discipline[2], alors que la sociologie durkheimienne se construit sur cette ambition scientifique (le meilleur exemple en est l'étude de Durkheim sur le suicide). Là où les durkheimiens accordent une place fondamentale à l'étude statistique de la société, qui doit selon eux établir des faits sociaux, des lois sociales, Simmel est plus sensible à la psychologie individuelle, et plus critique envers les systématisations. Rappelons que sa *Philosophie de l'argent* s'intitulait d'abord *Psychologie de l'argent*.

Après cette collaboration manquée avec Durkheim (dans les années 1890), il poursuit son œuvre, dont les principaux textes sont écrits entre 1900 et 1910, et qui porte sur la morale, la religion, l'argent, l'art, la ville et la modernité. Ce n'est que depuis peu (une vingtaine d'années), que Simmel est relu, justement depuis que l'histoire de la sociologie et les opposants à la sociologie durkheimienne y ont redécouvert le précurseur de ce qu'on appelle l'individualisme méthodologique, principal courant opposé à la sociologie issue des durkheimiens. On pourra lire l'article sur Simmel dans l'*Encylopedia Universalis*, écrit par le grand représentant français de l'individualisme méthodologique, Raymond Boudon.

2 Le texte : enjeux principaux

Dans les sections 1 et 2 du troisième chapitre de sa somme, *Philosophie de l'argent*, Simmel choisit d'appréhender le phénomène monétaire sous l'angle de ce qu'il appelle les « séries téléologiques ». En d'autres termes, il s'agira d'étudier la place de l'argent à l'intérieur des séquences d'actions que l'homme développe pour atteindre des buts. L'ensemble du raisonnement de Simmel va alors s'appuyer sur un couple de notions classique en philosophie : moyen et fin.

[2] *Philosophie de l'argent*, p. 13

Section 1 :

Selon un schéma général de l'action humaine, tout but établi requiert une séquence d'étapes pour l'atteindre : les moyens agencés pour parvenir à une fin permettent de satisfaire indirectement un désir qu'on ne pourrait assouvir directement. C'est là tout ce qui fait la condition de l'homme : ni un animal (qui ne sort pas de lui-même en direction du futur et reste enfermé dans la satisfaction immédiate de ses besoins), ni un Dieu (qui peut se poser des buts et les atteindre directement). Le moyen est donc déterminant pour parvenir à des buts. Néanmoins, ce n'est pas lui qui est valorisé mais bien la fin qu'il permet d'atteindre. Le moyen n'est que relatif au but prévu, dont il tire toute sa fonction.

Or, dans le cas de l'argent, ce schéma général s'inverse. L'argent est un moyen, mais en vertu d'un caractère fondamental, sa neutralité, il se change en une valeur absolue. L'argent est convertible en toute marchandise : ainsi, dans le cas de l'obtention d'un objet, il permet de multiplier les étapes précédant l'acquisition. De tous les outils envisageables, l'argent est ainsi l'outil le pur, qui peut être utilisé à de multiples fins.

L'idée de souplesse, d'adaptabilité de l'argent doit être soulignée. Elle renforce la puissance d'un moyen capable de s'approprier toute chose. D'où le surcroît de prestige qu'il confère à ceux qui le détiennent en masse. Au cœur d'une société, les relations diverses se nouent autour de l'argent, centre neutre, à la croisée des séquences d'actions de divers individus (riche rentier, entrepreneur, ouvrier, membre d'une minorité). Du point de vue de l'analyse, il faut à l'auteur les ressources diverses de la sociologie, de la psychologie et de la philosophie pour saisir toutes les facettes d'un phénomène en apparence ordinaire mais qui éclaire le fonctionnement social dans son ensemble.

Section 2 :

Tenu pour un moyen pur valorisé comme le serait une fin, l'argent est un objet assez singulier pour que des éclaircissements supplémentaires soient fournis sur la valorisation qu'en opère la conscience. Pourquoi la conscience humaine en arrive-t-elle à focaliser ses ressources et son énergie sur ce moyen ? Une analyse psychologique montre que l'homme ne peut que difficilement maintenir en conscience les buts qu'il se fixe. Les moyens qu'il réunit pour atteindre ces buts accaparent bien davantage sa conscience. La finalité posée au départ, tout en conservant une énergie mobilisatrice, disparaît peu à peu de l'horizon conscient. Une telle concentration sur les seuls moyens est d'autant plus nécessaire dans les conditions de vie complexes des grandes sociétés industrielles, où la satisfaction directe des buts posés par l'individu devient de plus en plus difficile.

La primauté de l'argent est expliquée sur fond de cet arrière-plan psychologique. S'il s'agit de se concentrer d'abord sur les moyens, alors on le fera d'autant plus sur le moyen absolu. En effet, dès que l'on possède de l'argent, on est déjà en possession du pouvoir pur. Si l'argent peut se convertir en tout et permettre l'échange de toute valeur, alors d'une part il confère un inévitable sentiment psychologique de puissance et d'autre part il ouvre des séries téléologiques potentiellement interminables, puisque tout objet acquis peut être converti en argent, lequel rendra possible l'acquisition d'une nouvelle marchandise et ainsi de suite. Illustrant la mobilité générale des choses dans le monde moderne, l'argent s'élève à l'absolu, en tant que tout peut venir se fondre en lui. À certains égards, il peut être considéré comme un ersatz moderne de l'idée de Dieu.

Valorisé de cette façon, l'argent ne manque pas de susciter certains caractères psychologiques marquants. Le texte s'achève par une galerie de portraits psychologiques qui tous réagissent à l'argent tenu pour un absolu. Tous ces caractères ont pour point commun de briser l'ordre normal des séries téléologiques : agencer d'abord des moyens pour jouir enfin du but qu'on s'était proposé. Ainsi l'avare et le cupide veulent-ils posséder sans jouir, le prodigue dépenser jusqu'à sacrifier sa jouissance, le pauvre volontaire refuser le jeu des moyens et des fins, le cynique et le blasé s'éviter de valoriser une chose plus qu'une autre dans la mesure où de toute manière tout peut s'acheter. En ce qu'ils récusent l'ordre normal des choses, et parce que ce refus prend forme dans le rapport à l'argent, on peut énoncer que ces portraits psychologiques sont aussi des cas de pathologies de l'argent. Ainsi Simmel boucle-t-il un texte d'analyse psychologique et sociologique en se faisant médecin de la civilisation monétaire.

Puissance de l'argent

Passages clés analysés et commentés

Texte n° 1

Un mariage soumis à l'argent

Molière, *L'Avare*

acte I, scène 5

La tyrannie permise par l'argent

Harpagon, un père tyrannique et autoritaire

Harpagon abuse de son autorité paternelle absolue sur sa fille Élise : il veut l'obliger à se marier avec le seigneur Anselme. Ce pouvoir est délégué à Valère : « je veux que tu prennes sur elle un pouvoir absolu », et lorsqu'il ajoute à sa fille : « Je lui donne l'autorité que le Ciel me donne sur toi ». Ainsi, Élise, toujours soumise à quelqu'un, ne peut décider librement de son sort.

Un mariage dicté par l'argent

Ce mariage est organisé pour des raisons purement financières. En effet, le seigneur Anselme s'engage à épouser Élise sans exiger que celle-ci apporte une dot, ce qui constitue pour Harpagon « une épargne considérable ». Harpagon juge de tout exclusivement par rapport à l'argent, ce qui montre la puissance de celui-ci : « *sans dot* tient lieu de beauté, de jeunesse, de naissance, d'honneur [...] ». La force de l'argent est reconnue par Valère, ironique : « Oui, l'argent est plus précieux que toutes les choses du monde ».

Le double je(u) de Valère

Entre amour et argent

Valère est tiraillé entre son maître Harpagon, dont il est l'intendant et dont il recherche les bonnes grâces, et son amante Élise, qu'il aime passionnément. Il ne peut risquer de s'attirer les foudres de l'avare : chassé de chez lui, il ne pourrait plus voir Élise Sommé de donner son avis concernant le mariage projeté par Harpagon, Valère ne sait comment réagir : il ne peut approuver ce mariage, contraire à ses intérêts, mais ne peut non plus le désapprouver directement. Valère est pris au piège de son propre masque, et, embarrassé, ne sait que dire.

Des répliques qui ménagent le père et la fille

Les répliques de Valère sont ambiguës. Il commence toujours par admettre qu'Harpagon a raison : « et vous ne pouvez pas que vous n'ayez raison », mais poursuit en soulevant des objections au mariage : « mais aussi n'a-t-elle pas tort tout à fait ». Ces répliques binaires insistent sur le trouble de l'intendant. Mais tous les risques sont réfutés par le lapidaire « sans dot ». L'argent est une puissance supérieure à toutes les autres.

Le double visage de Valère

Valère se montre sous son véritable visage lorsque Harpagon s'absente. À Élise qui s'étonne de son langage, Valère explique sa stratégie : feindre d'approuver le mariage avec Anselme afin d'arriver à ses fins. Mais dès que l'avare reparaît, Valère passe d'un discours amoureux : « et si votre amour, belle Élise, est capable d'une fermeté », au discours autoritaire apprécié par Harpagon : « il faut qu'une fille obéisse à son père ».

Une scène comique malgré tout : la puissance du rire

Une situation inquiétante

La situation est véritablement dramatique. Élise exprime son inquiétude lorsqu'elle se retrouve seule avec Valère et passe en revue avec lui les moyens possibles pour éviter le mariage prévu. Elle trouve toujours des objections aux solutions proposées par Valère et semble condamnée au malheur. Pourtant, cette situation tendue est désamorcée par le rire.

Harpagon ridicule

La répétition de la phrase nominale « sans dot » révèle l'obsession ridicule d'Harpagon pour l'argent, ce qui met en place un comique de répétition. Il se montre inaccessible à tous les arguments. Il inquiète, certes, mais il fait aussi et surtout rire le spectateur par ses excès. Il est si obnubilé par son argent que, dès qu'un chien aboie, il pense à un voleur.

Harpagon ridiculisé par Valère

Harpagon est également ridiculisé par Valère, qui se moque de lui, surtout dans la dernière partie de la scène. Lorsque le jeune homme évoque « la hardiesse de lui [à Élise] parler comme [il] fai[t] », il n'y a qu'Harpagon pour ne pas percevoir toute l'ironie de la réplique ! De plus, la situation est comique, car c'est Harpagon lui-même qui confie Élise à Valère ! Comment ne pas rire quand Harpagon ordonne à Élise de faire « tout ce qu'il te dira » ?

Conclusion

Dans ce passage, l'argent se révèle dans toute sa puissance. Il peut être mal utilisé et peser tragiquement sur le cours d'une vie. Les raisons financières, dans la bouche d'Harpagon, constituent des arguments sans appel. Mais la toute-puissance de l'argent et le malheur qu'il est susceptible d'apporter sont dédramatisés par le rire.

Texte n° 2

La toute-puissance de l'argent

Émile Zola, *L'Argent*, depuis « Dès les jours suivants… » (p. 325) jusqu'à « … dans la fosse commune » (p. 327)

Saccard couronné

Saccard, qui veut augmenter le capital de l'Universelle pour la seconde fois, a été ovationné lors du conseil d'administration. Son charisme l'a emporté même sur les réticences de Mme Caroline et de son frère.

Réussite d'une stratégie

Le capital passé à cent cinquante millions, le public est pris d'une confiance absolue dans la Banque Universelle. Saccard, qui se trouve sans le sou au début du roman, est maintenant à l'apogée de son pouvoir. Il a « conquis » la presse financière en achetant jusqu'à *La Cote financière*, pourtant connue pour son impartialité, et qui va désormais servir ses intérêts.

L'engouement collectif

La victoire de Saccard tient non seulement à l'ampleur des sommes qui lui passent entre les doigts, et que Zola se plaît à chiffrer, mais aussi à l'impact des actes de l'homme d'affaires sur les foules. Dans un effet boule de neige, le développement de l'Universelle provoque un enthousiasme collectif de plus en plus fort, qui accroît encore la prospérité de la banque et assoit la position dominante du personnage.

À la conquête de l'Orient

de l'expansion économique…

Cette prospérité est destinée à servir des investissements au Moyen-Orient. La Compagnie des Paquebots réunis, constituée de diverses compagnies maritimes qui végétaient isolément, est une réussite acquise. De là, les possibilités d'investissement semblent infinies, comme le souligne l'évocation des réalisations à venir. On imagine le développement de la Compagnie générale des chemins de fer d'Orient, dont le premier tracé est à peine évoqué : car c'est l'Asie tout entière qui semble à portée de main.

... à la croisade

La frénésie du public déborde ainsi le plan économique. Si les promesses de Saccard trouvent un tel retentissement, c'est que la réussite n'est pas seulement financière : elle est aussi symbolique. Saccard semble réussir là même où Napoléon, le héros du siècle, a échoué : la conquête de l'Orient. L'argent est un moyen de conquête plus sûr que le « sabre ». Les investissements de l'Universelle répandent le progrès moderne et ressuscitent « un monde », unissant un passé mythique et sacré, celui de la Bible, et le présent. Il semble ainsi que l'histoire s'accomplisse, dans une vision messianique du règne de l'Occident.

L'argent, une puissance d'illusion

L'effet produit par l'augmentation du capital tient ainsi de la griserie, de la séduction amoureuse et de la fascination idolâtre. Le vocabulaire religieux côtoie les termes de la finance, de l'amour et du mystère.

Un rêve collectif

Les investisseurs ne sont pas seulement attirés par des promesses de gain, même si celles-ci tiennent leur part. La puissance de l'argent tient aux rêves que celui-ci suscite dans tous les esprits. Ici, l'illusion est dénoncée par le temps des verbes : pour les femmes, « Constantinople était prise ». Ce qui n'est encore que projet semble déjà acquis, Jérusalem est à portée de main. L'argent, dans un imaginaire oriental des « Mille et une nuits », est créateur de féerie. Il unit ainsi les individus de toutes classes sociales et de toutes fortunes, « du bourgeois à l'ouvrier et au paysan ».

Le pouvoir de la rumeur

Tout tient pourtant à des « on-dit » : aux nouvelles répandues par les journaux, répondent les conversations de salons. Anecdote cocasse dont on ne sait si elle est véridique, les mérites de l'Universelle seraient loués jusque sur le postérieur des femmes de petite vertu. Tout n'est que parole, ragots, promesses, et la réalité est perdue de vue.

Conclusion

La réussite de Saccard est liée à trois types de phénomènes. Tout d'abord, l'habileté personnelle de ce « poète du million », qui sait s'entourer, pousser ses pions, agir au bon moment, convaincre les souscripteurs. Mais Saccard est secondé par le pouvoir intrinsèque de l'argent, qui permet de réaliser de grands projets. Or cette puissance pratique confère à l'argent une aura de rêve et de fiction : l'argent fait tourner la tête de chacun, dans une folie collective dont le dénouement montrera combien elle est néfaste.

Texte n° 3

L'argent, l'outil le plus pur

Georg Simmel, *Philosophie de l'argent*

Depuis « Voici enfin le point où » (p. 243) jusqu'à « un effort directement dirigé vers eux. » (p. 243)

Enjeu du texte

L'enjeu est la compréhension du rôle de l'argent dans les « séries téléologiques. » Une série téléologique, c'est une chaîne guidée par la représentation d'un but et qui propose un programme d'action pour le réaliser. Où situer l'argent dans ces séries ? N'est-il qu'un moyen comme les autres ?

L'argent, intermédiaire dans l'échange

Le problème de l'échange

L'échange suppose une équivalence entre ce qui m'intéresse et ce qui intéresse autrui. Sans elle, l'échange est impossible. Mais il se peut que je n'aie rien qui intéresse le propriétaire de ce que je veux obtenir. Et même si c'était le cas, il pourrait y avoir un désaccord sur leurs valeurs respectives. Si on ne dispose pas d'intermédiaire (c'est le troc), il faut que les séries téléologiques convergent : il faut que ce qui est pour moi le moyen (perte d'une objet, d'un service), soit pour l'autre la fin, et que ce qui est pour moi la fin (acquisition d'un objet), soit pour lui le moyen.

L'argent facilite l'échange

La nécessité d'une équivalence entre les objets ou services échangés rend le troc difficile. La solution est la création d'un intermédiaire, d'une unité de mesure par laquelle estimer la valeur de ce que je veux, et celle de ce que l'autre veut. Le point fondamental est cette conversion des biens et services en une certaine quantité. Cette conversion toujours possible de la chose en argent, de l'argent en chose, permet de surmonter l'impossibilité du troc entre choses de valeurs inégales. Le problème de l'échange inégal se divise en deux problèmes d'évaluation, plus faciles à résoudre.

La multiplication des séries téléologiques

Si je peux obtenir la chose en échange d'une somme d'argent, alors je n'ai plus à m'inquiéter de posséder un objet qui intéresse autrui : si l'argent peut se convertir dans un bien, autrui sera toujours intéressé par de l'argent (le seul obstacle sera l'accord sur la quantité). La série téléologique se brise et se divise en deux ou plus. Autrui accepte l'échange, non pas parce qu'il obtient directement l'objet de ses désirs, mais parce qu'il gagne un moyen pour l'acquérir plus tard. Le moyen que j'utilise n'est plus la fin que vise autrui. Les buts que l'on visait ne sont plus réalisés par un seul échange (troc), mais par plusieurs (séries de ventes et d'achats).

L'argent, langue de l'échange économique

L'analogie entre langue et argent

L'argent se définit par son rôle d'outil de conversion. Simmel fait l'analogie entre langue et argent. Pour communiquer mes pensées, j'utilise un code, où des signes représentent ce que je pense, et peuvent être décodés par autrui : c'est la langue commune. Une langue code des significations, c'est-à-dire des informations complexes et variées. L'argent code une information simple : la valeur d'un bien ou service. À chaque fois, plutôt que d'agir directement (troc, ou lecture des pensées), on accepte le détour par une traduction, une expression symbolique.

L'argent « outil le plus pur »

L'argent n'est donc pas un outil comme les autres. Un outil a un usage déterminé, et produit des effets en nombre limité. L'argent, convertible en n'importe quel bien ou service, n'a aucune limite. Il représente toute chose, selon le seul principe de la quantité. C'est en cela qu'il est pur : sa règle est simple, c'est celle de la somme, de l'addition.

Conclusion

L'argent n'est qu'un moyen, mais il n'est pas un outil comme les autres. Cela explique son intérêt économique : il facilite les échanges en multipliant les étapes permettant d'acquérir ce dont on a besoin. Ce phénomène a une autre conséquence : l'utilisation d'argent modifie le rapport des hommes à leurs buts. Ils en viennent à se focaliser sur ce moyen absolu, ce qui rend possibles les pathologies décrites au chapitre 2.

Sujet 1

« L'argent est l'argent, quelles que soient les mains où il se trouve. C'est la seule puissance que l'on ne discute jamais. »

Vous commenterez cette citation de *La Question d'argent* (1857) [I,5] d'Alexandre Dumas fils, à la lumière des trois œuvres au programme.

Corrigé proposé par Géraldine DERIES

I Analyse du sujet

1 Analyse des termes du sujet

Cette citation vient de la même pièce que l'expression devenue figée « les affaires sont les affaires », et sa date est proche de celle des événements de *L'Argent*. Le danger est de la prendre pour à la fois plus simple et plus cynique qu'elle n'est – ce que dément son analyse.

Elle enchaîne deux propositions sans exprimer leur lien logique : la parataxe laisse le lecteur induire le lien manquant, ou se contente de poser une concomitance. Analysons les propositions. Nous sommes d'abord confrontés à une tautologie : x est x, « l'argent est l'argent », forme redondante au pire (pourquoi faut-il le dire ?), emphatique au mieux (qui cherche à poser l'argent comme une substance, quelque chose qu'on ne peut qu'accepter, sans analyse). Une deuxième faille apparaît aussitôt dans cette évidence, puisque « quelles que soient les mains où il se trouve » lui fournit un contexte, ce qui confirme qu'il s'agit d'un argument défensif.

La deuxième proposition vient à l'appui de ce premier propos – c'est sous la forme de « puissance » que « l'on ne discute jamais » l'argent. Troisième faille dans cette évidence que constituerait l'argent, qui n'est en fait pas que de l'argent, mais une « puissance » – mot qui peut désigner la force (d'un outil), une capacité à faire (le fait d'une volonté), ou un potentiel. Puissance souveraine de plus, reconnue par tout le monde : « on », pronom indéfini, représente l'homme en général. Y a-t-il lien logique entre les propositions ?

S'il y a lien logique, il faut le reconstruire : tout le monde admet le pouvoir de l'argent, donc son pouvoir ne dépend d'aucune subjectivité et il a une existence objective, détachée de l'usage qu'on en veut faire et de ses usagers. Implicitement, l'argent, dans la première proposition, est en fait déjà compris comme « puissance », c'est-à-dire comme moyen. Cette position est conforme à l'idée de l'argent comme échangeur universel. On peut se demander si la puissance de l'argent n'a vraiment aucune limite sociale, et même si ce n'est pas la nature de ses usagers qui la limite.

Ou alors, la citation a bien deux pôles distincts sans lien logique. D'abord, l'affirmation que l'argent constitue une substance immuable vient contredire l'idée que sa valeur, dépendrait de celui qui le détient. Ensuite, le rappel que cette substance a un statut de puissance souveraine. On a alors affaire à une simple concomitance : Dumas suggère que la souveraineté de l'argent est d'autant plus évidente que son usage est plus en conformité avec sa nature (« l'argent est l'argent ») et l'identité de ses utilisateurs plus indifférente. Le sujet concerne donc, là encore, les limites de la puissance de l'argent en rapport avec la question de son usage et de ses usagers.

2 Confrontation aux œuvres

Simmel explore les conséquences morales, comportementales et sociales de l'utilisation généralisée de l'argent, moyen ultime d'obtenir n'importe quel bien, et outil lui-même né de l'échange. Son usage normal est de permettre à chacun d'accéder à l'objet pour en jouir, ce qui implique des différences d'emploi et de valeur de l'argent selon ses possesseurs. Mais son existence matérielle de moyen universel en fait aussi un objet de désir universel : il est en puissance l'obtention de tout ce que l'on peut vouloir. La citation semble condenser cet ensemble.

Chez **Molière**, un personnage pour lequel l'argent n'est que puissance (au sens de potentiel), Harpagon, est confronté à des personnages pour lesquels il est un moyen de vivre selon ses propres valeurs, notamment selon son cœur. Or l'intrigue conduit à la défaite d'Harpagon du point de vue de son emprise sur les siens – même s'il reprend prise sur son argent.

Dans ***L'Argent***, l'intrigue marie un déroulement mécanique de tragédie, où les mécanismes financiers – puissance de l'argent – conduiraient à la faillite de Saccard et, toujours comme dans une tragédie, la mise en scène de la faille du héros. Tout se passe comme si Zola doutait de la neutralité de l'usager de l'argent dans le fonctionnement de l'argent.

3 Problématique

La question de fond est celle du rapport entre une neutralité de l'argent outil ou moyen, par rapport à ses usagers, c'est-à-dire à son contexte social, et la puissance de cet outil en tant qu'outil dans le contexte social justement. La sphère économique organiserait les valeurs par rapport à un seul étalon, et ce serait la source d'une puissance dans l'ordre social. En toile de fond, la citation pose la question du lien entre domaines économique et social.

II Plan détaillé

I L'argent, puissance souveraine, également reconnue par tous et pour tous
1. Moyen de tout obtenir, il devient l'ultime et logique objet de désir
2. Et dans ce contexte, on ne refuse rien à ceux qui en ont, quels qu'ils soient
3. La limite de sa puissance est donc sa reconnaissance par ses usagers comme moyen d'accès à leurs désirs

Mais c'est une limite qui est efficace, et de surcroît liée à la valeur que lui accordent ses usagers

II En effet, si l'argent est désiré parce qu'il donne la puissance, c'est qu'il reste un moyen de satisfaire des désirs individuels ou sociaux, moyen jugé à l'aune de sa réussite ou de son échec – il n'est donc pas souverain
1. Les échecs de l'argent indiquent d'autres systèmes de valeurs à l'œuvre
2. Dans ces systèmes l'argent n'est qu'un moyen
3. L'argent n'a donc pas la même valeur selon les individus qui s'en servent

Est-ce à dire qu'il faut se contenter de constater une solution de continuité entre ce que représente l'argent pour chacun, et sa valeur sociale ?

III Reste la difficulté d'articulation ou d'explicitation du rapport entre argent-moyen et argent-pouvoir, entre économie et société
1. Une difficulté bien souvent laissée au niveau du constat
2. Dont l'explicitation ou l'articulation n'est jamais bien convaincante
3. Probablement parce que, l'argent étant l'ultime moyen dans une idéologie de la liberté de toutes les fins, cette dernière s'obtient aussi contre lui

III Dissertation rédigée

« L'ARGENT N'A PAS D'ODEUR », dit-on, en général, lorsqu'on juge mal acquis un argent censé servir une plus ou moins bonne cause. L'argent est un outil, un moyen, une valeur qu'on essaye de dire économique, non pas sociale. Dumas fils ne dirait pas autre chose, faisant remarquer que « L'argent est l'argent, quelles que soient les mains entre lesquelles il se trouve. » Pourtant, il glose ce constat en ajoutant que « c'est la seule puissance que l'on ne discute jamais », faisant glisser l'argent d'outil à puissance, et puissance souveraine dans un ordre social : sa puissance ne pourrait être discutée s'il n'y avait des subjectivités en interaction.

L'appui de la première proposition par la seconde rappelle que la neutralité sociale d'un argent-outil n'est affirmée que lorsqu'elle a d'abord été contestée ; et cette seconde proposition affirme d'ailleurs le contraire de ce qui l'a provoquée, à savoir la contestation du pouvoir de l'argent. La conjonction des deux propos engendre une spirale de contradictions vertigineuses, d'où il ressort que l'argent est une puissance dans la mesure où ses utilisateurs acceptent sa neutralité d'outil, ce qu'ils ne font pas.

C'est donc l'impossibilité de considérer l'argent comme un moyen sans valeur autre qu'économique que la citation souligne paradoxalement, et que nous allons explorer, en nous intéressant d'abord à l'argent en tant que puissance souveraine telle que les œuvres au programme semblent en suggérer la possibilité, pour en inscrire pourtant aussi les limites, indiquant en fin de compte que si c'est bien l'argent en tant que moyen économique qui soutient l'illusion de la souveraineté de son pouvoir social, la nature de ce soutien reste difficile à articuler.

À PREMIÈRE VUE, les œuvres au programme semblent offrir ample matière à soutenir l'idée que l'argent, dès lors qu'il est reconnu par tous et pour tout un chacun, règne souverainement sur tous.

Simmel nous propose une analyse de l'argent qui, d'un rôle d'échangeur universel, accepté par toutes les parties prenantes d'un échange, dans une réalité sociale définie par l'échange, en devient le moyen de toutes les fins et donc la fin ultime : « à la fois l'absolu *terminus ad quo* menant vers tout, et l'absolu *terminus ad quem* vers quoi tout mène »[1]. Le développement historique des sociétés employant l'argent s'explique par le développement logique de ce moyen d'accès à tous les objets : il en acquiert une valeur propre, « qui surplombe les objets avec une parfaite indifférence »[2] justement parce que tant qu'il n'est employé à rien, il peut être employé à tout. Le lien logique entre argent moyen et argent puissance semble imparable ; c'est d'ailleurs l'accès que l'argent donne à tout qui motive Saccard. Comme le dit son fils Maxime, « s'il en puise à n'importe quelles sources [...], c'est pour toutes les jouissances qu'il en tire, de luxe, de plaisir, de puissance... »[3]

De plus, c'est parce que toutes les membre d'un échange acceptent l'argent comme contrepartie, anticipant de s'en servir à leurs propres fins, que personne ne discute l'argent et que sa puissance est souveraine. Saccard obtient une nuit avec Madame de Jeumont parce qu'elle et son mari reconnaissent le caractère absolu de l'argent, ce qui est souligné par Zola qui juxtapose à cet épisode celui de la « petite Madame Conin » qui place le plaisir sexuel en dehors de la sphère économique[4]. Si, au grand chagrin de Madame Caroline, les petits porteurs qu'il a ruinés ne lui en veulent pas[5], n'est-ce pas qu'ils acceptent s'être engagés non pour lui, mais pour l'argent qu'ils en pouvaient retirer ?

Ce ne serait donc qu'à partir du moment où, pour jouer avec la citation, « l'argent n'est plus l'argent », n'est plus un terme d'échange accepté par tous, qu'il rencontre des limites à sa puissance : Mme Conin sépare amour et argent, comme aussi et surtout Harpagon. Ce dernier ne veut même pas employer son argent pour obtenir Mariane, et sépare tout autant que Mme Conin amour et économie, et la surprise est de le voir, comme le dit La Flèche, « se mêler d'aimer ! »[6] Il sort l'ar-

[1] p. 261 [2] p. 244 [3] p. 285 [4] p. 331–336 [5] p. 439 [6] II, 1

gent du circuit économique, le détruit comme moyen, ce qui est prouvé a contrario, lorsqu'il semble vouloir prêter cet argent, et est contrecarré par la découverte que l'emprunteur potentiel serait son fils[7]. D'ailleurs, cet argent hors-circuit ne sert à rien, n'a aucun pouvoir sur le désir des différents jeunes gens qui entourent Harpagon. Ils trouvent de l'argent ailleurs, contournent le problème, pendant que le « Ciel », dont Anselme loue « les traits de [l]a puissance » et la capacité de « faire des miracles », dénoue l'intrigue[8]. Bref, l'argent moyen universel d'échange, un « argent [qui] est l'argent », soutient une puissance souveraine dont la seule limite est celle de sa reconnaissance par les participants.

Mais c'est une limite qui est efficace, et de surcroît liée à la valeur que lui accordent ses usagers.

EN EFFET, si l'argent est désiré parce qu'il donne la puissance, c'est qu'il reste donc un moyen de satisfaire des besoins individuels ou sociaux, et ce sont ces besoins là, qui varient selon l'individu, qui en déterminent la valeur.

Saccard ne réussit pas auprès de Madame Conin, parce qu'elle sépare système de valeurs amoureux et argent, faisant d'ailleurs douter Saccard de « la force de l'or »[9] ; or la plupart des personnages de Zola, dont les Hamelin et Saccard lui-même, ne recherchent l'argent que pour en faire autre chose : ils ont un autre système de valeurs. Dejoie cherche à doter et marier sa fille[10], l'oncle de Marcelle – à survivre au jour le jour[11], Jantrou à se payer, justement, « tout ce qui s'achète »[12]. Ceux pour lesquels il est ou devient une fin en soi – les parents de Marcelle, la baronne Sandorff – renforcent le contraste avec les systèmes de valeurs réels. Pour Simmel, la nature de l'argent est de pouvoir s'échanger contre tout ce qui est valeur – donc justement de s'insérer dans tous les systèmes de valeur.

Mais il s'y insère comme moyen, non fin, car sinon ce ne serait plus des systèmes de valeur différents. Simmel analyse comme pathologiques les emplois de l'argent qui bloquent la chaîne du désir humain soit au niveau du moyen (l'avarice qui empêche de réaliser l'échange), soit au niveau de la finalité (la prodigalité qui ne peut que répéter la dépense)[13]. Chez Molière, l'argent rétablit même l'équilibre familial, puisque le riche Anselme reprend les fonctions d'Harpagon vis-à-vis de ses enfants, pendant qu'il est abandonné à sa cassette stérile[14]. Un certain nombre des projets de l'Universelle survivent à sa faillite, les Hamelin reprennent le cours d'une vie créative et Saccard se lance dans l'assèchement des marais hollandais, encore un projet grandiose[15].

L'argent n'a donc pas du tout la même valeur entre différentes mains – pis encore, c'est sa nature de moyen absolu permettant son échange contre n'importe quel bien qui rend son usage absolument dépendant du système de valeurs

---

[7] II, 2 [8] V, 5 [9] p. 334 [10] p. 177 [11] p. 247 [12] p. 443 [13] p. 297 [14] V, 6 [15] p. 499–500

de son usager. Mme d'Orviedo s'en sert pour dorloter une poignée d'indigents[16], avec ce que Simmel appellerait une prodigalité pathologique. Ce même argent, pour les pauvres, est d'abord subsistance, puis clé d'un meilleur avenir et finalement, pour d'autres, notamment pour Victor, le bâtard de Saccard, objet de tentation et de crime[17]. Pour Cléante, la cassette de dix mille écus représente la clé de son établissement[18], pour Harpagon un objet précieux en soi[19]. A contrario de notre première analyse, la labilité de l'argent, qui lui permet d'entrer dans différents systèmes de valeur individuels ou collectifs, mais au prix de négociations et d'échanges incessants entre individus, contredit maintenant la souveraineté qu'on lui prête. S'il y a bien un chose dont on discute sans cesse, c'est de la puissance de l'argent – justement parce qu'il représente quelque chose de différent pour quiconque le détient.

Est-ce à dire qu'il faut se contenter de constater une solution de continuité entre ce que représente l'argent pour chacun, et sa valeur sociale ?

ÉTANT DONNÉ que l'argent arrive à fonctionner comme substitut universel dans les échanges, nous savons bien qu'il n'y a pas réellement solution de continuité entre ce que l'argent représente pour chaque usager (ce contre lequel il veut l'échanger, donc l'argent-moyen) et sa réalité sociale (le fait d'avoir un support matériel reconnu par tous). Reste la difficulté d'articulation ou d'explicitation du rapport entre argent-moyen et argent-pouvoir, entre économie et société, déjà visible dans la juxtaposition effectuée par Dumas fils, que les œuvres du programme peuvent aider à expliquer.

Simmel ne fait que décrire un univers dans lequel existe un échangeur universel, sans l'expliquer. En revanche, le conflit entre Gundermann et Saccard peut au moins illustrer la difficulté. Gundermann sait ce qui va se passer collectivement pour le prix des actions de l'Universelle à partir du moment où celui-ci dépassera un certain montant[20]. Hamelin aussi[21]. Il y a un rapport entre le bilan financier possible de la banque et le montant de sa capitalisation boursière ; Gundermann connaît en quelque sorte la valeur sociale de l'argent, c'est-à-dire le rapport entre demande et offre qui reste vraisemblable pour une majorité des acteurs. Saccard, lui, se comporte comme s'il croyait Dumas fils jusque dans ses dernières conséquences : il pense que la foi en la puissance de l'argent en tant que moyen absolu d'accès à tout est sans limites et découle de la logique de l'argent. Il oublie que s'il s'enivre de ce potentiel absolu qu'est l'argent en soi, ce potentiel est en fait limité par le besoin qu'auront d'autres de le convertir en biens réels, de subsistance ou de plaisir. Et pourtant, il pratique cette conversion, et la voit pratiquée autour de lui constamment, soit dans le refus – le cas de Mme Conin, de Sigismond[22] – soit dans le choix du confort – son fils Maxime[23].

[16] p. 82 [17] p. 461 [18] I, 2 [19] IV, 7 [20] p. 265, p. 344 [21] p. 316 [22] p. 367 [23] p. 474

Reste que le moment où la valeur sociale de l'argent va cesser d'emporter l'adhésion collective est imprévisible. Si Gundermann fixe d'avance le moment où il commencera à jouer à la baisse, c'est bien parce qu'en fait il s'agit d'amorcer les interventions des usagers[24] dont les valeurs individuelles divergent de celles de Saccard, dans leur rapport aux actions de cette banque, et conduiront ces actions à la baisse. L'inévitabilité du processus ne le rend pas indépendant de l'intervention humaine, au contraire.

Et somme toute, n'est-ce pas justement parce que l'argent, selon Simmel, est l'ultime moyen dans une conception où toutes les fins sont libres, que l'obtention de la liberté comme fin va aussi s'obtenir contre l'argent comme moyen ? C'est donc l'avare Harpagon, accroché à son potentiel sans contenu, à son argent comme fin à force d'être devenu moyen de tout, qui nous livre la vérité d'un argent qui serait « puissance que l'on ne discute jamais » : celle qui ne fait jamais rien, liberté métaphysique indéfiniment reportée dans sa capacité à toujours tout pouvoir faire, et qui s'interdit donc tout choix de peur de se compromettre.

L'argent est bien une puissance sociale, mais dont le pouvoir est limité par le degré auquel ses utilisateurs le reconnaissent, c'est-à-dire le voient comme susceptible d'être un moyen pour leurs propres fins. C'est dire que l'argent n'a pas la même valeur selon son utilisateur, et son pouvoir se voit sans cesse disputer ses termes. L'analyse de la citation de Dumas fils démontre à quel point l'articulation entre le pouvoir économique de l'argent pour l'individu et son pouvoir social est difficile à expliciter ou formaliser – ce que sa forme, juxtaposant deux univers, suggérait d'emblée.

IV Éviter le hors-sujet

La difficulté de ce sujet était qu'il combine deux idées proches mais différentes, elles-mêmes susceptibles de constituer un sujet à part entière. Ainsi pouvait-on rabattre la citation sur une des deux idées suivantes :

« L'argent a bonne odeur d'où qu'il vienne » (Juvénal, *Satires*, XIV) exprime, de façon un peu plus imagée que selon les paroles de Dumas fils, l'idée que l'argent est toujours le bienvenu, quelle que soit son origine, et que son origine ne change en rien ce que l'on peut en faire, ne le rend ni plus ni moins apte à être employé. La positivité du terme « bonne » neutralise l'emploi d'une restriction négative, même si à l'analyse il apparaît que la citation ne peut se concevoir qu'en argument défensif par rapport à une attaque contre l'argent, et en particulier contre l'argent obtenu de façon douteuse. La question est entièrement celle de confronter système de valeurs sociales, et système de valeurs économique.

---

[24] p. 265

« Une bourse d'or me paraît toujours un argument sans réplique » (Beaumarchais, *Le Barbier de Séville*), exprime l'idée, mais cette fois assumée par un sujet, que l'argent représente une puissance telle qu'elle clôt toute négociation ou discussion, et gagne systématiquement l'adhésion. Chez Dumas, cette idée de toute-puissance était considérée comme valable pour chacun ; on pouvait également se trouver conduit à la discuter selon ses propres termes.

Or, comme l'analyse l'a montré, ces deux idées ne sont pas équivalentes, et le sujet invitait à explorer le rapport entre l'idée d'un outil économique socialement neutre, et la toute-puissance de cet outil. Bien entendu, chacune de ces deux idées peut se discuter pour elle-même, et il est vraisemblable que, dans une discussion concernant la puissance de l'argent, la question de sa valeur sociale sera pertinente. Mais la citation de Dumas juxtaposait sciemment les deux notions, et conduisait donc à interroger cela précisément.

Sujet 2

« Ce qui grâce à l'argent est pour moi, ce que je peux payer, c'est-à-dire ce que l'argent peut acheter, je le suis moi-même, moi le possesseur de l'argent. Ma force est tout aussi grande qu'est la force de l'argent. Les qualités de l'argent sont mes qualités et mes forces essentielles – à moi son possesseur. Ce que je suis et ce que je peux n'est donc nullement déterminé par mon individualité. Je suis laid, mais je peux m'acheter la plus belle femme. Donc je ne suis pas laid, car l'effet de la laideur, sa force repoussante, est anéanti par l'argent. De par mon individualité, je suis perclus, mais l'argent me procure vingt-quatre pattes ; je ne suis donc pas perclus ; je suis un homme mauvais, malhonnête, sans conscience, sans esprit, mais l'argent est vénéré, donc aussi son possesseur, l'argent est le bien suprême, donc son possesseur est bon, l'argent m'évite en outre la peine d'être malhonnête ; on me présume donc honnête ; je suis sans esprit, mais l'argent est l'esprit réel de toutes choses, comment son possesseur pourrait-il ne pas avoir d'esprit ? De plus, il peut acheter les gens spirituels et celui qui possède la puissance sur les gens d'esprit n'est-il pas plus spirituel que l'homme d'esprit ? Moi qui par l'argent peux tout ce à quoi aspire un cœur humain, est-ce que je ne possède pas tous les pouvoirs humains ? *Donc mon argent ne transforme-t-il pas toutes mes impuissances en leur contraire* ? » (Karl Marx, *Manuscrits de 1844*)

Vous commenterez la phrase en italique à la lumière des œuvres du programme.

Corrigé proposé par Marianne Isola-Esclangon

I Analyse du sujet

1 Analyse des termes du sujet

Marx, dans cet extrait, définit la relation entre l'argent et son possesseur. L'argent métamorphose et modifie l'être de celui qui le possède. Comment s'opère cette transformation ? Marx montre que les qualités de l'argent se transmettent par contiguïté à son détenteur et suppléent les manques dont il peut souffrir. L'individu, jusque là démuni, se trouve paré de toutes les capacités nécessaires à la vie sociale, tant sur le plan physique que sur celui de la vertu ou de l'esprit. Tout ce que l'argent acquiert est une puissance que s'approprie l'individu.

Or la puissance est ce qui fonde l'être de l'individu : elle le caractérise. Ce qu'il peut devenir est en germe en lui, sous réserve qu'il le réalise dans ses actes, autrement dit qu'il convertisse par ses actes sa puissance en pouvoir, son potentiel en réalité. L'argent vient combler les manques en se substituant aux impuissances, mais, par là, il vient profondément modifier l'être auquel bénéficient ses forces et ses capacités. L'argent tient donc lieu de qualités et produit sur les autres et sur le monde le même effet que chacune des qualités qu'il remplace. La valeur et le pouvoir de l'argent tiendraient à ce qu'il est moyen absolu et toute-puissance. Pourtant, en considérant que l'argent équivaut pour lui à la puissance qu'il n'a pas, l'individu se condamne à toujours maintenir sa fortune et, de même que l'individu travaille à réaliser sa puissance et agit, de même il faut accroître toujours la fortune pour garantir la pérennité des capacités que donne l'argent. L'individu s'identifie à l'argent et devient donc son instrument.

Il se fait en quelque sorte argent pour jouir de la puissance que l'argent confère et s'aliène, perdant de vue sa propre existence, évanouie devant ce que l'argent promet. Les puissances de l'individu se dissolvent, si elles existent, remplacées par la conviction que l'argent tient lieu de tout, qu'il est ce qui convertit l'impuissance en son contraire et ouvre le chemin du pouvoir ; mais cela n'est qu'au prix de la perte de toute individualité.

2 Confrontation aux œuvres

Dans ***L'Avare***, Molière met en scène un personnage pour qui l'argent tient lieu de tout et qui s'identifie au trésor qu'il possède : l'argent vaut absolument et ne représente plus même une puissance, à force d'être conservé intact et épargné. *L'Avare* montre comment, devenu valeur absolue, l'argent interdit toute réalisation et maintient l'individu dans le déni de sa propre puissance. L'individu s'asservit ici à l'argent car il faudrait en user et le dépenser pour exercer un pouvoir réel, et donc accepter de renoncer à sa possession. La scène de dénouement montre bien que l'argent rencontre la limite des sentiments chez les autres personnages, mais qu'il les aide néanmoins à persuader l'avare de se conformer à leurs désirs. La jeunesse et l'amour sortent fragilisés de leur confrontation à l'argent, quand bien même ils sembleraient triompher.

À l'inverse, ***L'Argent*** montre comment l'argent tient le rôle de puissance, en particulier dans la relation que la possession d'argent instaure entre celui qui le détient et autrui. Ainsi les femmes comme Mme de Jeumont ou Mme Sandorff signifient-elles, chacune à sa façon, que l'argent est puissance et séduction : l'une car elle exprime par sa conquête le prix que l'on peut y mettre et l'autre car elle s'abaisse à celui qui représente l'accès à la fortune. Pour Saccard, l'argent est puissance et non pouvoir, toujours renouvelé par des objectifs qui fleurissent l'un après l'autre : l'argent est ici moteur de l'imaginaire et éloigne du réel celui qui se laisse aller à sa passion de l'argent. S'il est une condition de la réalisation, l'argent ne suffit jamais à produire la réalité. Passer à la réalisation signifierait tenir l'argent à sa place et non s'identifier à lui ni aux rêves qu'il suscite : or les personnages du roman, à l'exception de Gundermann, se prennent tous à un moment ou à un autre au jeu de la séduction qu'exerce l'argent.

La philosophie de l'argent montre que si l'un des rapports possibles à l'argent consiste bien en une relation dans laquelle l'argent est puissance ou plutôt substitut de la puissance, l'argent représente aussi différentes formes d'aliénation. Puissance ou impuissance varient selon la conception que l'individu se fait de l'argent et de son pouvoir social. Si l'étranger opprimé est celui qui peut devenir homme d'argent, c'est parce qu'il sait bien que, dans sa relation aux autres, l'argent le dote de la valeur que la société lui reconnaît. Le pouvoir social de l'argent n'est autre que son pouvoir symbolique et la capacité d'agir sur les autres dans la société.

3 Problématique

L'argent fonctionne comme puissance car il remplace les capacités qui font défaut en achetant celles-ci ou leurs effets ; il tient lieu de tout. Ainsi dans *L'Avare*, la vertu, la beauté ni l'âge ne sont des critères à examiner dans le mariage : cela n'est rien, lorsque le contrat se conclut « sans dot ».

Pourtant l'argent n'est pas toujours ce qui confère un pouvoir car il existe une forme d'impuissance créée par l'argent : l'incapacité à user de la puissance qu'il confère. La possession de l'argent se substitue progressivement à tous les objets du désir, il modifie le rapport aux choses. En réalité, l'argent qui se prête aux métamorphoses prend les qualités de l'individu ou plutôt celles qu'il lui attribue. Pourtant, en soi, il n'est rien que la valeur que l'on y projette. Comment l'argent peut-il limiter ma puissance et m'empêcher de me réaliser alors qu'il transforme mes impuissances en puissance, c'est-à-dire qu'il met à ma portée tout ce que je ne pourrais atteindre autrement ? L'argent ne transforme-t-il pas aussi les puissances en impuissance car l'individu renonce à agir selon son caractère individuel pour s'aliéner à l'argent ?

II Plan détaillé

I L'argent me confère la puissance que je n'ai pas
1. l'argent est une puissance
2. qui se substitue à ce qui me manque
3. et me confère ainsi un pouvoir qui ne tient qu'à lui

Si l'argent permet de suppléer les capacités qui me font défaut et de jouir impunément de tous leurs effets, ce pouvoir ne m'appartient que pour autant que je possède la fortune.

II Parce qu'il est puissance absolue et illusoire, l'argent provoque une aliénation et annihile mes puissances
1. Puissance absolue, parce qu'il les supplée toutes,
2. l'argent crée l'illusion du pouvoir individuel alors qu'il aliène son possesseur
3. Le prix de la puissance de l'argent est de lui consacrer mes forces
La puissance illusoire que confère l'argent détruit en réalité les capacités et les forces qui sont les miennes puisqu'il faut les consacrer à se maintenir riche au lieu de les employer à une fin réelle.

III L'argent est une condition non suffisante de l'actualisation du pouvoir
1. Si l'argent est une condition du pouvoir, c'est une condition non suffisante et dangereuse
2. Car l'argent se donne pour le moyen absolu de la puissance alors qu'il toujours relatif
3. Et l'on court le risque de se perdre et de renoncer à sa puissance individuelle

III Dissertation rédigée

« UNE BOURSE D'OR me paraît toujours un argument sans réplique », affirme Bazile dans *Le Barbier de Séville* de Beaumarchais. L'argent peut être considéré comme l'un des éléments constitutifs de la puissance des individus dans les sociétés qui en ont l'usage. Il véhicule une signification telle qu'il permet à son détenteur de payer pour ce qu'il ne peut obtenir par ses qualités propres.

Ainsi l'argent tient-il lieu de qualités. L'argent, comme le souligne Marx dans l'extrait proposé, « transforme les impuissances en leur contraire ». Toutefois, en se substituant aux puissances qui font défaut à l'individu, l'argent occupe la place de toute puissance chez l'individu et devient la condition de ses actes. Il menace ainsi l'individualité en devenant la seule puissance à laquelle se consacre son possesseur, au détriment de celles qui forment son être.

Nous verrons dans un premier temps comment l'argent confère effectivement une puissance à celui qui le possède puis comment une telle puissance trouve son revers dans l'oubli que l'individu fait de ses qualités propres, trop peu sollicitées pour elles-mêmes ; enfin, si l'argent est une condition du pouvoir de l'individu, son usage présente le risque d'affaiblir et d'aliéner son possesseur.

PARCE QU'IL SE PRÊTE à n'importe quelle transformation, l'argent confère à son possesseur la puissance qu'il n'a pas. L'argent constitue une puissance essentielle dans les sociétés qui l'utilisent pour exprimer la valeur des choses. Il permet non seulement de les mesurer mais aussi de savoir quelle estimation elles obtiennent des autres dans les relations avec autrui. Georg Simmel souligne à maintes reprises que l'argent est objet de la reconnaissance d'autrui et structure les relations que les individus entretiennent dans l'ordre social. Selon la réalité à laquelle l'argent se rattache, possession de la terre, capital ou banque, il exprime une position de pouvoir dans la société et permet à son possesseur de jouir de droits spécifiques. Ainsi pour l'étranger dépourvu de droits représente-t-il la mesure de toute puissance fondée sur la fortune. L'argent incarne le moyen par lequel les individus obtiennent audience et respectabilité dans le jeu social : chez Zola, l'argent permet de développer les capacités et de les forger selon les normes attendues de la société, alors que la misère laisse en friche les vertus pour ne déployer que les capacités non sociales. Le contraste entre Victor et son demi-frère souligne à l'excès ce phénomène. L'égoïsme de Maxime trouve une expression sociale acceptée, grâce à la fortune dont il a hérité.

L'argent permet ainsi d'obtenir ce que l'on ne peut espérer sans lui : des biens, mais aussi, parce qu'il est la valeur partagée par les membres de la société, ce qui fonde la reconnaissance des autres hommes, comme le souligne Simmel : « La fortune passe même pour une sorte de mérite moral »[1]. La scène qui oppose Valère à Harpagon met en balance sans issue possible les qualités personnelles avec l'absence d'exigence de toute dot[2]. L'argent apparaît comme le symétrique des vertus, les remplace ou devient le gage de leur reconnaissance par autrui. Le proverbe selon lequel la plus belle fille du monde ne peut apporter que ce qu'elle a traduit la posture radicale d'Harpagon mais aussi les attentes de la société toute entière. L'argent tient lieu de tout. Il est bien le moyen universel pour exister dans la société.

L'argent est la condition de l'identité sociale, et pour les femmes, du mariage, puisqu'il leur est assigné comme espace de la réalisation de leur être. C'est à ce titre que la dot noue la question de la puissance pour les femmes. La tentative de Frosine de doter Mariane d'économies futures s'inscrit, au-delà du jeu comique, dans cette logique. Mademoiselle de Beauvilliers ne peut non plus espérer se marier sans une dot qui représente son devoir être social. L'individu se conforme à l'apparence attendue de lui au prix de l'argent qu'il possède. Sa puissance dépend ainsi de la fortune dont il dispose et il ne peut espérer en faire l'économie. C'est donc sur le nécessaire à la vie qu'il faut économiser pour satisfaire à l'exigence sociale de la condition lorsque l'argent fait défaut. Et l'espérance que l'argent apporte relance le désir de vivre.

[1] p. 254 [2] acte I, scène 5

Si l'argent permet de suppléer les capacités qui me font défaut et de jouir impunément de tous leurs effets, ce pouvoir ne m'appartient que pour autant que je possède la fortune.

LA NÉCESSITÉ DE PRÉSERVER la possession de l'argent conduit son possesseur à une aliénation et annihile sa puissance.

La scène finale de *L'Avare* peut donner le sentiment que la jeunesse et l'amour triomphent en définitive, pourtant ils ne triomphent de l'avarice que parce que la fortune leur prête main forte : sans les biens d'Anselme et de Valère[3] et la restitution de la cassette, le dénouement n'aurait pas lieu et c'est l'argent qui désarme Harpagon, une fois encore. Caroline se laisse séduire malgré elle par la persuasion qu'exercent les horizons ouverts par la spéculation, en dépit de son bon sens : les qualités qui pourraient être celles de Saccard ne se manifestent qu'à la mesure de son enthousiasme pour l'Universelle et donc de son asservissement à l'argent.

Saccard, au moment où l'Universelle pourrait bénéficier de la première spéculation pour apurer[4] sa situation initiale, s'abandonne à ses rêves de gains : la hausse des premiers moments nourrit l'imaginaire idéologique et financier de Saccard et l'arrache à toute réalité. La spéculation produit une passion déréalisante chez l'individu et lui ôte son pouvoir, c'est-à-dire sa puissance engagée dans la réalité. Harpagon, à sa façon, se trouve pris dans la fascination de l'argent au point d'être devenu incapable de voir ce que sont les êtres et les choses. Il ne voit plus qu'à travers le prisme déformant de l'avarice, soupçonnant chacun d'en vouloir à son or et de partager son obsession. Toute autorité paternelle ou de maître de maison vacille sous l'effet de la tyrannie de l'avarice et réduit Harpagon à l'impuissance.

Les qualités que chacun développe dans le travail, dans l'épargne, sont des qualités réalisées, plus seulement puissances de l'individu mais ce qu'il est réellement par ses actes. Or cet engagement dans la réalité disparaît avec le gain de la spéculation ou l'immobilisation née de l'avarice. Comme le dit Dejoie dans *L'Argent* « je m'étais habitué à croire que nous étions riches. Ça vous monte à la tête, on est comme si l'on avait bu, quand on gagne... »[5]. Au lieu de consacrer ses capacités à l'emploi raisonné de l'argent et à un investissement réel, Saccard disperse ses forces sur un objet qui n'a de sens que potentiellement et devient impuissant. À l'inverse, l'avare molièresque concentre son activité à fétichiser l'or qu'il possède et s'abîme dans la contemplation de son trésor. Séparé de la réalité qu'il est censé représenter, l'argent perd toute valeur. Quand le lien entre l'argent et la valeur réelle qu'il représente se délite, l'argent perd son crédit, sa puissance se résorbe telle une baudruche.

---

[3] acte V, scène 6 [4] Reconnaître un compte exact après vérification des pièces justificatives. [5] p. 437

La puissance illusoire que confère l'argent détruit en réalité les capacités et les forces individuelles puisqu'il faut les consacrer à se maintenir riche au lieu de les employer à une fin réelle.

SI L'ARGENT, puissance ambivalente est une condition du pouvoir, il n'en reste pas moins qu'il n'est pas sa condition suffisante.

L'argent demeure néanmoins une condition du pouvoir et représente le moyen par excellence des fins auxquelles il concourt. Toutefois le risque reste présent de substituer l'argent comme fin à toutes les autres, ainsi que le souligne Georg Simmel dans les distorsions du rapport des individus à l'argent, et d'en devenir l'esclave. Caroline traverse le roman de Zola comme la figure la plus consciente de l'ambivalence de l'argent, au travers de l'analogie récurrente du fumier, dont surgissent des merveilles. Mais le risque de la spéculation persiste, comme celui, symétrique, de la dépense prodigue : ainsi Saccard, ainsi la princesse d'Orviedo qui tente de renverser les effets de l'argent par la dépense.

La difficulté consiste à maintenir l'argent dans son rôle de moyen et à refuser de se laisser asservir par lui. Il s'agit de le considérer comme un pouvoir toujours relatif aux conditions dans lesquelles il s'exerce. Georg Simmel analyse la fragilité de la puissance de l'argent à travers la figure de l'étranger et souligne cet aspect : la puissance conférée par l'argent est à la merci de la spoliation car, dépourvu de droits civiques, l'étranger ne peut protéger toujours ses richesses. La puissance de l'argent est ainsi limitée et relative, quoiqu'elle puisse être un moyen réel. Remarquons que le seul personnage de *L'Argent* capable de détachement et de rationalité devant la richesse est Gundermann : il se maintient seul au-dessus de la mêlée car il occupe une position dépassionnée à l'égard des manœuvres de la Bourse.

Or l'argent se substitue insidieusement aux fins qu'il vise et devient lui-même objet du désir des individus. Suivant Georg Simmel, c'est parce qu'il est le moyen absolu que l'argent se mue aussi subrepticement en fin ultime. Tous les spéculateurs ruinés dans l'aventure de l'Universelle se sont laissés séduire par le miroitement de l'argent facile ; à l'extrême, Mme Sandorff, dans l'instrumentation qu'elle fait d'elle-même pour assouvir sa passion de l'argent témoigne du danger d'inverser fins et moyens dans le rapport à l'argent.

MOYEN ABSOLU, support de toute signification, l'argent se prête au jeu des projections. Les acteurs de la société sont tentés de substituer aux valeurs qu'ils tiennent à cœur le moyen de les atteindre. L'argent, par un effet de contiguïté, devient le ressort essentiel des actions des hommes alors qu'il devrait rester dans l'ordre des causes une étape de la chaîne.

Les écueils de la dilapidation, de la spéculation ou de l'avarice menacent nécessairement les sociétés qui usent de l'argent, mais celui-ci n'en reste pas moins un instrument privilégié du commerce des hommes.

IV Éviter le hors-sujet

« Si vous aviez vécu autant que moi vous sauriez qu'il n'est qu'une seule chose matérielle dont la valeur soit assez certaine pour qu'un homme s'en occupe. Cette chose..., c'est l'OR. [...] Nos fantaisies veulent du temps, des moyens physiques ou des soins. Eh ! bien, l'or contient tout en germe, et donne tout en réalité. » (Balzac, *Gobseck*)

Cet extrait de Balzac se rapproche du texte de Marx car il met l'accent sur le fait que la richesse équivaut à toutes les puissances et réalise tous les désirs que nous pouvons éprouver. Il fait de l'argent la puissance par laquelle les rapports de domination entre les hommes s'expriment. Pourtant la conception que Balzac donne ici de l'argent porte sur l'argent comme valeur sociale et morale dans un monde où l'universalité des désirs humains s'accompagne de la relativité des valeurs. L'argent est représenté à travers la métaphore de l'or qui cristallise l'imaginaire véhiculé par l'argent comme pouvoir et comme objet de fascination. Objet de convoitise, d'une résistance qui se joue du temps et des fluctuations, l'or est en quelque sorte la quintessence de l'argent. Pour Gobseck, l'or, qui incarne n'importe quelle valeur, est donc l'ultime et unique certitude à laquelle se fier et qui satisfasse le regard que l'individu porte sur soi.

Sujet 3

« L'argent, dit un auteur français, est l'arme la plus dangereuse du despotisme, mais il est en même temps son frein le plus puissant ; [...] le pouvoir menace, la richesse récompense : on échappe au pouvoir en le trompant ; pour obtenir les faveurs de la richesse, il faut la servir : celle-ci doit l'emporter. » (Benjamin Constant, *De la liberté des Anciens comparée à celle des Modernes* in *De l'esprit de conquête et de l'usurpation dans leurs rapports avec la civilisation européenne*)

Vous analyserez et commenterez cette citation à la lumière des œuvres au programme.

Corrigé proposé par Aurélien PIGEAT

I Analyse du sujet

1 Analyse des termes du sujet

Ce sujet se présente sous une forme assertive. Il énonce une thèse portant directement sur la nature de l'argent, dans son rapport au pouvoir. La citation propose une réflexion en deux temps : la thèse elle-même d'abord, puis une explication de celle-ci. Les relations réciproques entre l'argent et le pouvoir sont ici analysées dans un cadre qui repense les rapports de domination entre les deux.

Le premier membre de la citation de Benjamin Constant fait de l'argent un instrument agressif au service d'un pouvoir politique absolu. L'argent est un outil au sein d'un arsenal répressif ou hégémonique. Le superlatif « la plus dangereuse » indique même qu'il s'agit du moyen premier par lequel un pouvoir absolu assure son emprise sur une société. L'argent serait donc l'instrument privilégié du pouvoir.

La coordination « mais » nuance cette assertion en indiquant que ce statut particulier s'accompagne d'une sorte d'effet secondaire : si l'argent est un outil au service du pouvoir, il est ce qui dans le même temps lui fait obstacle avec la première vigueur. Il y a là un paradoxe qu'il s'agit d'expliquer et d'explorer, puisque la puissance de l'argent reviendrait là à servir et à contrer le pouvoir à la fois. L'argent ne serait plus un simple moyen employé par le pouvoir, mais une condition nécessaire à son exercice. Son absence signifierait la fin même du pouvoir.

La seconde moitié de la citation propose de repenser les relations entre l'argent et le pouvoir politique à partir du constat de ce paradoxe. L'association entre les deux conduit en fin de compte à les opposer. Cette opposition porte d'abord sur les procédés. Dans le rapport aux hommes, le pouvoir politique repose sur la terreur et la contrainte, quand l'argent fonctionne sur le mode de la séduction. On voit là réapparaître une sorte de lieu commun des stratégies de persuasion, opposant la « carotte » au « bâton ». L'opposition porte ensuite sur les comportements adoptés en retour par ceux à qui s'adressent pouvoir politique et argent. L'individu peut chercher à faire du pouvoir une dupe, et y parvenir, alors qu'il se comportera de manière servile vis-à-vis de l'argent.

L'opposition entre le despotisme et l'argent accorde donc une supériorité évidente au second sur le premier, et renverse ainsi le rapport de domination d'abord énoncé : si l'argent peut-être utilisé par le pouvoir politique, il reste toujours avant tout celui que l'on sert.

2 Confrontation aux œuvres

L'Avare de Molière présente à travers le personnage d'Harpagon une forme de despote totalement aliéné à l'argent. Harpagon est le maître de sa maison, celui qui commande les destinées de chacun en fonction de l'argent qu'il accepte ou refuse de prodiguer. Mais le vol de sa cassette lui fait perdre tout pouvoir. L'intrigue de la pièce, construite autour de l'avare, illustre ce paradoxe souligné par Benjamin Constant.

L'Argent d'Émile Zola met en scène les mécanismes financiers liés à la spéculation, au jeu des actions boursières. Le parcours de plusieurs personnages du roman, et en particulier la trajectoire de son personnage central, Saccard, illustre le fait que le pouvoir social d'un individu est tributaire de son pouvoir financier. L'obtention de capitaux, ou leur fuite au gré des mouvements de la Bourse fondent l'influence des personnages tout au long du récit. L'ensemble du personnel de ce roman paraît constitué en fonction de cette idée d'être au service de la richesse.

Les sections du chapitre au programme de la ***Philosophie de l'argent*** de Georg Simmel répondent doublement au sujet présent. D'une part, le sociologue nous y présente l'argent comme le moyen absolu qui fonde les séries téléologiques. En tant qu'outil le plus pur, il est ce à quoi s'aliènent toutes les formes d'échanges commerciaux. Il est bien ce qui sert, et ce que l'on sert. D'autre part, il entre dans une forme de psychologie puisqu'il entraîne des particularités de comportement à son égard.

3 Problématique

Ce sujet porte directement sur la puissance de l'argent, dans son rapport au pouvoir politique. Il pose la question du statut même de l'argent : instrument au service du politique, ou réalité en soi, autonome et établissant ses propres règles auxquelles doivent se plier tous ceux qui entrent en relation avec elle, qu'il s'agisse d'institutions ou d'abstractions, comme un despotisme, ou qu'il s'agisse d'individus. Intermédiaire entre le pouvoir et les individus dépendant de ce pouvoir, l'argent, au lieu de réguler ces relations, les parasite. Instrument dont on use, il aliène immédiatement son utilisateur par la dépendance qu'il engendre. D'outil, il devient nécessité. Ce sujet repense donc en quelque sorte la dialectique du maître et de l'esclave du point de vue de l'argent, en le positionnant dans le cadre politique et social. Ainsi, l'argent est-il toujours ce qui fonde et donc ce qui domine le pouvoir politique ?

Pour traiter ce vaste sujet, le plan adopté doit rechercher une forme de simplicité, et explorer tour à tour, dans les deux premières parties, les deux membres de la citation, en les problématisant. La troisième partie pourra alors se permettre d'élargir la réflexion en interrogeant cette toute-puissance de l'argent posée par Benjamin Constant.

II Plan détaillé

I Le paradoxe d'un outil que l'on sert
1. Une arme au service du pouvoir
2. Un obstacle au pouvoir
3. Une refonte de la dialectique du maître et de l'esclave

   L'argent renverse ainsi les codes a priori des relations entre argent et pouvoir politique. La seconde moitié de la citation met en évidence la supériorité de l'argent.

II La toute-puissance de l'argent
1. Une supériorité concernant les procédés
2. Une supériorité concernant les effets
3. Une supériorité de l'individu sur le collectif

   Cette toute-puissance de l'argent peut toutefois rencontrer des limites qui tiennent au statut même de l'argent. Objet neutre, il suscite des excès qui signalent sa vanité au cœur même de sa toute puissance.

III L'argent comme vanité
1. Vanité de ce qui ne sert pas : la thésaurisation
2. Vanité de ce qui n'existe pas : la spéculation
3. Vanité de ce qui n'a pas de caractère : une abstraction

III Dissertation rédigée

DANS *L'Argent*, Tolstoï soutient que « l'argent ne représente qu'une nouvelle forme d'esclavage impersonnel à la place de l'ancien esclavage personnel. » L'écrivain pense la puissance de l'argent à partir de l'aliénation qu'il induit au sein des rapports humains et sociaux.

Benjamin Constant, dans *De la liberté des Anciens comparée à celle des Modernes*, poursuit une idée similaire : « L'argent, dit un auteur français, est l'arme la plus dangereuse du despotisme, mais il est en même temps son frein le plus puissant ; [...] le pouvoir menace, la richesse récompense : on échappe au pouvoir en le trompant ; pour obtenir les faveurs de la richesse, il faut la servir : celle-ci doit l'emporter. » Benjamin Constant souligne ici le paradoxe qui préside aux relations entre le pouvoir politique et l'argent. L'argent est au service du politique, tout en lui opposant une forme de résistance. Ce paradoxe s'explique par la différence des relations avec les hommes qu'instaurent l'argent et le pouvoir politique. C'est la puissance de l'argent qui se trouve ici en question, dans son rapport au politique. Dans cette concurrence, il nous faut déterminer si l'argent domine bien le pouvoir politique en lui fournissant le socle sur lequel il repose.

Pour cela, nous étudierons tout d'abord comment fonctionne ce paradoxe de l'argent, outil susceptible de devenir obstacle. Puis nous analyserons sur quoi se fonde la supériorité de l'argent. Enfin, nous nous demanderons si la puissance de l'argent ne constitue pas une forme de vanité.

L'ARGENT, dans son rapport au pouvoir, présente un paradoxe dans la mesure où il constitue un outil que l'on est amené, *in fine*, à servir.

L'argent est d'abord bel et bien une arme au service du pouvoir. Au-delà du despotisme même, qui se sert de l'argent comme d'un instrument dans l'exercice de la force, tout pouvoir politique peut faire de l'argent un outil contre ses opposants, et donc le transformer en arme au service de ses intérêts. Il prend alors divers aspects : propagande ou corruption. Chez Zola, la finance est présentée comme un outil étroitement lié au pouvoir politique. Saccard, sur la proposition de Jantrou, rachète le journal *L'Espérance* pour le mettre au service de l'Universelle. Le journal soutient les intérêts de la banque et intervient aussi sur le plan politique, puisque Huret y défend le ministre Rougon. L'argent sert ici la puissance, à la manière du *superadditum* de Georg Simmel qui constate que « flotte » autour de l'homme riche « une sphère idéale de faveur incontestée »[1].

Toutefois, cet outil privilégié au service du pouvoir constitue aussi un de ses plus fermes obstacles quand il vient à manquer. La relation entre argent et pouvoir politique est ambivalente : le premier est nécessaire au second pour exister. Har-

[1] p. 253

pagon est un despote domestique. Symbole de son pouvoir, la cassette concentre l'essence même de sa puissance. Sitôt la cassette disparue, le pouvoir d'Harpagon semble se dissiper. Son autorité périclite, cède le pas au ridicule. Le vol de la cassette permet de dénouer l'action et d'entraver les projets de l'avare. En ce sens l'argent, appui premier du pouvoir d'Harpagon, lui fait obstacle quand il lui fait défaut. Le phénomène est similaire chez Zola puisque la puissance de l'Universelle est directement liée à la valeur de ses actions. La fuite des capitaux scelle la fin de l'entreprise financière.

Il y a donc un rapport d'aliénation entre l'argent et le pouvoir politique, qui rappelle la dialectique du Maître et de l'Esclave conceptualisée par Hegel. Le maître dépend du travail de l'esclave comme le pouvoir de l'argent. Chez Simmel, la définition de l'argent comme « moyen absolu »[2] illustre ce phénomène. L'argent devient alors un « lieu de passage tout à fait indifférent »[3]. En tant que pur moyen il ne s'aliène jamais à une fin, mais peut toutes les servir, celles-ci s'aliénant à lui dès qu'elles y ont recours. Cette aliénation du pouvoir à l'argent est montrée de manière concrète et pathologique à travers le personnage d'Harpagon totalement dépendant de sa cassette.

L'argent renverse ainsi les codes a priori des relations entre argent et pouvoir politique. La seconde moitié de la citation met en évidence la supériorité de l'argent.

L'ARGENT affirme ainsi une supériorité sur le pouvoir politique. Sa toute-puissance porte autant sur les procédés employés, sur les effets provoqués, que sur les cibles visées.

La toute-puissance de l'argent est d'abord construite à partir des méthodes employées. L'argent est supérieur puisqu'il use de la séduction quand le pouvoir recourt à la menace. L'argent cherche à attirer les faveurs tandis que le politique assoit sa mainmise par le biais de la contrainte. En tant que « moyen abstrait »[4], l'argent, chez Simmel, peut être converti en toutes sortes de marchandises. Il offre ainsi une grande liberté à celui qui prend son parti, et en cela le récompense. De même, chez Zola, l'argent est désigné comme supérieur au politique sur ce plan à travers la prime de dix pour cent accordée d'emblée aux syndicataires de l'Universelle[5]. À l'inverse, la menace politique, incarnée par Rougon au début du roman, reste sans effet sur Saccard, même si le politique peut, plus tard, faire valoir ses droits sur l'argent.

Concernant les effets provoqués, l'argent l'emporte encore sur l'autorité politique. Cette dernière peut effectivement être trompée, alors même que l'argent, en tant que moyen, doit être poursuivi afin d'atteindre le but que l'on s'est fixé.

[2] p. 244 [3] p. 244 [4] p. 248 [5] p. 180

Il s'inscrit dans les séries téléologiques, et, à ce titre, est un passage nécessaire, affirme Simmel. La réponse naturelle à la contrainte est ainsi la transgression, quand le respect, le service ou la soumission répondent à la récompense. Harpagon, comme despote, est constamment sous la menace de tromperies. Les actions de ses enfants ou de ses serviteurs visent à échapper à son emprise. Plusieurs ruses sont imaginées pour le duper. L'avare, dans le même temps, exhibe la nature servile de sa relation à l'argent à travers les manifestations de son avarice.

Enfin, l'argent assoit sa toute-puissance car il s'adresse aux individus quand le monde politique se soucie de structures collectives. La motivation d'abord égoïste de l'homme, qui vise son intérêt personnel, l'amène naturellement à rechercher l'argent, convertible selon ses désirs. Les sociétés libérales sont construites pour que le public serve le particulier. L'argent y est donc une préoccupation prioritaire pour chacun quand le pouvoir politique apparaît comme second. Dans *L'Argent* de Zola, les actions sont présentées comme le résultat d'agrégats de divers intérêts particuliers. Le monde de l'argent, monde de la véritable puissance, est celui des individus, et non celui des communautés. La manière dont Harpagon dirige sa demeure le confirme : c'est celle de l'intérêt d'un individu qui a concentré l'ensemble du pouvoir émanant de l'argent. Il n'y a pas, chez lui, le moindre souci d'un intérêt collectif.

Cette toute-puissance de l'argent peut toutefois rencontrer des limites tenant au statut même de l'argent. Objet neutre, il suscite des excès qui signalent sa vanité au cœur même de sa toute puissance.

L'ARGENT PEUT ÊTRE PRÉSENTÉ comme un objet vain, étymologiquement, qui n'a pas de consistance. Cette vanité prend diverses formes : thésaurisation, spéculation, ou encore fantasme.

La vanité de l'argent est montrée par le biais des limites de la thésaurisation. L'argent, gardé pour être gardé, perd son statut de moyen pour devenir une fin en soi. Conservé dans la cassette de l'avare, non converti en biens consommables, l'argent ne sert plus à rien. Au contraire, l'avarice d'Harpagon le conduit à rogner sur toutes les dépenses, comme le montrent les directives pour son mariage[6]. Simmel théorise l'avarice que Molière met en scène : « l'avarice est une forme de volonté de puissance, éclairant le caractère de moyen absolu de l'argent, à telle enseigne que la puissance reste puissance pure, renonçant à son exercice et à la jouissance qu'il apporte »[7]. L'argent sublimé, est vain, dans la mesure où, fait pour être utilisé et converti, il ne s'actualise en aucun bien.

L'argent est également vain dans la spéculation qui renchérit sur la nature virtuelle de l'argent. La Bourse décrite dans *L'Argent* montre le caractère relatif de la valeur des biens. Les cotes des actions varient en fonction de rumeurs, et non

---

[6] III, 1 [7] p. 293

d'une réalité matérielle. La construction de l'Universelle repose sur des engagements financiers, et non sur des biens assurés. Zola oppose ainsi les montages financiers de Saccard aux fortunes acquises comme celle de Gundermann, ou à la matérialité de l'or. Le chapitre 3 du roman, où Saccard arpente Paris afin de monter son syndicat, est ainsi encadré par le bruit de l'or montant des caves du banquier Kolb[8]. Cette matérialité de l'or, et la vanité qui lui est liée, sont également présentes chez Molière avec la cassette d'Harpagon.

La vanité de l'argent relève finalement de sa nature d'abstraction propice aux fantasmes. À travers la thésaurisation ou la spéculation, l'argent vaut en puissance et non en acte. Il existe virtuellement, ou pour le virtuel qu'il induit. N'ayant pas de contenu propre, étant caractérisé par un vide, l'argent appelle à être rempli par la conversion en biens. Dès lors que ceci est nié, ne reste de l'argent, pour Simmel, que « l'absence de caractère »[9]. L'argent n'est que ce dont nous le chargeons, et si cela reste virtuel, l'argent devient un pur outil de fantasme, ce qui explique les développements du sociologue sur la psychologie de l'argent. Les analyses de Zola vont dans le même sens puisque c'est l'absence de réalité propre de l'argent que le romancier souligne à travers les différents types de comportements engendrés pas l'obsession de l'argent.

D'ABORD INSTRUMENT au service du pouvoir politique, l'argent se révèle en concurrence avec celui-ci. Leur relation est ambivalente puisque l'outil instaure une dépendance chez celui qu'il sert. L'argent affirme à travers cette aliénation sa supériorité sur le pouvoir public, aussi bien dans les méthodes suivies, que dans les effets produits. L'argent présente toutefois des limites : marqué par la vanité, il confine à une construction chimérique résultant des fantasmes de ceux qui se sont dédiés à son service.

Le questionnement sur la puissance de l'argent, qui se veut d'abord objectif, débouche donc sur la psychologie. La puissance de l'argent ne repose pas uniquement sur des réalités physiques, mais aussi sur des mécanismes psychiques qui parasitent la machine économique. L'argent règne d'abord sur les esprits avant de régner sur les corps. La place particulière qu'il occupe, et le rôle qu'il endosse, au sein de la cure analytique définie par Sigmund Freud, en sont ainsi des exemples évidents.

IV Éviter le hors-sujet

Ce sujet est donc très vaste, et demande à être minutieusement exploré en fonction des œuvres au programme. Sa principale difficulté ne réside pas tant dans la dynamique dialectique à mettre en œuvre que dans la capacité à cons-

[8] p. 121 et 153 [9] p. 252

truire une réflexion qui rende compte des différents enjeux posés par la citation. C'est donc l'ouverture du sujet, et l'ampleur de celle-ci, qui peuvent poser problème.

Il s'agit donc de ne pas s'égarer dans l'analyse des termes du sujet. Cette ampleur de l'enjeu invite à sortir des cas particuliers pour examiner des catégories générales. Ainsi, dans la première partie de la citation, le terme « despotisme » peut gêner et conduire à une restriction pénalisante du sujet. Entendre, à travers l'emploi du mot « despotisme », que le propos ne porte que sur les régimes autoritaires est une façon de méconnaître la portée réelle du sujet qui fait du despotisme le paradigme de l'autorité politique. Il permet d'opposer la force contraignante du politique à la séduction entraînante de l'argent.

L'orientation de la troisième partie, faisant suite à l'exploration méthodique de la citation, peut aussi constituer une réelle difficulté dans le traitement de ce sujet. Dès lors que l'on a consacré ses deux premières parties à l'explicitation du propos de l'auteur, il faut construire la dernière partie à la fois comme la mise en évidence de limites à la position de l'auteur et comme le dépassement de ces limites. La difficulté est bien là de mettre au point une perspective qui réponde à ce double impératif.

Pour cela la perspective adoptée a ici été de montrer que les limites explorées poursuivaient l'entreprise de définition amorcée par la citation. Les œuvres au programme offrent un clair prolongement à la réflexion sur les relations entre argent et politique. La primauté des individus sur le collectif qui est posée en fin de deuxième partie permet d'orienter la dissertation vers cette subjectivité du pouvoir de l'argent à partir de la dimension objective d'abord établie par Benjamin Constant. Ainsi, la perspective adoptée concernant la vanité de l'argent concilie limite et ouverture.

Sujet 4
L'argent fait-il le bonheur des intelligents et le malheur des imbéciles ?

Corrigé proposé par Hélia Paukner

I Analyse du sujet

1 Analyse des termes du sujet

Le sujet proposé surprend par sa brièveté, par l'étendue conceptuelle des notions mobilisées et par le registre familier de sa formulation. La principale difficulté sera donc de ne pas se livrer à des spéculations vagues sur l'argent, le bonheur ou l'intelligence et de s'en tenir à une problématique rigoureusement définie, recoupant les trois notions.

Pour cela, il est conseillé de souligner tout d'abord le caractère provocateur du sujet, dont le terme « imbécile » est un indice : il ne s'agit en effet nullement de l'imbécillité au sens médical d'arriération mentale, mais bien d'une façon commune de désigner l'absence d'intelligence. L'essentiel de la provocation réside dans le fait que la thèse selon laquelle « l'argent fait le bonheur des intelligents et le malheur des imbéciles » heurte l'opinion commune, pour qui « l'argent ne fait pas le bonheur ». En outre, notre question module cette idée en fonction de catégories problématiques : qu'est-ce en effet que l'intelligence ? Peut-on scinder l'humanité en deux groupes hermétiques, celui des intelligents et celui des imbéciles ? Il ne s'agit évidemment pas de répondre à ces questions, mais les envisager permettra de construire une réflexion nuancée.

Il ne s'agira pas non plus de donner une définition parfaite du bonheur. Mais la question s'inscrit dans la perspective de l'eudémonisme, courant de la philosophie morale qui voit dans le bonheur le but de l'action humaine. Les questions eudémoniques de la quête et de la nature du bonheur sont posées par notre sujet, ainsi que celle du rôle de l'argent dans cette quête : peut-il faire le bonheur ? Et comment ?

Plus avant, notons que la thèse sous-jacente à la question est orientée : elle pousse à établir la réussite économique comme critère de l'intelligence et de la valeur d'une personne, de façon nettement anti-humaniste. Ce qui, dans la sphère politico-économique, pourrait légitimer tous les abus d'un libéralisme « sauvage » et anti-social.

Enfin, la question posée soulève celle du mérite et de la responsabilité et semble induire que les pauvres n'ont à imputer leur malheur qu'à leur bêtise : position là encore orientée qu'il faudra questionner.

2 Confrontation aux œuvres

L'Avare comme ***L'Argent*** présentent des destinées qui sont puissamment marquées par l'argent. Zola semble même dresser une typologie des différents rapports qu'un homme peut avoir à son bien pécuniaire. La question de savoir si ces personnages sont maîtres de leur fortune et si cela les rend heureux se pose page après page. Sans verser dans la « psychologie des personnages », cette question peut déboucher sur une réflexion d'intérêt universel.

La question du bonheur est moins présente dans les deux sections étudiées de la ***Philosophie de l'Argent***. Toutefois, la pensée de Simmel prend, dans la section II, une tournure davantage psychologique que sociologique ou philosophique, en abordant la question des pathologies de l'argent. Ces pages en particulier peuvent se rattacher à la question du bonheur.

3 Problématique

La question de fond soulevée par le sujet posé est celle de la valeur de l'argent : quelle valeur peut-on lui accorder dans la perspective de la quête du bonheur ? et dans le jugement que nous portons sur autrui ?

II Plan détaillé

I En présupposant que le bonheur est dans la possession, peut-on établir un lien de déterminisme causal entre intelligence et réussite économique ?
  1. Il est une intelligence technique et pragmatique qui permet de faire fortune et pourrait donc faire le bonheur
  2. Autres facteurs du bonheur de la réussite économique : fortune, chance et fatalité
  3. Déterminisme social et génétique

     Toutefois, nous n'avons envisagé qu'une conception extrêmement restreinte du bonheur comme plaisir de la possession matérielle. Il s'agit donc à présent d'envisager d'autres conceptions du bonheur et de nous demander si le concours de l'argent et de l'intelligence en sont des causes déterminantes.

II L'argent à lui-seul ne fait pas le bonheur et peut même faire le malheur de quiconque
  1. Vanité du bonheur de la possession
  2. L'argent tue les sentiments ; il déshumanise et isole

3. Le possédant possédé : les pathologies de l'argent
4 L'argent ne procure que de manière illusoire le bonheur de la liberté
Il semble donc y avoir une forme de naïveté, de bêtise, à faire dépendre son bonheur de l'argent et c'est peut-être un signe d'intelligence que de ne pas agir ainsi.

III L'intelligence de ne pas faire dépendre son bonheur de l'argent
1. Le détachement du « cynique »
2. Le bonheur du « stoïque » et de la renonciation
3. ... sans aller jusqu'à une idéalisation naïve du dénuement

III Dissertation rédigée

BEAUCOUP CLAMENT que « l'argent ne fait pas le bonheur », mais tous s'accordent pour voir dans la baisse du pouvoir d'achat une calamité. En outre, dans notre contexte de crise économique, on entend souvent des voix se désolidariser du malheur d'autrui, en imputant tout au concept vague de « la crise » ou en tenant chacun pour unique responsable de ses difficultés : l'argent ferait le bonheur des intelligents et le malheur des imbéciles.

Mais peut-on s'en tenir à cette position, qui pourrait légitimer les abus d'un libéralisme « sauvage » ? Quelle valeur accorder à l'argent dans la perspective de la quête du bonheur et dans notre jugement sur autrui ? La formule est provocatrice et heurte l'opinion commune, en modulant l'idée selon laquelle « l'argent ne fait pas le bonheur » en fonction de catégories problématiques : qu'est-ce en effet que l'intelligence ? N'y a-t-il qu'un type d'intelligence ? Et le bonheur ? Nous présupposerons provisoirement que le bonheur est dans le pouvoir de satisfaire ses désirs et que l'argent en est donc un garant.

On pourra alors se demander s'il existe un déterminisme causal entre intelligence et réussite économique. Nous reviendrons ensuite sur cette première définition du bonheur pour reconnaître que l'argent peut même faire le malheur de quiconque. Enfin, nous verrons que la thèse selon laquelle « l'argent fait le bonheur des intelligents et le malheur des imbéciles » peut être reçue, si l'on voit dans l'intelligence la capacité de ne pas faire dépendre son bonheur de l'argent.

ENTENDONS DANS UN PREMIER TEMPS le bonheur comme bonheur de la possession, comme le suggère la formulation même du sujet, afin de nous demander s'il existe un déterministe causal entre intelligence et réussite économique.

Il semblerait y avoir un certain type d'intelligence technique et pragmatique qui permette de faire fortune et pourrait donc apparaître comme garante du bonheur. En témoignent les passages de *L'Argent* où Saccard vient trouver Gundermann, décrit comme être purement rationnel, « ouvrier impeccable » de sa fortune[1], et à qui tout Paris vient offrir le monde en miniature. Au-delà de ce personnage, c'est à tous les juifs que certains personnages du roman prêtent des capacités intellectuelles propres à susciter le succès économique : Sédille, ruiné, retombe « dans son dégoût du sale métier qu'il faisait à la Bourse, criant qu'il fallait être juif pour y réussir »[2]. C'est finalement l'ingéniosité de La Flèche s'emparant de la cassette d'Harpagon qui, dans *L'Avare*[3], permet aux jeunes gens de faire valoir auprès de leur père les conditions de leur bonheur.

Cependant, la réussite économique ne peut être ramenée seulement à des capacités intellectuelles rationnelles. La chance y entre pour beaucoup, et la polysémie du mot « fortune » parait significative. Le cas de Mazaud, dans *L'Argent*, qui s'est « haussé au niveau des vastes cerveaux financiers » par une « opération imbécile »[4], en est la preuve. Le pendant négatif de la chance, la fatalité tragique, traverse également toute l'œuvre de Zola, traduite stylistiquement par des anticipations récurrentes et lexicalement par des termes tels « péricliter », « fatal », « culbuter ». Saccard est appelé « homme d'inconscience et de catastrophe », ce qui correspond précisément aux caractéristiques du héros tragique, soumis à son destin[5]. L'intelligence pragmatique n'est ni une cause suffisante, ni une cause nécessaire du bonheur de la possession.

Le déterminisme social et génétique est également primordial pour la réussite économique : c'est le postulat naturaliste de Zola et *L'Argent* présente bien des personnages qui restent pauvres malgré leur intelligence, comme Jordan, jeune littérateur épris d'idéaux, et sa femme Marcelle. Simmel, lui, établit un lien entre la situation de certaines couches sociales marginalisées et leur rapport privilégié à la fortune[6] et site l'exemple des affranchis à Rome, spécialisés dans le commerce de l'argent. Ainsi, une certaine forme d'intelligence technique semble bien être à l'origine du bonheur de la possession matérielle, mais ce n'est ni une cause suffisante, ni une cause nécessaire. La fortune n'est donc pas nécessairement méritoire et l'on ne peut juger de l'intelligence de quelqu'un par sa réussite économique.

Toutefois, nous n'avons envisagé qu'une conception extrêmement restreinte du bonheur comme plaisir de la possession matérielle. Il s'agit donc à présent d'envisager d'autres conceptions du bonheur et de nous demander si le concours de l'argent et de l'intelligence en sont des causes déterminantes.

QUI APPROFONDIT LA RÉFLEXION sur la nature réelle du bonheur reconnaît rapidement que l'argent ne fait pas le bonheur, et peut même faire le malheur de quiconque, qu'il soit imbécile ou l'intelligent.

Tout d'abord, la fortune est éphémère et virtuelle, et le bonheur de la possession est donc vain ; il entraîne le malheur de la dépossession. Le désespoir d'Har-

[1] p. 137 [2] p. 449 [3] acte IV, scène 6 [4] p. 28 [5] p. 477 [6] p. 259–260

pagon lorsqu'il s'aperçoit du vol de sa cassette[7], marqué par la figure de l'hyperbole, est à la mesure du bonheur qu'il avait de posséder ce trésor. Zola souligne explicitement la vanité de la fortune dans le début du roman, alors que sont rappelés les débuts de Saccard[8], et ensuite métaphoriquement, par l'usage d'éléments renvoyant au conte de fée. La Méchain est ainsi appelée « fée mauvaise, [...] qui jette un sort sur les princesses au berceau »[9]. Le bonheur de la fortune paraît donc bien fictif et virtuel.

En outre, l'argent fausse les sentiments et détruit les liens familiaux ; il déshumanise et isole. Deux phrases caractérisant Harpagon en sont révélatrices : La Flèche demande ainsi : « L'Amour a-t-il été fait pour des gens bâtis comme [Harpagon] ? »[10] puis : « Le Seigneur Harpagon est de tous les humains l'humain le moins humain. »[11] Dans *L'Argent*, il n'y a qu'à considérer les relations qu'entretient Saccard avec son frère Rougon, ainsi qu'avec ses deux fils, pour se rendre compte que l'argent lui est infiniment plus précieux que ses attaches familiales. Enfin, Simmel suggère lui aussi que les questions d'argent sont difficilement compatibles avec des relations émotionnellement riches. Il précise en effet à la fin de la section I qu'il ne faut jamais faire d'opérations financières ni avec l'ami ni avec l'ennemi, mais plutôt avec quelqu'un d'indifférent.

Mais plus encore, l'argent semble provoquer le malheur et susciter des comportements irrationnels et pathologiques : avarice, cupidité, paranoïa – si bien que le possédant semble possédé dès lors qu'il prend l'argent pour fin de ses actions. Simmel explique que par sa nature de moyen absolu, par la virtualité de sa valeur et son indétermination quantitative et qualitative, l'argent n'est jamais en mesure de satisfaire notre désir, mais toujours en mesure de le susciter. Il en reflète la structure infinie. Il est donc « l'objet le plus inadéquat, mais aussi l'objet le plus adéquat de notre désir. »[12]. Les œuvres de Zola et Molière fourmillent de personnages victimes de l'infini désir de posséder, de toxicomanes de l'argent, pour qui la notion même de bonheur perd sa pertinence, au profit du seul plaisir de la possession : Harpagon en est un exemple caricatural et Saccard, constamment en proie à la « fièvre » du gain, illustre cette idée mieux que quiconque. Dans *L'Argent*, Zola utilise à très bon escient le champ lexical de la pathologie pour évoquer l'emprise malsaine du désir irrationnel de possession et ses ravages.

On pourrait enfin penser que l'argent apporte le bonheur de la liberté. Simmel explique en effet que l'argent étant une valeur arbitraire et abstraite, celui qui en a possède du même coup la liberté de choisir comment il va l'utiliser[13]. Mais le corollaire du pouvoir malsain qu'a l'argent de susciter le désir est que le bonheur de la liberté procuré par l'argent n'est qu'illusoire. Même Saccard est forcé de le constater lorsqu'il voit à quel régime s'astreint Gundermann : « Pourquoi cet or

---

7 acte IV, scène 7 8 p. 38 9 p. 189 10 acte II, scène 1 11 acte II, scène 2 12 p. 291 13 p. 255–256

inutile ajouté à tant d'or, lorsqu'on ne peut acheter et manger dans la rue une livre de cerises, emmener à une guinguette du bord de l'eau la fille qui passe, jouir de tout ce qui se vend, de la paresse et de la liberté ? »[14] Quant à Harpagon, qui paraît libre de régir le destin des siens à sa guise, il se retrouve pieds et poings liés aussitôt que disparaît sa cassette. Ainsi, l'argent, trop souvent pris pour finalité, engendre des comportements irrationnels et nocifs, susceptibles de rendre malheureux. De toute évidence, la simple possession d'argent ne peut faire le bonheur.

Il semble donc y avoir une forme de naïveté, de bêtise, à faire dépendre son bonheur de l'argent, et c'est peut-être un signe d'intelligence que de ne pas agir ainsi.

On peut peut-être affirmer que l'argent favorise le bonheur des intelligents et le malheur des imbéciles, à condition que soit défini comme intelligent celui qui ne fait pas dépendre son bonheur de l'argent. Deux attitudes sont alors possibles, qui permettent de ne pas être possédé par l'argent, sans tomber pour autant dans une apologie naïve de la pauvreté.

La première attitude possible est le détachement cynique, auquel Simmel consacre quelques pages à la fin de la section II. Il définit le cynique contemporain comme celui qui nie et nivelle toutes les valeurs et trouve dans ce nivellement un certain plaisir. Selon lui, l'argent, valeur unique qui parvient à rendre compte de toutes les valeurs, flatte la mentalité du cynique. Cette posture, si elle peut difficilement fonder le bonheur, dans la mesure où elle lui nie toute dimension métaphysique et morale, épargne au cynique les malheurs engendrés par la survalorisation de l'argent. En effet, celui-ci ne se voit attribuer d'autre valeur que sa valeur pratique de moyen. Maxime, le fils de Saccard, est peut-être le personnage qui illustre le mieux la posture du cynique. Il tire plaisir de son bien, sans pour autant le valoriser outre mesure.

Une autre attitude permettant d'échapper aux maux engendrés par la survalorisation de l'argent est le détachement « stoïque », qui consisterait à placer les sources de son bonheur ailleurs que dans la possession de biens matériels. Dans *L'Argent*, la princesse d'Orviedo mettant sa fortune au service de la charité et de l'Œuvre du Travail et se privant elle-même de tout superflu agit ainsi et définit la moralité comme source de son bonheur. Et Simmel mentionne des cas, comme celui des moines bouddhistes, où la pauvreté devient valeur et idéal moral, puisqu'elle met à distance les tentations et favorise le salut de l'âme[15]. Cette position présente l'avantage de laisser subsister des valeurs positives, sur lesquelles le bonheur puisse se fonder.

La pauvreté ne doit cependant pas être idéalisée naïvement, car l'argent permet malgré tout de satisfaire ses besoins vitaux et d'échapper aux affres de la mi-

[14] p. 136–137 [15] p. 303–304

sère. Nos auteurs n'ont de cesse de le rappeler : Simmel remarque ainsi que seul le riche peut se permettre de mépriser l'argent[16] et Zola montre les limites de l'apologie de la pauvreté à travers le personnage de Sigismund, idéaliste rêvant d'un monde sans argent, mais ne parvient à survivre quelques temps que grâce à l'aide de son frère.

IL SEMBLE DONC BIEN que l'argent puisse faire le bonheur des intelligents et le malheur des imbéciles. Mais il faut pour cela définir l'intelligence comme capacité de ne pas survaloriser l'argent et de ne pas en faire dépendre son bonheur, sans pour autant idéaliser naïvement la misère. Ce n'est donc pas par la possession que l'argent peut faire le bonheur des intelligents. Cela dit, la formulation de cette thèse est à maints égards problématique : nous avons vu en effet que l'intelligence est difficile à définir de façon univoque et il semblerait qu'il existe divers types d'intelligence, favorisant différemment la fortune et le bonheur. En outre, il est apparu clairement que la fortune n'est nullement méritoire, comme cela semble suggéré ici, si bien que l'argent ne peut être la valeur à l'aune de laquelle se mesure la valeur des hommes. Il paraît donc plus exact d'affirmer qu'un rapport intelligent à l'argent favorise le bonheur, qui semble certes présupposer des conditions matérielles minimales, mais semble aussi volontiers se nourrir de valeurs humaines et morales.

Ces conclusions établies dans la perspective de la philosophie morale et du bonheur individuel pourraient peut-être ensuite être considérées sous l'angle de la philosophie politique : le bonheur d'une société est-il davantage favorisé par la libéralité d'un État ou par des interventions politiques réfléchies ? Quel est le rapport optimal qu'un État peut avoir à l'économie dans la perspective du bonheur de ses citoyens ?

IV Éviter le hors-sujet

« L'argent fait-il le bonheur ? » voilà une question que notre sujet reprend avec une touche provocatrice. Ce sujet connexe se rapproche énormément du sujet que nous avons traité : à la notion d'intelligence près, les mêmes concepts sont en jeu et elle s'inscrit tout autant dans une problématique eudémonique.

Si la notion d'intelligence pourra être utilisée pour articuler la réflexion sur cette nouvelle question et nuancer la réponse, il n'est pas question d'impartir autant de place à cette notion que dans notre sujet. En outre, d'autres notions pourront être mobilisées pour articuler argent et bonheur, comme celles de liberté, de pouvoir, de moralité. Ce sujet ouvre donc simplement un champ de réflexion

[16] p. 258

un peu plus ouvert que celui que nous venons de traiter. Comme pour notre sujet, différentes définitions du bonheur devront être envisagées : bonheur-plaisir et satisfaction des désirs ; bonheur moral ; bonheur et liberté ; bonheur et privation offrent des pistes qu'il faudra suivre. En revanche, on pourra ici être plus précis sur les différentes valeurs du verbe « faire » : l'argent fait-il le bonheur et comment ? Serait-ce par sa simple possession ? par ce qu'il permet de faire ou d'acquérir ? On pourra aussi distinguer entre l'état de droit et l'état de fait : qu'est-ce qui, dans sa nature intrinsèque, confère ou non à l'argent le pouvoir de faire le bonheur et qu'est-ce qui le lui permet ou non dans l'état de fait.

Enfin, là où, par l'évocation du « malheur des imbéciles », notre sujet exigeait au moins une brève réflexion sur l'argent source de malheur, ce questionnement n'est pas appelé par le sujet connexe, même si elle pourra aussi trouver sa place dans la réflexion.

Argent et valeur

Passages clés analysés et commentés

Texte n° 1

L'usurier Harpagon

Molière, *L'Avare*

depuis « Quelle réponse t'a-t-on faite ? » (acte II, scène 1) jusqu'à la fin de la scène 2 de l'acte II

Cléante a besoin d'argent pour épouser Mariane. Comme son père refuse de lui en donner, il doit l'emprunter à un prêteur qu'il découvre être Harpagon.

L'usure : le coût de l'argent

Du prêteur à l'usurier

Emprunter de l'argent n'est pas gratuit. Cléante se réjouit d'abord du taux d'intérêt faible : « au denier dix-huit » (5,5%). Mais comme le prêteur dit lui-même emprunter la somme, il veut faire payer davantage à l'emprunteur et augmente ce taux au denier cinq (20%), ce qui est exorbitant ! Cléante est furieux et s'emporte contre cet usurier, ce « Juif », cet « Arabe », hommes que les préjugés de l'époque représentaient comme des voleurs. Cléante accuse son père d'être encore plus ignoble que « les plus célèbres usuriers ».

Un emprunteur dans le besoin

Cléante a un besoin impératif d'argent et n'est pas en position de discuter. Il ne peut qu'accepter les propositions, même si celles-ci sont injustes et révoltantes. L'argent l'emporte sur les valeurs de justice et d'honnêteté : « J'ai besoin d'argent ; et il faut bien que je consente à tout. » Ce constat revient plusieurs fois dans la bouche de Cléante et de maître Simon.

Un prêteur méfiant

Harpagon prend ses précautions pour s'assurer qu'il sera remboursé. Il exige de nombreuses informations sur la situation financière de l'emprunteur, sur son « bien » et sa « famille », et ne veut prêter qu'à condition que « le bien soit ample, solide, assuré, clair, et net de tout embarras ». Il est comique qu'Harpagon invoque la charité de son acte, alors qu'il est bien loin de faire preuve de cette qualité !

Valeur de l'argent et valeur des objets

Une liste d'objets innombrables et hétéroclites...

Harpagon ne prêtera en argent que douze mille livres. Les mille écus restants sont remplacés par des objets censés avoir cette valeur. La liste est très longue, les objets proposés sont très différents : un lit, des mousquets, un luth... et souvent inutiles : que faire d'un « fourneau de briques » ou d'une « peau de lézard » ? Harpagon insiste sur leur qualité : le lit est « bien conditionné », le luth est « garni de toutes ses cordes, ou peu s'en faut »...

...dont la valeur est surestimée

Le prêteur estime que ces objets valent « quatre mille cinq cent livres » et il rabaisse le tout à « mille écus ». Mais Cléante estime de son côté qu'il ne tirera de ces « vieux rogatons » que « deux cent écus » au maximum. Il est furieux : « Que la peste l'étouffe avec sa discrétion, le traître, le bourreau qu'il est ! » Le spectateur, lui, rit à la fois de l'avarice et de l'impudence du prêteur et du marché de dupes que Cléante est obligé d'accepter.

L'affrontement entre le père et le fils

Ruine du fils et enrichissement du père

Cléante, par ce prêt très onéreux et injuste, risque de se ruiner. Son père lui reproche de se « ruiner par des emprunts si condamnables ». À l'inverse, Harpagon s'enrichit « par des usures si criminelles », et satisfait son vice, son « désir insatiable d'entasser écu sur écu ». Mais l'échange monétaire ne se fera pas entre un père et un fils entre lesquels l'échange d'affection ou de paroles est impossible.

Des valeurs inversées : l'amour et l'argent

L'argent remplace l'amour filial chez Cléante : en effet, celui-ci souhaite que son père meure et donne d'ailleurs comme gage au prêteur la mort du riche Harpagon : « il s'obligera [...] que son père mourra avant qu'il soit huit mois ». L'argent compte plus que la vie d'un père. Symétriquement, l'argent remplace l'amour filial chez Harpagon. Ce dernier est furieux que son fils emprunte de l'argent, ce qui est un crime à ses yeux. Il ne voit plus Cléante comme son fils, mais comme un dissipateur.

Conclusion

L'argent a un prix dont profite honteusement l'usurier Harpagon. Celui-ci se montre malhonnête, en offrant des objets à une valeur qui n'est pas la leur. Enfin, la valeur de l'argent remplace la valeur des sentiments.

Texte n° 2

L'effondrement de l'Universelle

Émile Zola, *L'Argent*

depuis « Tout d'un coup, de sa voix gutturale... » (p. 419) jusqu'à « ... le vaste bassin débordait. » (p. 420)

La baronne Sandorff a éventé un secret bien gardé : l'Universelle achète ses propres actions, ce qui est illégal. Le cours de ses actions, qui a atteint 3040 francs, ne correspond plus à sa valeur réelle, car ses caisses sont vides.

La chute des cours

L'échec des haussiers

Saccard, qui ne sait pas qu'il est trahi, cherche encore à détrôner Gundermann et à lui ravir sa place dominante dans le monde des affaires. Pour cela, il joue des différents horaires des bourses et compte sur l'effet que produira à Paris l'annonce d'un cours en hausse à Lyon. Mais en attendant, il faut soutenir les cours à Paris. Mazaud s'y emploie de son mieux : il continue d'acheter les actions que Delarocque, désormais sûr de la débâcle, vend par centaines.

Des chiffres effrayants

Zola joue de l'effet d'attente : Saccard avait atteint et même dépassé pour un temps le chiffre des 3000 francs dont il rêvait, en « poète du million ». Jusqu'où l'action baissera-t-elle ? Le romancier nous fait assister en direct à l'effondrement des cours : si l'action perd d'abord 100 francs dans la même phrase, passant de 2400 à 2300 francs, la chute s'accélère brusquement. En l'absence d'acheteurs, « les cours, de chute en chute, tombèrent à 1500, à 1200, à 900 ». Le dernier chiffre permet de prendre la mesure de la défaite : à la clôture, l'Universelle vaut 830 francs.

Une horrible débâcle

La fin de la guerre

Zola multiplie les termes militaires. Saccard sera un peu plus loin comparé à Napoléon, comme souvent dans le roman. Ici, le spectre de Waterloo, qui a tant blessé l'imaginaire national, plane sur la scène. Saccard n'est qu'un Napoléon grotesque, comme le Second Empire n'est qu'une répétition dérisoire et sans valeur du Premier : la grandeur épique, reversée dans le jeu d'argent, n'est plus d'actualité. Le recours à des images de mort et de massacre souligne la défaite définitive de Saccard.

Une catastrophe en chaîne

Mais Saccard n'est pas seul dans sa défaite. Le fonctionnement même de la Bourse, qui implique les agents de change comme Mazaud, lie à lui toute une série de personnages. La banqueroute s'étend en cascade de l'un à l'autre, ce qui suggère le caractère éphémère et illusoire, de la richesse. « La foule » des actionnaires lâche Saccard afin de sauver quelques sous et ceux qui, comme Mazaud, ont fait confiance à hauteur de sommes exorbitantes, comptant sur une hausse constante, sont endettés. La fortune de Mazaud se retourne en son contraire. Il aura suffit pour cela d'une après-midi.

Le retour au réel : la Bourse démythifiée

Dans cette tempête, la Bourse apparaît dans toute sa trivialité. Zola dénonce le jeu boursier en surimposant au récit du krach l'évocation concrète des objets, réduits à ce qu'ils sont. Les fiches, « les vertes, les rouges, les bleues, jetées à pleines mains, si abondamment ce jour-là » ne sont plus que des morceaux de papier. Les chiffres qui les couvrent n'ont plus de sens. À la pluie des cartons, à l'effondrement des cours, répond l'averse qui transforme la Bourse en « cloaque », en « écurie mal tenue », réduite au lieu sordide et sale qu'elle a toujours été symboliquement.

Conclusion

La folie du jeu boursier est nettement suggérée dans cet extrait : la spéculation confère aux actions des valeurs toutes conventionnelles, sans lien avec la réalité. La valeur de l'action n'est finalement qu'une fiction, une illusion. La vaillance de Saccard n'y peut rien, et sa grandeur se retourne en folie aux yeux de tous. Financièrement et symboliquement, Saccard est mort et l'Universelle ne vaut plus rien : sa valeur artificiellement montée s'est dégonflée comme un baudruche. La seule réalité qui reste est celle de la ruine et de la mort.

Texte n° 3

L'argent comme fin absolue

Georg Simmel, *Philosophie de l'argent*

depuis « Nul besoin assurément de démonstration particulière » (p. 274) jusqu'à « parce qu'au-delà de toutes qualités et intensités » (p. 275)

Enjeu du texte

Il s'agit ici de rendre compte du processus de valorisation (attribution de valeur) de l'argent. Analyste d'un monde complexe dans lequel les moyens de parvenir aux fins requièrent toute l'attention des individus, le sociologue a pour tâche d'établir une psychologie de la valorisation des moyens. Ainsi faut-il se demander, dans le cas qui nous occupe, selon quelles modalités l'esprit humain attribue à l'argent sa valeur particulière.

La focalisation de la conscience sur le moyen-argent

Intensité psychologique de la valorisation

N'est-ce pas une évidence que le fait suivant : dès que l'on dispose d'argent, la voie vers la réalisation de nos buts semble ouverte ? Tout ce que nous pouvons viser est en quelque sorte déjà contenu dans ce moyen si particulier qu'est l'argent. Il y a là, en germe, un paradoxe. Ordinairement, un moyen a moins de valeur qu'une fin. Il n'a pas de valeur par lui-même, seulement selon le but qu'il sert. C'est ce à quoi on pourrait s'attendre avec l'argent. Mais en raisonnant selon la pensée ordinaire, on omet ce fait que l'argent, lorsqu'il devient abstrait, peut prendre la forme de toute valeur. Dans une société aux échanges complexes, on ne troque plus un bien concret contre un autre (bois contre sel, peaux contre tabac). L'argent devient le symbole de toute valeur, indépendamment tout contenu particulier. Par conséquent, lorsqu'on obtient ce moyen, on obtient déjà tout : un absolu, en rapport avec rien de précis. L'individu oriente donc ses forces psychologiques en direction de l'argent qui devient valeur suprême.

L'argent : moyen pur

Ainsi valorisé psychologiquement, l'argent se dote d'une double identité. Il est un moyen à l'intérieur d'une série téléologique, autrement dit un point de passage permettant d'acquérir autre chose, et en même temps l'objet de la convoitise, comme s'il était le but même de la série. Or plus l'argent démontrera sa capacité à tout s'approprier, à absorber en lui toute la variété des marchandises, plus il s'affichera comme moyen « pur », autrement dit indépendant de tout rapport spécifique avec tel ou tel objet, plus la conscience le valorisera.

Le paradoxe du moyen valorisé comme une fin

Une inversion psychologique

Dès lors, n'étant plus relatif à un objet déterminé qui aurait une valeur précise, mais pouvant absorber en lui toute chose, le moyen-argent enfle, jusqu'à devenir la vraie finalité psychologique : ce sur quoi l'esprit humain centre ses énergies. Le rapport ordinaire moyen-fin touche au point de son inversion. C'est le prétendu intermédiaire qui, parce qu'il peut être l'intermédiaire avec tout, cristallise toute valeur. Dans la pratique, la conscience humaine ne cherche pas au-delà de lui, alors même que théoriquement, l'esprit humain ne devrait pas se focaliser sur les seuls moyens, mais aussi sur les fins qu'ils doivent servir. Tout se passe comme si la conscience humaine se bloquait sur un instant de la série, alors même que cet instant est censé en préfigurer d'autres jusqu'au terme envisagé.

Vers une métaphysique de l'existence.

Ainsi valorisé comme fin absolue, le moyen-argent est, en raison de ce paradoxe, un objet privilégié pour une analyse sociologique empruntant à la psychologie. La fin du texte prend une dimension métaphysique. Il est remarquable ici que la métaphysique prenne en compte l'objet froid et tout matériel qu'est apparemment l'argent. C'est qu'en se présentant comme un moyen qui est en même temps valorisé par la conscience comme une fin, l'argent se situe simultanément en deux points de la série téléologique. Or, l'homme n'aborde-t-il pas l'existence en se situant lui-même perpétuellement en deux points de la continuité temporelle ?

L'argent, condensé de l'ambiguïté du rapport humain à l'existence

D'un point de vue métaphysique, on peut dire que nous nous trouvons partagés sans cesse entre deux manières d'aborder le temps de l'existence : d'une part, nous voulons nous livrer entièrement à l'instant, vivre intensément le présent comme une fin en soi (car nous savons qu'un jour nous mourrons) ; d'autre part, nous sommes toujours en train d'anticiper, de faire des projets, de spéculer sur l'avenir. Dans ce dernier cas, l'instant présent n'est que le moyen de préparer ce futur. Tour à tour rivés à l'instant et le dépassant dans des prévisions à long terme, nous habitons, en quelque sorte, à deux endroits du temps, dans une ambiguïté jamais résorbée. Telle est la tension fondamentale qui anime l'âme humaine. Or c'est ce fond métaphysique de l'âme qui s'extériorise et se matérialise dans l'argent : moyen valorisé comme une fin, ne se loge-t-il pas lui aussi en deux points distincts à l'intérieur d'une même série téléologique ?

Conclusion

Passage crucial de l'œuvre de Simmel, cet extrait donne à penser toute l'ambivalence de l'argent, paradoxal « moyen absolu », valorisé comme une fin ultime. Conformément à l'inspiration de l'auteur, philosophe autant que sociologue, l'argent est traité à la croisée de la psychologie et de la métaphysique. Il souligne ainsi sa place de fait social total, qui concentre tous les domaines de la pensée humaine, et pas simplement le discours économique. Ainsi verra-t-on dans la suite de la section un éclairage apporté, à partir du discours religieux cette fois, sur le Dieu-argent.

Sujet 5

« En regardant un morceau de papier rectangulaire, souvent de qualité quelconque, orné de l'effigie d'un héros national, ou d'un monument, ou d'un dessin classique dans le style de Rubens ou de David, ou encore d'un marché aux légumes particulièrement bien fourni, imprimés à l'encre verte ou brune, on est souvent amené à se poser la question : comment peut-il se faire qu'un objet aussi intrinsèquement dénué de valeur soit aussi évidemment précieux et désirable ? Qu'est-ce qui fait qu'à la différence d'une quantité absolument égale de coupures de journal, ces fibres de bois de même nature peuvent procurer des marchandises ou des services, allumer la convoitise, encourager l'avarice, pousser au crime ? Il faut que la magie intervienne à coup sûr ; il doit exister une explication métaphysique ou extraterrestre de sa valeur. On a déjà noté la réputation et l'allure de grand prêtre qui caractérisent souvent ceux qui font profession du savoir monétaire. Elles tiennent en partie au fait que ces gens passent pour savoir ce qui fait la valeur d'un bout de papier sans valeur. »

Vous analyserez et discuterez cet extrait de *L'Argent* (Kenneth Galbraith, 1975) à la lumière des œuvres au programme.

Corrigé proposé par Mathilde LABBÉ

I Analyse du sujet

1 Analyse des termes du sujet

Dans un premier temps (de « En regardant » à « se poser la question »), Galbraith décrit l'objet auquel il s'attache, le papier monnaie. La description qu'il en fait n'est pas polémique, mais elle doit être notée : Galbraith prépare ainsi l'exposition de sa thèse, la séparation apparemment inintelligible entre la valeur d'usage de l'argent et sa valeur d'échange.

Ensuite, Galbraith en vient au cœur de son sujet par une question qui pourrait résumer le passage entier. Il oppose deux constats : d'un côté, l'agent n'a pas de valeur propre ; d'un autre côté, il est « évidemment précieux et désirable ». Il faut distinguer les trois termes de ce constat : d'abord, l'argent est « dénué de valeur » en soi, sa valeur n'est pas naturelle. Cependant, il est « précieux » : il existe une demande pour cet objet. Enfin il est « désirable » : notre rapport à l'argent dépasse le simple besoin. La seconde question reformule et explicite la première.

Galbraith propose deux réponses ironiques à ses questions : l'hypothèse d'un phénomène magique, comme celle d'une intervention métaphysique ou extra-terrestre, est simplement destinée à insister sur le caractère incompréhensible du paradoxe.

Dans un dernier temps (de « On a déjà noté » à la fin), Galbraith dénonce l'illusion sur laquelle repose le pouvoir des financiers par une remarque acerbe.

Retenons que la citation repose sur un paradoxe articulé autour de trois notions (valeur d'usage, prix ou valeur d'échange, désirabilité de l'objet « argent ») et sur un point de vue faussement naïf, tout à fait ironique, qui souligne l'absurdité de la situation, et invite à s'interroger sur l'institution de ce sens.

2 Confrontation aux œuvres

Le personnage type qui est représenté par **Molière** dans *L'Avare* est un contre-exemple de ce que dit Galbraith. C'est exactement à Harpagon que s'adresse un tel discours ! L'intrigue de la pièce oppose un personnage qui croit à la valeur intrinsèque de l'argent et d'autres qui, eux, n'y croient pas. Tout l'enjeu de leur action est donc de trouver un moyen de se servir de l'argent qu'ils n'ont pas (en empruntant) ou de faire valoir d'autres types de biens (spirituels, matériels) pour obtenir l'accord de ce personnage central dans leurs projets de mariage.

Chez **Simmel**, la question de la valeur de l'argent est centrale. L'explication des phénomènes psychologiques liés à notre propension à envisager l'argent comme une fin, et non toujours comme un moyen est claire. Attention : les deux premiers chapitres de *Philosophie de l'argent* de Simmel sont consacrés à la valeur de l'argent. S'ils ne sont pas au programme, il n'est pas interdit de les lire : ici, les trois pages qui précèdent le passage au programme, sur la valeur d'usage et la valeur d'échange de l'argent.

Le roman *L'Argent* de **Zola** permet largement d'illustrer la citation, que ce soit par la profusion de personnages se comportant comme les « grands prêtres » de l'argent ou par la description des processus qui mènent d'autres personnages vers le désir de l'argent. Il faut cependant voir que le jeu boursier et les manipulations financières révèlent une autre forme de valeur que Galbraith, dans cette citation limitée, n'envisage pas : les actionnaires et les habitués de la bourse achètent de l'argent et en vendent.

3 Problématique

Deux possibilités s'offrent à nous pour formuler la problématique. La plus simple est de reprendre la question que pose Galbraith au cœur de la citation. Cependant, la question de la pathologie permet de mieux rendre compte de l'ensemble de la citation, en suivant un plan dont les deux premières parties sont explicatives et la troisième, critique. On posera donc la question suivante : comment pouvons-nous être conscients de l'illusion constatée par Galbraith (paradoxe de la valeur) et nous y soumettre pathologiquement ?

II Plan détaillé

I La valeur de l'argent étant d'institution, la conscience de cette illusion de valeur et l'illusion elle-même coexistent dans notre esprit.

1. L'argent n'a qu'une valeur d'échange
2. Malgré cela, il est désirable, car il apparaît alors comme la fin de l'action
3. La valeur de l'argent s'exprime pleinement dans le paradoxe de la valeur d'un bout de papier sans valeur

Le paradoxe envisagé par Galbraith a des conséquences étonnantes sur l'action et le désir, qui renforcent en retour le pouvoir de l'illusion qu'il critique.

II L'illusion de valeur domine la conscience de l'illusion : nous ne discutons pas la valeur de l'argent dans son ensemble.

1. Cela conduit à un dérèglement de l'affect
2. La valeur de l'argent irradie ce qu'il touche
3. Les comportements liés à cette vision seraient pathologiques

Cependant, en l'absence d'un système de troc (qui n'apparaît plus aujourd'hui qu'en période de pénurie, de dévaluation ou d'économie autarcique), l'argent est absolument nécessaire et non remplaçable. Même si le désir concerne bien la chose, le désir d'argent peut être réel et trouver une explication plus rationnelle que celle que propose ironiquement Galbraith.

III La valeur de l'argent a des causes objectives et rationnelles que Galbraith ne mentionne pas ici.

1. Le caractère irremplaçable de l'argent lui donne une valeur propre
2. Cette valeur est augmentée par la multiplicité des suites téléologiques possibles
3. Le marché de l'argent accroît encore sa valeur

III Dissertation rédigée

L'IMAGE DE L'ARGENT jeté par les fenêtres exprime, dans la langue courante, le paradoxe d'un geste à la fois insensé et bien compréhensible. C'est mettre en question une valeur unanimement reconnue, mais dont tout le monde sait au fond qu'elle est artificielle. Ce paradoxe traverse l'histoire de l'humanité, mais prend un sens différent avec l'apparition du capitalisme. Comment comprendre que le paradoxe de la « valeur d'un bout de papier sans valeur » soit encore actuel ?

Nous envisagerons la proposition de Galbraith comme une clé pour expliquer la coexistence d'une forme d'illusion sur la valeur de l'argent et de la conscience de cette illusion. Son exposé des pathologies liées à l'argent nous permettra de montrer comment l'illusion d'une valeur intrinsèque domine au final la conception de l'argent. Nous montrerons enfin qu'il existe une forme de valeur propre de l'argent permettant d'expliquer rationnellement certains de ces comportements.

LA VALEUR DE L'ARGENT ÉTANT D'INSTITUTION, la conscience de cette illusion de valeur et l'illusion elle-même coexistent dans notre esprit.

L'argent n'a qu'une valeur d'échange, du moins est-ce notre perception actuelle. Simmel distingue la valeur substance et la valeur fonction. Pour nous, la valeur d'échange prime, les billets de banque, qui n'ont plus le même lien avec la valeur que l'avait le métal, étant l'objet que considère Galbraith. Pourtant, le sentiment d'une valeur substance de l'argent demeure dans notre conscience moderne, et explique l'opposition entre deux personnages dans *L'Avare* : contrairement à son père, attaché à la valeur de l'or, Cléante ne voit dans l'argent qu'une valeur d'échange, et dépense ce qu'il gagne au jeu en vêtements.

Malgré cela, l'argent paraît désirable. C'est le sens de l'explication minutieuse que Simmel fait de notre perception des fins de l'action. Après avoir envisagé la manière dont l'humanité s'est régulièrement aveuglée sur la fin dernière de ses actions, considérant comme une fin ce qui n'était que le terme provisoire d'une plus vaste entreprise, Simmel en vient au cas de l'argent, exemple le plus parfait de promotion psychologique d'un moyen au rang de fin. Dejoie est un exemple de cet aveuglement sur la valeur de l'argent. Ayant amassé assez pour payer la dot de sa fille, il n'encaisse pourtant pas ses actions, car un autre espoir est né en lui, celui de se constituer une retraite.

La valeur de l'argent s'exprime pleinement dans le paradoxe souligné par Galbraith : le paradoxe de la valeur d'un bout de papier sans valeur. Les fluctuations de la Bourse éclairent ce paradoxe. La Méchain est le « corbeau » de la Bourse ; elle suit les batailles financières dans l'espoir de ramasser, à la bourse des « Pieds humides », des actions déclassées qui vaudront plus tard beaucoup plus. Elle joue sur le paradoxe d'une valeur fluctuante et le rationalise. Ce paradoxe est illustré de par la scène *L'Avare* où Cléante examine les conditions du prêt : le prêteur ne veut prêter qu'une partie en argent, l'autre en vieux vêtements et meubles. Or l'argent a une valeur plus grande que des objets, car sa valeur est acceptée par tous.

LE PARADOXE ENVISAGÉ PAR GALBRAITH a des conséquences étonnantes sur l'action et le désir, qui renforcent en retour le pouvoir de l'illusion qu'il critique. L'illusion de valeur domine finalement la conscience de l'illusion, car la valeur d'institution de l'argent est excessivement naturalisée dans notre vie quotidienne: nous ne discutons pas la valeur de l'argent dans son ensemble.

Cela peut conduire à un dérèglement de l'affect par la croyance en la valeur. Le caractère pathologique de la conception que se fait Harpagon de l'argent est illustré, dans la pièce de Molière, par la confusion et le désespoir de l'avare volé. Simmel explique également les mécanismes psychologiques caractéristiques de l'avarice. Pour lui, l'avare en fait l'objet absolu de son désir et trouve par là une manière de s'assurer la satisfaction. En n'espérant pas plus que la possession, il est certain de ne pas être déçu.

On peut alors constater que la valeur de l'argent irradie ce qu'il touche d'une manière apparemment magique, comme le souligne Galbraith dans sa remarque sur les financiers. Saccard est respecté comme un devin par Jantrou, Dejoie, la baronne Sandorff, qui s'attache à lui d'abord pour son rôle de grand prêtre. Simmel décrit lui aussi des comportements de l'ordre de la croyance dans le « bas-peuple » du Moyen Âge, qui ne connaît pas le capitalisme. Le pouvoir de l'argent était si inédit que cela explique, chez ceux qui n'y avaient pas accès, une croyance en l'origine diabolique des grandes fortunes.

Si l'on suit Galbraith, les comportements liés à cette vision de l'argent sont essentiellement anti-sociaux et pathologiques. Harpagon ne se contente pas de déshériter son fils, il lui retirerait même ce titre, si c'était possible. Le portrait que Zola fait de Gundermann n'est pas plus flatteur : son existence est solitaire et douloureuse malgré tout.

Cependant, en l'absence d'un système de troc, l'argent est absolument nécessaire et non remplaçable. Même si le désir concerne bien la chose, le désir d'argent peut être réel et trouver une explication plus rationnelle que celle que propose ironiquement Galbraith.

L'ILLUSION N'EST PAS LA SEULE RAISON de notre comportement vis-à-vis de l'argent : la valeur de l'argent a des causes objectives et rationnelles que Galbraith ne mentionne pas ici.

Le caractère quasi irremplaçable de l'argent comme élément nécessaire d'une suite téléologique lui donne une valeur propre. Tout, pour Saccard, a un prix exprimable en or. À l'autre extrémité de l'échelle sociale, d'autres personnages savent tirer profit de leur adresse et faire payer à ceux qui possèdent de l'argent tout ce qu'ils désirent. Le viol de Léonie se paie, mais aussi la honte qui s'en est suivie. C'est à un phénomène semblable que Simmel fait allusion quand il parle du *superadditum* de la richesse : la possession de l'argent donne droit à des privilèges particuliers.

La valeur propre de l'argent est encore augmentée par la multiplicité des suites téléologiques qui l'intègrent. Simmel montre bien comment la multiplicité des usages de l'argent en fait « le moyen par excellence ». La possibilité de choisir son usage parmi un nombre illimité de possibilités est à ajouter à sa valeur propre. Tant que cette valeur n'est pas actualisée par un achat d'objets ou de services, elle grandit à chaque utilisation qu'imagine le possesseur. L'obsession d'Harpagon est bien liée à cette multiplicité des possibilités. Chacun des désirs d'Harpagon, chacune des réclamations de son entourage le lui rappellent.

Le capitalisme autorise le marché de l'argent – c'est-à-dire le prêt à intérêt –, ce qui accroît encore sa valeur évidente. Harpagon, épris de son argent, ne renonce pourtant pas à le prêter, tant il connaît bien cette valeur supplémentaire. La condamnation du prêt à intérêt par l'Église ne l'effraie pas. Les usuriers de Zola sont également durs en affaire et n'hésitent pas à inventer après-coup des intérêts : c'est l'identification du futur payeur et l'estimation de sa solvabilité qui font varier la hauteur de la somme réclamée.

LE PARADOXE QUE GALBRAITH SOULIGNE est fondamental dans notre conception moderne de l'argent, qui hérite de conceptions datant du temps ou la monnaie était faite en métal précieux. Pourtant, l'apparition du billet de banque l'en a séparée de manière décisive. La question se pose différemment aujourd'hui : la distinction entre valeur d'usage et valeur d'échange réapparaît si l'on prend en compte que l'argent peut produire de l'argent, et que sa possession est une forme de richesse. Les monnaies, comme les actions, ont des valeurs relatives et changeantes les unes par rapport aux autres, ce qui réactive le mystère lié au savoir des « grands prêtres » et crée le paradoxe ultime d'un bout de papier sans valeur à la valeur fluctuante.

IV Éviter le hors-sujet

La citation de Galbraith nécessite une analyse précise avant toute tentative de rédaction. Ne vous laissez pas impressionner cependant, il s'agit de repérer les formules les plus importantes. La difficulté du sujet tient au fait que la citation est teintée d'ironie. Chacun sait que le papier monnaie n'a pas de valeur en soi, mais la démarche de Galbraith n'est pas le simple énoncé d'une banalité : il veut amener son lecteur à reconsidérer ce paradoxe ancien et à réfléchir sur des explications plausibles plus construites que l'explication magique, dont il n'est pas dupe : son texte est d'abord une « captatio benevolentiae ». Il nous invite à nous interroger sur cette valeur avec un œil naïf, mais on ne peut pas critiquer la citation de Galbraith en le taxant de naïveté.

Sujet 6

« Oh ! Argent que j'ai tant méprisé et que je ne puis aimer quoi que je fasse, je suis forcé d'avouer que tu as pourtant ton mérite ; source de liberté, tu arranges mille choses dans notre existence, et tout est difficile sans toi. » (François René de Chateaubriand, *Mémoires d'outre-tombe*)

Vous analyserez et commenterez cette citation à la lumière des trois œuvres au programme.

Corrigé proposé par Sabine MÉLONE

I Analyse du sujet

1 Analyse des termes du sujet

Dans cette citation, Chateaubriand s'adresse à l'argent au moyen de l'apostrophe et de l'interjection initiales. Cependant, l'auteur n'évoque pas seulement sa relation personnelle à l'argent, mais réfléchit au lien plus général entre les hommes et l'argent. Le sentiment face à l'argent se caractérise par son essentielle ambiguïté.

En effet, l'argent est fortement rabaissé : il est « méprisé », Chateaubriand « ne p[eut] l'aimer ». L'intensif « tant » et la subordonnée concessive « quoi que je fasse » soulignent que tous les efforts de l'auteur ne peuvent surmonter l'aversion éprouvée vis-à-vis de l'argent. Toutefois, Chateaubriand est contraint malgré tout d'admettre l'aspect positif de celui-ci, puisqu'il se voit « forcé d'avouer » son « mérite ». L'argent a des qualités, d'une part parce qu'il est l'outil permettant d'être libre, et d'autre part parce qu'il permet d'agir plus facilement sur le monde. Il est en effet une sorte d'intermédiaire nécessaire entre soi et le monde. L'argent est ce qui aplanit les obstacles ; grâce à lui, les choses se conforment davantage à notre volonté. On remarquera la présence d'hyperboles : « mille choses », et « tout », qui insistent sur le caractère universel de l'utilité de l'argent.

Le sujet exhibe l'ambivalence inhérente à l'argent : il est objet de dégoût moral et en même temps, il fascine par la puissance qu'il confère et la multitude des choix qu'il offre. L'ambiguïté essentielle porte sur le statut de l'argent : est-il moyen ou valeur ? En tant que valeur, Chateaubriand le rejette. Mais il reconnaît qu'il est impossible de penser l'idée d'argent sur le seul plan moral : l'argent est aussi un outil, un instrument, indépendamment de toute valeur morale.

2 Confrontation aux œuvres

Harpagon, dans ***L'Avare***, est un parfait contre-exemple de Chateaubriand : non seulement il révère l'argent, mais en plus, il ne profite pas des possibilités que son argent pourrait lui apporter. En effet, il n'offre jamais rien, ni aux autres, ni à lui-même. Pour lui, seul compte le fait d'épargner son argent, de le faire fructifier et d'en avoir toujours plus. L'argent ne le rend d'ailleurs pas libre, au contraire : l'argent caché chez lui, et sur lequel il veille jalousement, le rend presque esclave. Cléante au contraire est l'inverse de son père : l'argent est un moyen de réaliser son projet ; sans lui, il ne pourra pas épouser Mariane. De plus, il voudrait jouir tout de suite de son argent et des plaisirs qu'il offre. Valère, quant à lui, est parfaitement désintéressé ; loin d'être attiré par la richesse d'Harpagon, il ne songe qu'à Élise, qui est son seul trésor.

L'ambiguïté du statut de l'argent est particulièrement visible chez **Zola**. L'argent est caractérisé très négativement par Mme Caroline, qui le considère comme un poison. D'autres personnages méprisent la spéculation, par principe aristocratique, par horreur des affaires, ou encore parce qu'ils en connaissent l'origine scandaleuse. Mais pour Saccard, Busch ou les Maugendre par exemple, l'argent est une valeur estimée et recherchée ou le devient. Dans le même temps, Mme Caroline est fascinée par tout ce qui est rendu possible par l'argent en tant que moyen, notamment la création de la Compagnie générale des Paquebots, l'exploitation de la mine d'argent du Carmel. Elle a conscience du progrès technique, industriel et humain permis grâce à l'argent. Tous les personnages du roman reconnaissent que rien n'est possible sans l'argent. On joue pour procurer une dot suffisante à sa fille, pour mener à bien des opérations en Orient... Enfin, on soulignera le rôle de Sigismond qui, à l'inverse de son frère, méprise tant l'argent qu'il souhaite sa disparition, dans le rêve d'une société nouvelle où régnerait la justice sociale.

Simmel montre bien que l'argent est l'outil par excellence, qui fait la médiation entre moi et le monde. C'est le moyen idéal pour arriver à son objectif, mais ce moyen tend à devenir lui-même un but. Selon lui, l'argent est fondamentalement neutre, même si, avec le développement de l'économie industrielle, l'argent s'est vu attribuer des caractéristiques morales négatives. Il propose une explication concernant le mépris dont l'argent est souvent l'objet : c'est qu'il a été le domaine de personnes elles-mêmes méprisées socialement, et inversement, l'interdit frappant l'argent a laissé son usage à des personnes en marge de la société. L'argent, pour Simmel, apparaît comme une source de liberté, dans la mesure où il est ce qui permet d'acquérir toute chose, et où, de plus, il offre le luxe de choisir : c'est pourquoi il est l'outil le plus performant. L'argent est aussi relié à la puissance, d'un point de vue individuel et collectif. En effet, le riche, grâce à la liberté que lui offre l'argent, bénéficie d'une forme de puissance : le « *superadditum* ». Enfin, Simmel montre comment l'argent est très proche de la notion de Dieu, par son caractère absolu, ce qui explique pour lui la défiance de la religion à son égard.

3 Problématique

Il semble donc d'après cette citation que l'argent soit un moyen que nous nous voyons forcés d'utiliser si nous voulons agir librement ; mais, en tant que valeur morale, il est pour Chateaubriand un élément méprisable. Le sujet invite à s'intéresser au caractère équivoque de l'argent : objet vil en soi, sur un plan moral, et pourtant utile dans ses usages, sur le plan pratique, le statut de l'argent est véritablement indéterminable : est-il outil ou valeur, moyen ou but ? Les sentiments qu'il suscite, entre répulsion et fascination, sont également ambigus.

Ainsi, il convient de remettre en question cette affirmation : l'argent est-il un moyen d'agir et d'être libre ? N'a-t-il pas tendance à devenir un objectif en soi, une valeur unique vers lequel nous nous projetons ? Est-il alors toujours objet de mépris ? L'argent est-il une valeur recherchée en tant qu'absolu ou est-il au contraire un moyen qui favorise nos projets et dont on ne peut se passer ? L'argent doit-il être considéré d'un point de vue moral ou d'un point de vue pratique ?

II Plan détaillé

I L'argent comme objet moral
1. L'argent moralement condamné...
2. ... pour des raisons souvent religieuses...
3. ... ou au contraire un argent vénéré.

Lorsqu'on réfléchit à l'argent d'un point de vue moral, il est difficile de rester neutre : l'argent est une valeur méprisée ou estimée. Mais d'un point de vue pratique, l'argent permet d'avoir une action sur le monde.

II L'argent sur un plan pratique
1. L'argent libère-t-il les hommes...
2. ... ou les asservit-il ?
3. Le rêve utopique d'une société sans argent

Si Zola écrit que « l'argent est le fumier dans lequel pouss[e] cette humanité de demain », c'est qu'il met sur le même plan la valeur pratique et la valeur morale de l'argent. Or, l'argent n'est pas un but, mais un moyen neutre.

III Le statut indécidable de l'argent
1. L'argent comme moyen absolu complètement neutre...
2. ... dont seuls les usages peuvent être condamnés ou loués
3. Un moyen qui a toujours tendance à devenir une fin

III Dissertation rédigée

L'ARGENT, longtemps dédaigné par l'aristocratie, pour qui il est essentiellement un moyen de dépenses somptuaires, se trouve valorisé par la bourgeoisie montante du XIXe siècle, à qui il permet d'acquérir le pouvoir qui lui manque.

L'aristocrate François-René de Chateaubriand souligne ce double aspect de l'argent dans ses *Mémoires d'Outre-Tombe* : « Oh ! Argent que j'ai tant méprisé et que je ne puis aimer quoi que je fasse, je suis forcé d'avouer que tu as pourtant ton mérite ; source de liberté, tu arranges mille choses dans notre existence, et tout est difficile sans toi. » Notre auteur, conformément aux préceptes de la noblesse, rabaisse l'argent en tant que valeur morale, mais est contraint de reconnaître sa valeur pratique : sans lui, nous ne pourrions agir sur le monde qui nous entoure. Le paradoxe d'un argent à la fois méprisé et pourtant utile est à relier au statut de celui-ci : faut-il le considérer d'un point de vue moral ou d'un point de vue pratique ? Est-il une fin en soi, ou un simple moyen ?

Dans un premier temps, nous examinerons l'argent en tant qu'objet moral. Puis, nous nous intéresserons à l'argent sur un plan pratique. Enfin, nous analyserons le statut indécidable de l'argent, entre moyen et finalité.

EN TANT QU'OBJET MORAL, l'argent donne lieu à des réactions extrêmes et opposées : rejeté comme une substance vile ou vénéré comme une divinité, l'argent ne laisse pas indifférent.

L'argent peut être moralement condamné. Cette réprobation s'explique par les événements négatifs qui entourent l'argent. Il s'acquiert par des actes malhonnêtes, voire criminels, et favorise les malheurs et la mort. C'est pourquoi de nombreux personnages s'en méfient. Ainsi, la Princesse d'Orviedo possède trois cents millions, dont « l'origine [est] abominable »[1]. Elle n'a pas de mots assez durs pour critiquer l'argent et tout le malheur qu'il peut apporter ; ne parle-t-elle pas, s'agissant de la nouvelle Banque universelle, d'une « maison de Bourse et d'agio, dont elle laissait ainsi s'établir [...] les rouages de ruine et de mort » ?[2] Simmel donne des raisons historiques à cette condamnation morale. L'argent a souvent été réservé aux personnes opprimées socialement : les Juifs en sont le meilleur exemple. Il était donc inévitable que cette mauvaise image des utilisateurs de l'argent rejaillisse sur celui-ci.

Le rejet moral de l'argent s'explique souvent par des raisons religieuses. En effet, l'argent est souvent considéré comme une valeur morale absolue. En ce sens, comme le montre Simmel, l'argent se rapproche de l'idée de Dieu. Il est l'équivalent monétaire supérieur à toutes les choses et les englobant toutes, de même

---

[1] *L'Argent*, p. 81 [2] p. 157

que Dieu est la divinité supérieure à l'ensemble des hommes et les rassemblant tous. Dès lors, l'Église a perçu le « risque de concurrence entre l'intérêt pour l'argent et l'intérêt religieux »[3] et a pris l'argent, ce « dieu terrestre »[4], en horreur. Saccard est un bon exemple de cette confusion entre argent et Dieu : il rêve au début du livre de devenir, grâce à l'argent, « le roi de la charité, le Dieu adoré de la multitude des pauvres, [...] unique et populaire »[5].

Mais l'argent est aussi précisément vénéré à l'égal de ce Dieu qu'il peut remplacer. L'argent est perçu comme la valeur dominant et dépassant toutes les autres, dans la mesure où il permet d'obtenir toutes les marchandises. Ainsi, Harpagon aime l'argent au delà de toute raison ; celui-ci constitue son seul centre d'intérêt et sa vie tourne autour d'un argent auquel il se dévoue entièrement : il ne prend aucune décision qui ne soit dictée par des raisons financières. La Flèche explique à Frosine qu'Harpagon estime l'argent plus que tout au monde : « En un mot, il aime l'argent, plus que réputation, qu'honneur et que vertu »[6]. Pour Harpagon, sa cassette est son seul véritable « trésor »[7] et ses intérêts pécuniaires supplantent son amour paternel : il refuse de prêter de l'argent à son fils et veut marier sa fille contre son gré. De même, Saccard est véritablement en proie à une passion de l'argent « adoré plus haut que les vains scrupules humains, dans l'infini de sa puissance »[8].

Lorsqu'on réfléchit à l'argent d'un point de vue moral, il est difficile de rester neutre : l'argent est une valeur méprisée ou estimée. Mais d'un point de vue pratique, l'argent permet d'avoir une action sur le monde.

L'ARGENT, SUR UN PLAN PRATIQUE, permet de modifier le monde ou d'asservir les hommes. Face à ces excès, un monde sans argent est-il envisageable ?

Sur un plan pratique, l'argent libère les hommes. Si l'argent « arrange mille choses dans notre existence », c'est que, sans argent, les hommes ne peuvent réaliser leurs projets. Aucune initiative ne saurait être entreprise sans moyens financiers. Ainsi, de nombreux personnages de *L'Argent* se trouvent bloqués dans leurs projets de vie par manque d'argent. Nombre de femmes, étant dans l'incapacité d'apporter une assez grosse dot, sont dans l'impossibilité de se marier. C'est le cas d'Alice de Beauvilliers ou encore de Nathalie Dejoie. Et c'est pour elles que leurs parents investissent dans la Banque universelle, afin qu'elles puissent enfin s'établir. De la même manière, Cléante cherche à se procurer de l'argent pour pouvoir épouser Mariane, même contre l'avis de son père.

Mais l'argent est aussi ce qui asservit les hommes. En effet, il n'est parfois plus utilisé par les hommes pour avancer dans leurs projets, mais est thésaurisé, pour la seule jouissance de son possesseur. C'est le cas des cupides et des

[3] p. 282 [4] p. 283 [5] p. 85 [6] acte II, scène 4 [7] acte V, scène 3 [8] p. 287

avares, comme Harpagon, dont l'avarice est dénoncée par tous, depuis son valet La Flèche (« Il n'est point de service qui pousse sa reconnaissance jusqu'à lui faire ouvrir les mains »[9]), jusqu'à ses enfants – Cléante espère ainsi qu'Élise et lui s'« affranchiron[t] de cette tyrannie où [les] tient depuis si longtemps son avarice insupportable »[10] – en passant par son intendant Valère, qui évoque « l'excès de son avarice »[11]. Harpagon est donc entièrement soumis à son argent : il cherche constamment à vérifier sa présence. Simmel explique ce phénomène par le fait que l'argent n'est plus considéré comme un outil pratique, mais bien comme une fin en soi : « Ce développement des biens vers une finalité dont la valeur absolue dépasse donc la simple jouissance, trouve dans l'avarice et dans la cupidité, ces dégénérescences pathologiques de l'intérêt monétaire, le cas le plus net. »[12]

Face à ces attitudes excessives, certains imaginent un monde dans lequel l'argent a disparu. C'est ce que fait Sigismond, qui « avait connu Karl Marx »[13], et « professait le socialisme avec une foi ardente »[14]. Sigismond refuse le système capitaliste, qui selon lui est injuste, dans la mesure où il enrichit quelques personnes au détriment du plus grand nombre. La seule solution pour que règne la justice est le collectivisme, et la suppression de l'argent, remplacé par le travail : « Il faut le détruire, cet argent qui masque et favorise l'exploitation du travailleur, qui permet de le voler, en réduisant son salaire. »[15] De même, Simmel rappelle que la pauvreté peut aussi être une « valeur définitive »[16], et qu'elle seule permet d'obtenir les vrais biens : les biens divins.

Si Zola écrit que « l'argent est le fumier dans lequel pouss[e] cette humanité de demain », c'est qu'il met sur le même plan la valeur pratique et la valeur morale de l'argent. Or, l'argent n'est pas un but, mais un moyen neutre.

L'ARGENT a un statut indécidable. En effet, il est un moyen neutre, dont seuls les usages peuvent être critiqués ou vantés, mais a toujours tendance à devenir une fin.

L'argent est un outil neutre, comme l'explique Simmel. Il est convertible en tout, et est donc un simple moyen d'échange. Grâce à l'argent, je peux réaliser ma volonté : acquérir tel objet ou tel service. Mais Simmel rappelle que l'argent « n'a aucun rapport de contenu avec la fin particulière qu'il nous aide à atteindre. Il surplombe les objets avec une parfaite indifférence »[17]. L'argent est véritablement le « moyen absolu »[18], puisqu'il permet de tout obtenir, mais en tant que tel, il est un « lieu de passage tout à fait indifférent »[19]. Le philosophe souligne ainsi l'entière neutralité de l'argent. C'est bien d'ailleurs en tant qu'outil qu'Hamelin considère l'argent. Pour lui, l'argent est un simple moyen qui lui permettrait de réaliser ses grands projets en Orient.

---

[9] acte II, scène 4 [10] acte I, scène 3 [11] acte I, scène 1 [12] p. 287 [13] *L'Argent*, p. 66 [14] p. 66
[15] p. 366 [16] p. 302 [17] p. 244 [18] p. 244 [19] p. 244

L'argent n'est donc qu'un intermédiaire neutre entre soi et le monde. Seuls les usages qui sont faits de cet argent peuvent être critiqués ou approuvés. Dans cette optique, Saccard est un être particulièrement ambigu : il fait de l'argent à la fois un bon et un mauvais usage. Il est béni par la pauvre mère qui a confié sa petite fille à l'Œuvre du Travail pour qu'elle ait une vie décente, mais se comporte en escroc, ce qui finit par déboucher sur la ruine de tous ceux qui lui avaient fait confiance. L'argent est ce « qui fait tant de mal souvent », mais est capable aussi de faire « tant de bien »[20]. Dans *L'Avare*, l'argent sert de nobles projets : le mariage de Cléante et de Mariane, mais est aussi prétexte à des projets plus condamnables : Frosine, qui espère un argent qu'elle n'aura pas, favorise le projet de mariage entre Harpagon et Mariane.

En fait, le vrai problème réside dans le statut de l'argent. Il est indéniablement un intermédiaire, mais a toujours tendance à devenir une finalité en soi. C'est ce qu'explique Simmel. En effet, l'argent qui n'était qu'un moyen vers une réalisation, devient une fin, parce que nous portons tous nos efforts sur ce moyen : « Jamais objet exclusivement redevable de sa valeur à sa qualité d'intermédiaire et à sa convertibilité en valeurs plus définitives, n'a su s'élever aussi résolument [...] jusqu'à un absolu psychologique de la valeur, jusqu'à une finalité [...] »[21]. On retrouve cette « polarité inhérente à l'argent »[22] dans *L'Avare* : l'argent est un moyen pour maître Jacques d'offrir un bon souper, mais un but ultime pour Harpagon, le sens même de sa vie, puisqu'il dit n'être plus rien sans lui.

LE PARADOXE posé par Chateaubriand vient du fait qu'il confond la valeur morale de l'argent et l'aspect pratique de celui-ci. L'argent, qui déclenche tant de passions, doit être considéré sur un plan pratique. Il est surtout un outil parfaitement neutre, mais qui tend toujours à devenir une fin. Ce double aspect de l'argent symbolise chaque instant de la vie elle-même, comme le montre Simmel : nous devons en effet vivre chaque moment comme s'il était « définitif », afin d'en jouir, et « non définitif », comme passage vers un état meilleur[23].

Ainsi, l'argent incarne-t-il peut-être, dans le rapport paradoxal que nous avons avec lui, le temps tel que nous l'éprouvons, à la fois substance et flux, réalité que nous expérimentons et qui pourtant disparaît sans cesse.

IV Éviter le hors-sujet

Comte-Sponville écrit dans *Le Capitalisme est-il moral ?* : « Comment n'aimerait-on pas l'argent ? Il faudrait n'aimer rien, puisque l'argent mène à tout. » Cette citation est proche de notre sujet dans la mesure où elle met en évidence un lien affectif entre soi et l'argent.

[20] p. 85 [21] p. 275 [22] p. 275 [23] p. 275

Cependant, Comte-Sponville porte sur ce dernier un jugement inverse de celui de Chateaubriand : pour lui, l'argent est nécessairement « aimé », alors que Chateaubriand « ne peu[t] [l']aimer ». Comte-Sponville explique ce jugement affectif en soulignant l'utilité de l'argent, qui « mène à tout ». Ce qui apparaissait comme une contradiction chez Chateaubriand ne l'est plus pour Comte-Sponville. Celui-ci envisage l'argent de façon pratique, comme un outil, un intermédiaire, et cette qualité pratique affecte très positivement l'argent. Comte-Sponville se montre très catégorique dans son propos et semble oublier que l'argent n'est peut-être pas la seule valeur existante. Si Chateaubriand confondait valeur morale et valeur pratique de l'argent, Comte-Sponville, lui, mêle la valeur pratique de l'argent et la valeur affective, et semble poser l'argent comme valeur suprême, en omettant toutes les autres valeurs pouvant donner un sens à l'existence.

Le problème posé par cette citation serait cette suprématie conférée à la valeur de l'argent, sous prétexte de la puissance qu'il permet d'obtenir. Or, l'aspect pratique de l'argent transforme-t-il celui-ci en objet aimé ? Il est assez facile de discuter cette affirmation. On pourrait alors envisager le plan suivant : montrer tout d'abord comment l'argent est effectivement un outil pratique et utile, puis étudier comment la valeur affective trop grande octroyée à l'argent empêche justement toute réalisation sur le plan pratique. Enfin, dans un troisième temps, on pourra travailler sur la neutralité absolue de l'argent en tant que moyen : ce n'est pas l'argent qui est aimé, mais l'action qui résulte de son ouvrage.

Sujet 7

Dans *Les Voyageurs de l'impériale*, Louis Aragon fait dire à Pierre Mercadier, son personnage principal :
« Oui, j'ai passablement aimé le jeu. À cause du discrédit qu'il jette sur l'argent, c'est-à-dire sur la manière de l'acquérir, sur le travail. À parler le langage courant, je l'ai aimé pour son immoralité.
— C'est sans doute ainsi que vous vous êtes trouvé sans le sou...
— Le jeu ? Non, j'ai perdu à la Bourse, jadis. Au jeu, je ne peux pas dire que j'aie perdu. J'ai dépensé, voilà tout. Vous saisissez la nuance ? » (p. 485)

Le jeu vous semble-t-il relever, d'après les œuvres au programme, des pathologies liées à l'argent ?

Corrigé proposé par Natalia LECLERC

I Analyse du sujet

1 Analyse des termes du sujet

La notion centrale de la citation est celle du jeu, au sens du jeu d'argent. Le personnage distingue le jeu de Bourse et le jeu en général, tel que Mercadier l'a pratiqué au casino. Ainsi, si la première phrase oppose le jeu au travail, la suite met en concurrence trois façons de gagner (ou de perdre) de l'argent : le travail, la spéculation boursière et le jeu. Ces trois activités ne sont pas envisagées en elles-mêmes ou de façon abstraite, mais pour leur rapport à l'argent, ce sur quoi porte la dissertation.

La première réplique comporte deux idées complexes, formulées en peu de mots : le jeu « discrédite » l'argent et par la même le travail. Le joueur gagne de l'argent sans effort. Le jeu est gratuit, au sens où il ne semble rien exiger du joueur, alors que le travail exige un effort du travailleur, et au sens où il ne lui rapporte apparemment rien, s'il est perdant. Ce serait de l'argent dépensé en pure perte.

La deuxième idée importante de cette réplique concerne l'immoralité du jeu. Elle rejoint son rapport au travail et donc au monde. Elle est une des raisons qui ont rendu le jeu suspect aux yeux des autorités morales et religieuses pendant de nombreux siècles. Mercadier aime le jeu pour sa dimension marginale. À l'époque évoquée par Aragon, la fin du XIXe siècle, le jeu est légal, autorisé, mais place l'individu dans une situation limite. Gagner de l'argent au jeu est donc légal, mais est, aux yeux de ses détracteurs, illégitime. Cette dimension clandestine séduit Mercadier.

L'interlocuteur de Mercadier l'interroge sur la misère dans laquelle il est tombé à la fin du roman. Le jeu n'est pas en cause, d'après lui. Si l'on peut se ruiner à la Bourse, on dépense son argent au jeu. Les gérants de casino disent que les joueurs ne viennent pas pour gagner, mais pour s'offrir une dose d'adrénaline. Mercadier considère qu'il est d'office dépossédé de l'argent qu'il met dans le jeu. Il ne joue pas dans l'espoir de gagner, mais pour se sentir vivre, en ressentant le frisson du jeu. Le jeu de hasard est associé à la prise de risque, alors que, par opposition, la Bourse relève encore du jeu de stratégie. Même si elle comporte une part de mise en danger, elle se fonde sur des calculs et une rationalité. Précisons que dans les œuvres au programme, le motif du jeu en tant que tel est trop discret pour garder dans la dissertation cette configuration triple. Au contraire, même, Zola fait plusieurs descriptions métaphoriques de la Bourse en termes de jeu. Une précaution rhétorique s'impose dès l'introduction.

2 Confrontation aux œuvres

L'œuvre qui semble la plus proche de la citation est celle de **Zola**. La vision de la Bourse qu'il attribue à Saccard est similaire au jeu selon Mercadier. Si les trois notions présentes chez Aragon se réduisent à une opposition entre spéculation et travail, Zola propose d'autres rapports à l'argent : ainsi la charité de la princesse d'Orviedo est liée à la problématique de la moralité, mais aussi à celle du travail, dans les institutions qu'elle met en place. Le travail est représenté par les grands projets d'Hamelin. La morale, elle, est mise à mal par Busch et la Méchain, par Victor, tandis que les dames Beauvilliers ne parviennent pas à sauvegarder leur vertu.

L'Avare met en scène cette question d'une façon propre à l'époque de Molière, où la Bourse n'existait pas, et où le jeu était rigoureusement condamné. Tout semble opposer Harpagon à Mercadier. Celui-ci aime dépenser son argent, pour ressentir le frisson du risque, celui-là le thésaurise et refuse de le montrer, de peur qu'on le croie riche. Toutefois, comme Mercadier, il refuse le travail et se livre à une usure immorale pour faire fructifier son bien. Il ne discrédite pas l'argent de la même façon, mais il l'envisage aussi comme détaché d'une valeur réelle.

Enfin, chez **Simmel**, le jeu et la spéculation ne sont pas du tout évoqués en tant que tels. En revanche, on peut retenir de son œuvre l'analyse de plusieurs comportements extraordinaires par rapport à l'argent. Il réfléchit notamment à l'attitude du prodigue, à la dilapidation. Plus généralement, lorsqu'il présente la transformation de l'argent, qui est le moyen par excellence, en fin, il propose une réflexion qui enrichit aussi l'analyse de la citation d'Aragon, puisque telle est bien la dynamique qui sous-tend l'attitude de Mercadier.

3 Problématique

Derrière cette réflexion sur le jeu, Aragon propose une vision de l'argent. Mercadier se passionne pour le jeu parce qu'il utilise l'argent, mais hors des cadres habituels. Il ne s'agit pas d'en gagner, d'en avoir, ni même de s'en servir comme moyen. Il s'agit d'en dépenser pour en dépenser. Ce geste, qui peut passer pour une provocation lancée aux classes les moins favorisées, est justement savoureux en ce qu'il ne tient pas compte de la valeur de l'argent. Ce que Mercadier s'achète en jouant, c'est une satisfaction, très brève et fugitive, de sa passion.

Cette citation très paradoxale présente le jeu comme transformant l'argent en fin en soi, sans valeur propre, tout en faisant de l'argent perdu au jeu de l'argent « dépensé », comme dans le commerce. Dans quelle mesure le jeu est-il une utilisation de l'argent à la fois déviée et correspondant pleinement à sa nature ?

II Plan détaillé

I Certes, le jeu transforme la nature de l'argent

1. L'argent est à la fois moyen et fin en soi
2. L'argent ne se rapporte plus à un effort ou à une production
3. Sa valeur est arbitraire

   Ainsi, le rapport au jeu qu'instaure l'argent semble néfaste car il occasionne des comportements absurdes ou condamnables. Pourtant, cette vision de l'argent gonfle les individus d'un enthousiasme qui peut comporter un effet bénéfique.

II Mais la prise de risque, caractéristique du jeu, est une dynamique

1. L'immobilisme est condamné
2. L'enthousiasme du gain facile permet de grands projets
3. Jouer (risquer) pour se sentir vivre

   Entre la prise de risque inconsidérée et l'immobilisme, les auteurs proposent de gérer l'argent rationnellement et raisonnablement

III Quelle serait une vision à la fois saine et dynamique de l'argent ?

1. « Manger pour vivre ou vivre pour manger » ?
2. Raison morale et rationalité
3. Légalité et morale

III Dissertation rédigée

PARMI LES DIFFÉRENTES FAÇONS de gagner ou de perdre de l'argent, le jeu est une technique ancestrale. Il ne s'agit pas d'un divertissement, d'une activité puérile, gratuite, qui se déroule dans une sphère à part, la sphère ludique, mais d'un acte qui met en jeu des fortunes, peut ruiner ou enrichir momentanément, changer la destinée du joueur.

Le roman d'Aragon *Les Voyageurs de l'impériale* présente un personnage de joueur, Pierre Mercadier, qui, lassé d'une vie bourgeoise, quitte tout. Alors que sa seule satisfaction était jadis le jeu en Bourse, il peut alors s'adonner à sa passion et se rend à Monte-Carlo. À la fin du roman, il est ruiné, sans toutefois remettre le jeu en cause : « Oui, j'ai passablement aimé le jeu. À cause du discrédit qu'il jette sur l'argent, c'est-à-dire sur la manière de l'acquérir, sur le travail. À parler le langage courant, je l'ai aimé pour son immoralité. — C'est sans doute ainsi que vous vous êtes trouvé sans le sou... — Le jeu ? Non, j'ai perdu à la Bourse, jadis. Au jeu, je ne peux pas dire que j'aie perdu. J'ai dépensé, voilà tout. Vous saisissez la nuance ? » Derrière cette réflexion sur le jeu, Aragon propose une vision de l'argent. Mercadier se passionne pour le jeu parce qu'il utilise de l'argent, mais hors des cadres habituels. Il ne s'agit pas d'en gagner, d'en avoir, mais d'en dépenser. Ce geste est savoureux en ce qu'il ne tient pas compte de la valeur de l'argent. Ce que Mercadier s'achète en jouant, c'est une satisfaction, très brève et fugitive, de sa passion. Cette citation paradoxale présente le jeu comme transformant l'argent en fin en soi, sans valeur propre, tout en faisant de l'argent perdu au jeu de l'argent « dépensé », comme dans le commerce. Dans quelle mesure le jeu est-il une utilisation de l'argent à la fois déviée et correspondant pleinement à sa nature ?

Nous verrons donc que si le jeu transforme la nature de l'argent, la prise de risque qui le caractérise constitue une dynamique appréciable. Nous nous demanderons pour finir quelles sont les conditions pour que l'argent soit sain et constitue en même temps un principe dynamique.

LE JEU UTILISE L'ARGENT de façon atypique. Il ne permet pas d'acheter un produit ou un service, mais il peut être perdu. Il n'est pas gagné à sa sueur de son front, mais le joueur peut en acquérir sans effort. En quoi le jeu transforme-t-il la nature de l'argent ?

Dans le jeu, l'argent, dont la nature est d'être un moyen, devient aussi une fin en soi. Il est à la fois un instrument de jeu, dans la mise, et le but ultime. Cette nature de « moyen absolu »[1] est le fondement de la réflexion de Simmel. Lorsque cette essence de l'argent est déformée, lorsque l'argent tend à devenir une fin, l'individu subit une perversion. Le roman de Zola met en scène cette nature double. Pour son personnage principal, Saccard, l'argent est à la fois une fin en soi qui lui fait perdre tous les repères de la raison, et le moyen de s'offrir une nuit d'amour avec Mme de Jeumont, au nom évocateur. Il veut gagner pour gagner, mais aussi pouvoir se payer ce qu'il souhaite, y compris des femmes.

Ainsi, l'argent du jeu ne circule plus dans un mécanisme de production, ni de commerce. Il ne permet pas d'obtenir un objet en mettant en rapport l'argent possédé et le prix de l'objet. Les œuvres de Zola et de Molière proposent des situa-

[1] p. 244

tions où le gain d'argent est immérité ou acquis par des biais sordides. La baronne Sandorff n'hésite pas à se prostituer pour avoir des informations et se propose au plus offrant, même à Gundermann, pourtant insensible aux attraits de la chair. Il se contente de lui répondre : « c'est très vilain, une femme qui joue »[2]. Chez Molière, les procédés d'usure d'Harpagon, bien que vils et mesquins, sont présentés par le biais du comique : sans le savoir, Cléante s'apprête à emprunter de l'argent à son propre père. Le spectateur apprend par La Flèche les conditions disproportionnées du prêt : le prêteur n'ayant pas à disposition l'intégralité de la somme, il faudra accepter en complément « hardes, nippes, et bijoux » dénués de valeur[3]. Si l'usure est, sinon un véritable jeu, du moins un usage dévoyé de l'argent, elle illustre l'immoralité de ce jeu sordide avec un emprunteur aux abois.

Dans ce cadre, l'argent n'a pas la valeur de l'objet qu'il représente. Si le salaire donné correspond à un travail donné, l'argent gagné au jeu a une valeur arbitraire, flottante. De même, l'argent perdu ou « dépensé » au jeu ne correspond pas à l'acquisition d'un objet doté d'une valeur donnée. Simmel et Zola évoquent tous les deux ce décrochage par l'analyse de la prodigalité. Dans cet excès de générosité, qui confine au don, l'argent dépensé est détaché d'une valeur réelle. Simmel rappelle que le prodigue utilise son argent « pour des achats insensés, c'est-à-dire sans rapport avec ses ressources »[4]. La princesse d'Orviedo ne souhaite pas seulement faire preuve de charité envers les démunis, elle souhaite se débarrasser au plus vite de l'argent qui lui brûle les doigts. Si son projet a un fondement et un sens bien réels, il est bâti sur le principe de la folie des grandeurs, qui peut devenir contreproductif, puisqu'elle risque de ne plus pouvoir apporter l'aide nécessaire. Sa folie peut s'apparenter à une folie du jeu.

Ainsi, le rapport au jeu qu'instaure l'argent semble néfaste car il occasionne des comportements absurdes ou condamnables. Pourtant, cette vision de l'argent gonfle les individus d'un enthousiasme qui peut comporter un effet bénéfique.

EN EFFET, la prise de risque n'est pas seulement dangereuse, elle apporte aussi une dynamique qui peut débloquer des situations sclérosées.

Les œuvres sont loin de célébrer l'immobilisme. Dans *L'Avare*, Cléante en vient à jouer pour survivre à l'existence sinistre que lui impose son père avec sa « rigoureuse épargne », sa « sécheresse étrange »[5]. De plus, comme il est heureux au jeu[6], il peut se permettre un train de vie que son père ne souhaite pas lui offrir. Simmel s'intéresse à la haine et à la méfiance que peut susciter l'argent, dans le cadre de religions, comme le bouddhisme ou la religion chrétienne, où il peut devenir « le symbole du diable »[7] dans un état d'esprit aussi pathologique que l'est l'avarice.

[2] p. 408 [3] acte II, scène 1 [4] p. 297 [5] acte I, scène 2 [6] acte I, scène 4 [7] p. 304

L'immobilisme, la crispation sont aussi peu souhaitables que la prise de risque aveugle et immorale.

L'argent permet aussi la réalisation de grands projets. Il peut même être au service de la religion et le rêve d'Hamelin, instrumentalisé par Saccard, se fonde sur l'installation du Pape à Jérusalem. L'argent permet à Hamelin de bâtir des compagnies, des infrastructures, de mener une Croisade moderne. Chez Molière, l'argent, miraculeusement apporté par le dévoilement de l'identité d'Anselme, permet aux jeunes gens un mariage d'amour. Que l'argent permette des mariages est symbolique, car il s'apparente ainsi à un principe de vie.

Dans un autre genre, Harpagon a aussi un rapport vital à l'argent, qui croise le thème de la nourriture. Lorsqu'on lui vole sa cassette, on l'assassine[8]. Pour Saccard, dans une grande tirade adressée à Mme Caroline, la spéculation est assimilée à la luxure, qui permet à l'humanité de persister. Mme Caroline est caractérisée par son amour de la vie, au titre duquel elle accepte, pendant un temps, de soutenir Saccard.

Entre la prise de risque inconsidérée et l'immobilisme, les auteurs proposent de gérer l'argent rationnellement et raisonnablement.

QUE LE JEU ADDICTIF soit une pathologie est incontestable. Mais la nuance apportée par Mercadier, selon laquelle il n'a pas perdu mais « dépensé » de l'argent au jeu, permet de résoudre le paradoxe.

Même dans le jeu, l'argent peut être un moyen, et ce statut de moyen lui permet de ne pas emporter son utilisateur dans la pathologie. Lorsqu'il reste à sa place, de même que la nourriture – n'en déplaise aux gourmets – joue un rôle raisonnable dans l'existence humaine lorsqu'on « mange pour vivre »[9], il est même représentatif de la nature humaine. Simmel le compare à l'amour, tel qu'il est analysé par Platon, et en vient à affirmer qu'il « montre ou contient toute la grandeur de notre volonté, et en même temps la forme qui la borne »[10], autrement dit qu'il correspond à la condition humaine. L'argent nourrit alors l'homme sans le dévorer.

En outre, l'argent n'a plus, comme à son origine, une valeur fixe. Cette dernière varie selon des données d'autant plus complexes qu'elles sont aujourd'hui internationales. Il serait utopique de vouloir revenir à un état primitif, où ce que recouvre l'argent est uniforme et fixe. Le roman de Zola illustre ce détachement par les cours prodigieux qu'atteint l'action de l'Universelle, lorsqu'elle dépasse les 3000 francs. Hamelin, pourtant, a gardé son bon sens et ordonne à sa sœur Mme Caroline de vendre, dès que le cours dépasse les 2000 francs. Il a conscience

[8] acte IV, scène 7 [9] Molière, acte III, scène 1 [10] p. 245

que l'envolée au-delà des 2000 est une folie, une absurdité. La valeur de l'Universelle ne signifie alors plus rien. Simmel commente cette relativité de la valeur lorsqu'il dégage les mécanismes de la richesse et de la pauvreté. Il montre que, les prix étant alignés sur les capacités d'achat des plus pauvres, les riches sont proportionnellement encore plus riches qu'en réalité, puisqu'ils ont un pouvoir d'achat décuplé par cet alignement.

Ainsi, pour que l'argent soit utilisé à sa juste valeur, les auteurs rappellent qu'il doit se trouver dans un cadre moral. Sans stigmatiser la spéculation, Zola semble lui préférer le « petit ménage » Jordan, qui se refuse toujours à jouer en Bourse et sort indemne, grâce au travail, et notamment à la création littéraire, de l'effondrement de l'Universelle. Cette dernière fait notamment faillite en raison des illégalités qui la fondent, Saccard ayant demandé à ses hommes de paille d'acheter des actions pour faire artificiellement gonfler leur cours. À une époque où la notion de travail n'a pas la même valeur, Molière propose une autre façon d'utiliser l'argent moralement : Anselme incarne une générosité absolue, qui veut le bien, et qui se moque une ultime fois de l'avarice d'Harpagon. Anselme financera les deux mariages, fera faire un nouvel habit pour Harpagon, et paiera même le commissaire.

Si le jeu d'argent peut devenir une folie, peut créer des tragédies familiales et sociales, il comporte une dimension fascinante de mise en danger. Une existence trop bourgeoise éprouve un frisson lorsqu'elle se sent menacée par la perte. Pourtant, cette mise en danger, qui semble irrationnelle, peut elle-même être rationalisée, si le joueur ne joue pas pour gagner de l'argent, mais précisément pour « se payer » ce frisson. À ce titre, les propos de Mercadier sont contradictoires. Celui-ci admet certes que le jeu est immoral, mais la nuance qu'il établit entre perdre et dépenser contient en fait une clé. Il est possible de jouer de l'argent, sans se noyer, en considérant l'argent misé comme dépensé.

À ce titre, il est intéressant de noter l'abîme qui sépare la représentation littéraire du jeu d'argent, souvent perdant, tragique, destructeur, et la réalité du jeu, valorisé dans notre société, à une époque célébrant le risque.

IV Éviter le hors-sujet

« L'argent gagné au jeu est deux fois plus précieux que l'argent gagné en travaillant », fait dire le dialoguiste de Martin Scorsese à un de ses personnages dans *La Couleur de l'argent*. Cette citation, comme celle d'Aragon, compare l'argent du jeu et celui du travail. Pourtant, ce sujet présente plusieurs différences avec le sujet que nous avons traité. Tout d'abord, l'optique est inverse : Mercadier s'intéresse à l'argent gagné au jeu, mais aussi à l'argent perdu, et l'intérêt du sujet apparaît dans la nuance qu'il établit entre perdre et dépenser de l'argent. Ensuite, la position des deux personnages sur cet argent est à la fois similaire et inverse. La nuance entre l'immoralité de l'argent du jeu et son caractère précieux est ténue. Dans les deux cas, l'argent du jeu est spécial, mais chez Mercadier, il est connoté négativement et le personnage semble se réjouir de transgresser des lois sociales en ne gagnant pas sa vie par le travail, mais en jouant. Chez Scorsese, il est connoté positivement et tout laisse croire que son caractère précieux vient du risque que le joueur a accepté de prendre. Chez Aragon, le travail est dévalorisé par Mercadier, alors que chez Scorsese, il n'est que banalisé.

Dans ces deux sujets très proches apparaissent de nombreuses nuances qui interdisent de les traiter de la même manière, la citation de Scorsese invitant tout d'abord à analyser les aspects positifs et fertiles de la prise de risque, avant de rappeler que le travail est au fondement de la société.

Sujet 8

« Les plus grande canailles de toute la multitude
Ont contribué au bien commun. »

Vous discuterez cet extrait de la *Fable des Abeilles* de Mandeville à la lumière des œuvres au programme.

Corrigé proposé par Mathilde LABBÉ

I Analyse du sujet

1 Analyse des termes du sujet

Mandeville, écrivain néerlandais du XVIIIe siècle, énonce un paradoxe. La formule est frappante et contredit l'intuition.

Dans un premier temps, il importe de remarquer que le terme « canailles » connote une condamnation double. Si les « canailles » s'opposent à ceux qui font un usage honnête de l'argent, on considérera d'une part l'honnêteté au regard de la loi, et d'autre part l'honnêteté au regard d'une morale particulière, comme la condamnation du prêt à intérêt par l'Église par exemple. Il est nécessaire de considérer plusieurs points de vue possibles. Néanmoins, un élément de définition restera stable ici : la « canaille » est celui qui n'agit que pour maximiser son propre profit.

Le « bien commun » est une notion philosophique ancienne mais qui reste floue. Au sens large, c'est un état également favorable à tous, et qui s'oppose en cela au bien particulier. Dans l'État moderne, la justice en est un élément éminent.

2 Confrontation aux œuvres

L'Avare de **Molière** est l'histoire d'un faux vol qui se termine bien et qui met en cause l'attitude d'un personnage qui pourtant semble respecter la loi – si ce n'est son absence d'égard pour les règles élémentaires de la charité. On peut ajouter que sa pratique du prêt à intérêt est déjà un péché aux yeux de l'Église, qui l'interdit. Harpagon fait preuve d'une volonté mauvaise et d'une malhonnêteté évidente : les conditions du prêt qu'il propose font de lui un usurier sordide. Il fait le malheur de tous en privilégiant son profit particulier. La pièce de Molière semble donc bien montrer que les notions de « bien commun » et de « canaille », employées alternativement par l'avare et par ses contradicteurs, sont relatives.

L'un des enjeux de *L'Argent* de **Zola** est la capacité de Saccard à faire la preuve de ce qu'avance Mandeville. Du début à la fin du roman, le personnage nous est présenté comme une « canaille » qui croit pouvoir, malgré des actions parfois illégales, parfois immorales, contribuer finalement au bonheur de ses actionnaires. Il faut donc s'intéresser au point de vue adopté par le narrateur.

Dans sa *Philosophie de l'argent*, Georg **Simmel** analyse le processus mental qui nous fait désirer l'argent, et note que les suites téléologiques que nous élaborons pour notre action sont le signe de notre humanité. Cependant, il note aussi que l'argent peut devenir le but final de notre action et nous faire perdre de vue ce qu'il permet. Loin de justifier la citation de Mandeville, Simmel voit dans la déconnexion entre l'action à l'instant « t » et son résultat ultérieur et général une forme d'aveuglement, voire de mépris pour les valeurs humaines.

3 Problématique

Ces deux vers de Mandeville sont issus d'un texte faisant l'apologie du libéralisme économique sous la forme d'une « fable ». Il faut évaluer la pertinence de la proposition et sa portée, pour savoir si les rapports humains, et ici les échanges impliquant de l'argent, doivent être soumis à une loi morale, ou si seul le résultat des échanges doit être jugé à cette aune. Une telle problématique invite au plan dialectique. Dans un premier temps, il s'agira de justifier ce qui peut l'être. Dans un deuxième temps, on envisagera les limites de la thèse de Mandeville : son assertion est paradoxale. Or, si le fonctionnement général de l'économie paraît indifférent à la morale, cela n'empêche pas l'action individuelle d'y être soumise. Dans la troisième partie, on proposera une manière de penser le problème qui évite l'écueil de la dialectique précédemment exposée.

II Plan détaillé

I Si l'on suit Mandeville, il n'est pas pertinent d'appliquer des catégories morales à l'action en économie.

1. Le capitalisme repose sur les égoïsmes particuliers
2. Sans une vision claire des conséquences de l'action, celle-ci ne peut être moralement jugée
3. Un résultat juste peut racheter une action injuste

Cependant, le propos de Mandeville n'est pas de nier l'importance de la morale dans le règlement des relations économiques : dans la mesure où il utilise lui-même des catégories morales, il faut réintégrer l'honnêteté de l'intention parmi les éléments permettant de juger une action.

II Malgré l'imprévisibilité des conséquences, l'intention de celui qui agit peut être jugée sur le plan moral

1. Illusions liées à l'argent et croyances magiques éloignent le souci de la morale...

2. ... mais ne peuvent nous aveugler sur l'égoïsme à l'œuvre dans la compétition économique
3. Démocratie et économie

La citation de Mandeville ne peut donc pas donner lieu à une généralisation et ne constitue qu'un cas particulier, un accident de l'histoire, dont les causes et les résultats exigent une analyse fine.

III Quand la morale financière se soumet à une morale supérieure
1. L'écueil du cynisme
2. Humanisme et économie
3. Pour une définition restrictive du bien commun

III Dissertation rédigée

LA FIGURE D'ARSÈNE LUPIN, qui séduit les femmes riches pour les dérober, berce nos esprits de l'idée qu'un comportement malhonnête peut être positif. Pourtant, les sociétés capitalistes d'aujourd'hui répriment de tels actes, et le geste de Jérôme Kerviel ne l'a pas hissé à l'impunité d'un gentleman cambrioleur. Les démocraties occidentales étant aujourd'hui plongées dans une crise du capitalisme, la question de son efficacité et de sa moralité sont constamment ré-examinées. L'idée qu'une guerre impitoyable du profit puisse être le ferment de la prospérité est pourtant ancienne, comme le montre la *Fable des Abeilles* de Mandeville. Si l'on est d'accord avec ses vers, la moralité de l'action n'a pas d'importance, pourvu que leur résultat soit un gain pour la communauté. Une telle affirmation doit-elle nous conduire à évincer toute préoccupation morale de la sphère économique ?

Nous montrerons que les vers de Mandeville trouvent apparemment un écho dans les types économiques envisagés par Molière, Simmel et Zola. Nous expliquerons que sa thèse ne résiste pourtant pas à un examen des démonstrations faites par ces auteurs, pour considérer, enfin, les situations qui justifient un relativisme moral limité.

SI L'ON SUIT MANDEVILLE, il n'est pas pertinent d'appliquer des catégories morales à l'action en économie. En effet, s'il est vrai que des actions qui nous semblent malhonnêtes peuvent concourir au bien commun, ne faut-il pas reconsidérer notre jugement sur ces actions au nom d'un profit pour tous ?

La théorie économique libérale soutient que « le recoupement de tous les intérêts particuliers », selon l'expression de Simmel, est le moteur légitime de l'économie de marché. Dès lors, l'égoïsme des agents ne semble plus condamnable comme tel. Cette interprétation radicale de la thèse de Mandeville est illustrée par le personnage de Saccard. Selon lui, pour fonder une banque, il faut attirer de petits investisseurs, mais ces derniers ne deviennent utiles que lorsqu'ils prennent goût au jeu comme les grands financiers. Cependant que la fin du roman de Zola vient contrecarrer le plan de Saccard, qui ruine ses petits actionnaires. La citation de Mandeville est trop provocatrice pour être illustrée au premier degré, mais elle permet de souligner la question de la discontinuité entre l'intention particulière et le résultat général de l'action.

On pourrait justifier la citation de Mandeville en avançant que le résultat moral et vertueux d'une action peut racheter une action moins juste et moins noble qui a permis d'accomplir la première. C'est le sens de la décision de la princesse d'Orviedo, dame patronnesse de l'Œuvre au Travail, dans laquelle Saccard cherche lui aussi à se construire l'image d'un homme généreux. C'est pourquoi il est désigné par Maxime comme « une canaille en très grand » : il s'agit chez Maxime d'une critique attendrie, et c'est sûrement, aux yeux de Saccard, une désignation positive. Molière, dans sa pièce, donne finalement raison à Cléante, personnage qui dépense l'argent gagné au jeu pour sa propre apparence.

On serait tenter d'en déduire que, sans une vision claire des conséquences de l'action, celle-ci peut difficilement être jugée sur le plan moral. Ainsi Simmel explique-t-il, dans *Philosophie de l'argent*, que les grandes actions de l'humanité se sont accomplies grâce à un aveuglement salutaire. Saccard explique ainsi à Madame Caroline que sa gestion illégale de l'Universelle est nécessaire et utile : que l'Universelle possède une partie de ses propres actions concourt au bien de la société, et donc, des actionnaires, et cette pratique est largement répandue. Zola prouve finalement le contraire. C'est pourquoi il est nécessaire de réévaluer notre lecture de la citation de Mandeville.

Cependant, le propos de Mandeville n'est pas de nier l'importance de la morale dans le règlement des relations économiques : dans la mesure où il utilise lui-même des catégories morales, il faut réintégrer l'honnêteté de l'intention parmi les éléments permettant de juger une action.

MALGRÉ L'IMPRÉVISIBILITÉ DES CONSÉQUENCES, l'intention de celui qui agit peut être jugée sur le plan moral.

L'idée de rachat d'une action mauvaise par une action vertueuse, de même que l'idée d'une économie qui se régulerait elle-même et où les égoïsmes particuliers seraient la seule manière d'aboutir au bien commun, est liée à notre incapacité à comprendre le fonctionnement d'un si grand système. Comme l'explique Simmel, l'apparition de l'argent et son extension à tout échange crée des comportements proche de la croyance. L'argent nous semble, comme Dieu, pouvoir « unir » en lui les « contradictions » du monde. Harpagon voit dans son argent non un objet, mais un compagnon. L'excès de cette illusion est dénoncé dans le grand quiproquo où Harpagon croit fermement qu'il est question de son argent, alors que Valère lui parle de sa fille.

L'existence de ces comportements pathologiques ne doit donc pas nous aveugler sur l'égoïsme à l'œuvre dans la compétition économique. Le combat que mène Saccard dans sa grande entreprise au profit du Saint-Siège et au profit de ses actionnaires est fondamentalement motivé par une jalousie et une ambition féroces, et par la volonté de vaincre la puissance financière de Gundermann. L'antisémitisme du personnage est notoire. Ce n'est donc pas une quête du bien commun que mène Saccard, mais un combat à mort contre son rival. De la même manière, l'amour de l'argent amène Harpagon à renoncer à tout sentiment altruiste. Il renonce à l'amour familial en reniant son fils et se donne tout entier à son amour de l'argent.

La citation de Mandeville ne peut donc pas être la source raisonnable d'une règle économique. Il faut en revenir à l'idée que, si certaines canailles ont contribué au bien commun, c'est par accident. Le bien commun, dans la compréhension de la démocratie qui fonde notre vision actuelle, n'est pas atteint par les égoïsmes particuliers mais par leur sublimation dans la volonté générale. Le fonctionnement de l'Universelle n'a que l'apparence d'un fonctionnement démocratique. Saccard n'hésite pas à mentir à ses actionnaires lorsque c'est nécessaire à ce qu'il pense être le bien commun. Lors de l'assemblée générale extraordinaire réunie pour l'augmentation du capital, il nie le fait que l'Universelle possède certaines de ses propres actions.

La citation de Mandeville ne peut donc pas donner lieu à une généralisation et ne constitue qu'un cas particulier, un accident de l'histoire, dont les causes et les résultats exigent une analyse fine.

ON A VU QUE LA FABLE DE MANDEVILLE ne permettait pas d'exclure le jugement moral de la réflexion sur les processus économiques. Cependant, l'auteur veut avertir son lecteur, par cette formule paradoxale, que les apparences de l'immoralité ne rendent pas directement une action condamnable. Nous verrons si et comment la morale financière peut se soumettre à une morale supérieure.

Le cynisme est, selon Simmel, pathologique. Se développant facilement dans les milieux où l'argent circule rapidement, il naît du spectacle des combinaisons mouvantes entre « valeurs personnelles » et « valeurs concrètes ». À ce spectacle, l'idée de dignité humaine peut vite s'effriter. Or le relativisme qui naît de ce contact avec l'argent apparaît comme une perte, mais aussi comme une cause d'insatisfaction et de malheur. Le cynisme du patron de l'Universelle le conduit à la folie. Pour Simmel, comme pour Zola, la figure du cynique est un repoussoir. Pris dans leur acception radicale et hors contexte, les vers de Mandeville semblent l'expression d'une pensée habitée par la puissance hypnotique de l'argent.

Les personnages de *L'Avare* et de *L'Argent* ne sont pas tous atteints de troubles dans leur rapport à l'argent, et certains d'entre eux font la part des choses entre justice et conscience des valeurs financières. Chez Zola, il est difficile de trouver un tel équilibre. Hamelin est une figure trop faible et trop idéaliste pour constituer un véritable antidote à la folie de Saccard. En revanche, Anselme est l'honnête homme de *L'Avare*. Il fait un usage raisonné de sa richesse et accepte de composer avec les exigences malhonnêtes d'Harpagon, dans la mesure où cela contribue effectivement au bonheur de tous.

Dans la citation de Mandeville, le bien commun est une notion trop floue pour être prise au sérieux. En considérant le « bien commun » comme allant de soi, Mandeville mouche sans convaincre. En effet, chacun des personnages – individus ou types – des œuvres au programme pourrait en donner sa propre définition et statuer de manière contradictoire avec les autres sur la proposition de Mandeville. Le « bien commun » apparemment recherché par Saccard est en fait le bien des catholiques. Pour Madame Caroline, c'est la juste répartition des richesses et la paix sociale. Pour Sigismond, c'est l'égalité entre les hommes. Dans *L'Avare*, Anselme a son idée du bien commun, qui n'est pas celle de Frosine, faussement intéressée dans le bonheur des autres et vraiment intéressée par leur argent.

LA FORMULE DE MANDEVILLE est une manière provocatrice de poser la question de la morale en économie. Alliant une expression du langage courant, les « canailles », à une notion philosophique dont la redéfinition est essentielle à toute fondation d'une politique économique, il se moque des philosophes et des économistes de son temps, mais ne permet pas véritablement d'engager une réflexion sur le sujet. Sa position repose sur une interprétation radicale loin des convictions de nos auteurs : leurs personnages qui souscrivent à une telle perspective comme de grands dangers pour la société.

IV Éviter le hors-sujet

Il faut rester attentif au fait que, selon qu'on l'envisage dans l'un ou l'autre sens, la citation peut signifier deux choses très différentes : éloge du libéralisme économique ou plaidoyer pour une justice plus juste et une morale moins aveugle ? Il faut envisager les deux interprétations.

Dans la mesure où la citation de Mandeville est lapidaire et où le sujet n'en propose pas de développement, notre travail de réflexion consiste à reconstituer une théorie cohérente dont elle pourrait être l'expression, et d'autre part à répondre à cette théorie – s'il est possible d'en trouver une – et à la provocation qui consiste à juger en deux vers d'un problème politique important. Il y a deux pièges à éviter : il ne faut ni condamner d'emblée la position sans principe de charité – toujours partir au contraire du principe que ce que dit l'auteur a du sens – ni diminuer la portée provocatrice qui en est constitutive.

Sujet 9

« N'estime l'argent ni plus ni moins qu'il ne vaut : c'est un bon serviteur et un mauvais maître. » (Alexandre Dumas fils, *La Dame aux camélias*)

Vous analyserez et commenterez cette citation à la lumière des œuvres au programme.

Corrigé proposé par Sophie FORTIN

I Analyse du sujet

1 Analyse des termes du sujet

Cette citation très célèbre d'Alexandre Dumas fils se caractérise par la puissance de signification dont elle est porteuse. Sa formule lapidaire, construite en deux temps, s'ouvre sur l'expression d'une mise en garde très directe, révélant implicitement l'existence d'un danger sous-jacent. La seconde partie de la citation est fondée sur un parallélisme antithétique très simple affirmant une double identité. Il y a donc, à travers le sens de la formule dont fait preuve ici l'auteur, une intention manifeste de frapper l'imagination du lecteur.

Il s'agit d'abord de nous inciter à réfléchir à une évaluation juste de l'argent. Dumas nous invite à nous détacher des évaluations passionnées engendrées trop souvent par l'argent : nous devons, selon lui, concevoir cette valeur pour ce qu'elle est, sans la sous-estimer ni la surestimer, de la manière la plus détachée possible. Entre les deux plateaux de la balance, nous devons retrouver le point d'équilibre.

La deuxième partie de la citation est fondée sur une personnification de l'argent et l'expression d'un jugement moral, engendrant un rapport hiérarchique à repenser entre humain et argent : il est nécessaire de remettre chacun à sa place. L'argent doit servir l'individu et non être servi par lui.

2 Confrontation aux œuvres

La thématique maître/esclave s'applique tout spécialement à ***L'Avare***, puisque c'est le plus souvent par cet angle de vue que Molière aborde les sujets auxquels il entend nous faire réfléchir. Harpagon règne en tyran sur sa maison, mais il apparaît lui-même soumis à un maître terrible : l'argent, dont il est l'esclave. Argent qui lui sera d'ailleurs dérobé par son propre serviteur, La Flèche ! Quant à Valère, il se fait passer pour un serviteur auprès du maître Harpagon, mais aura finalement raison de lui, en intelligent manipulateur. Ainsi, l'erreur d'Harpagon, qui le rend si ridicule et si pitoyable, réside dans son incapacité à estimer les êtres et l'argent à leur juste valeur.

La valeur de l'argent devient difficile à estimer dans ***L'Argent*** ! Valeur semblant augmenter sans cesse, mais qui ne repose sur rien, l'argent est devenu le maître que les individus cherchent à servir au mieux. Tel un dieu, l'argent est partout et nulle part. Dans le Paris de la spéculation de cette fin de XIXe siècle, le jeu de l'argent a imposé ses règles et asservi les individus. Cependant, lorsque l'argent disparaît, la volonté de vivre d'un Saccard ou d'une Mme Caroline reste intacte : dans ce rapport entre maître et esclave, l'argent n'est finalement peut-être pas celui qu'on croyait...

Pour **Simmel**, l'argent est à concevoir comme un outil. En tant que tel, il n'a aucune valeur particulière, si ce n'est celle que nous lui assignons. Mais parce qu'il est l'outil par excellence, il représente la potentialité par excellence et sa valeur est donc illimitée : elle coïncide avec notre volonté. Il ne s'agit donc pas de l'estimer « ni plus ni moins qu'il ne vaut » : s'il ne se mesure qu'à l'aune de notre volonté, sa valeur est absolue. Quant à savoir si dans le rapport que nous entretenons avec l'argent, nous en sommes maître ou esclave, cela amène Simmel à envisager la question des pathologies de l'argent : celui-ci devient le maître lorsque nous l'érigeons en finalité absolue, rompant ainsi la série téléologique de départ. Mais il semble également que, quel que soit le cas de figure envisagé, nous restions finalement toujours esclaves de nos moyens.

3 Problématique

Le sujet auquel nous sommes confrontés s'exprime en deux temps, dans un rapport de cause à conséquence. Tout d'abord, la citation de Dumas pose un interdit sur l'argent, marquant d'emblée que la valeur argent n'est à manipuler qu'avec méfiance. Le danger consiste à porter une estimation fausse sur cette valeur. Il s'agit donc avant tout de se demander quelle est la valeur exacte de l'argent : nous ne devons l'estimer « ni plus ni moins qu'il ne vaut » : mais que vaut-il, quelle valeur devons-nous lui attribuer ? Interrogation à laquelle il nous sera impératif de répondre, car l'auteur de la citation nous met en garde contre la conséquence d'une évaluation erronée : l'humain devrait alors céder sa place de dominant.

Mais pouvons-nous comme le fait Dumas, attribuer une valeur morale à l'argent et en faire une figure personnifiée ? N'y a-t-il pas là une évaluation erronée de l'argent, qui n'est en définitive que le moyen utilisé pour parvenir à une fin ? Nous serons donc amenés à nous demander si l'argent est un outil au service de notre volonté, ou s'il n'est pas finalement le reflet de nous même (d'où la figure de la personnification dans la citation de Dumas) et de notre volonté de puissance.

II Plan détaillé

I Mal évalué, l'argent est un danger
1. Le danger de la sous-estimation
2. Le danger de la sur-estimation
3. L'aliénation à un mauvais maître

Une estimation fausse portée sur l'argent nous pousse donc à nous aliéner à sa puissance. Mais si, a priori, l'argent semble n'être qu'une simple monnaie d'échange, il se révèle en fait être une valeur difficile à estimer, voire inestimable !

II L'argent : une valeur difficile à estimer
1. Un simple moyen aux finalités déterminées
2. Mais un outil protéiforme et insaisissable
3. Le monde de l'argent : un monde complexe et mystérieux

Or, s'il est une valeur qui nous semble si difficile à estimer, c'est peut-être qu'en définitive, l'argent n'a aucune existence propre, mais qu'il n'est que ce que nous en faisons. Ni bon ni mauvais en soi, il n'est que le reflet de nous-même.

III L'argent nous renvoie notre propre image
1. L'argent : un personnage sans caractère
2. Le miroir de nos faiblesses
3. Le reflet de nos rêves

III Dissertation rédigée

« L'ARGENT qu'on possède est l'instrument de la liberté, celui qu'on pourchasse est celui de la servitude », écrit Jean-Jacques Rousseau dans *Les Confessions*. Il semblerait bien que l'antithèse liberté/esclavage liée au thème de l'argent traverse les époques et rejaillisse régulièrement avec la même acuité.

Un siècle plus tard, c'est Alexandre Dumas fils, dans son roman *La Dame au camélia*, qui aborde à son tour ce sujet : « N'estime l'argent ni plus ni moins qu'il ne vaut : c'est un bon serviteur et un mauvais maître. » Cette citation se caractérise par une injonction frappante : l'argent ne doit être estimé qu'à sa juste valeur, sous peine de nous asservir. C'est donc sous le sceau de l'interdit que s'ouvre la formule. Puis se trouve exprimée la conséquence encourue en cas de non-respect de l'interdit : mal estimé, nous aurons alors à subir la métamorphose du « bon serviteur » en « mauvais maître ». Reste que nous ne savons pas quelle est la juste valeur de l'argent et que cette « chose » semble d'autant plus difficile à estimer que Dumas lui applique un jugement moral, a priori peu adapté : l'argent, selon lui, peut être « bon », comme il peut se révéler « mauvais ». Mais de quelle figure nous parle ici Dumas ? De l'argent, simple moyen inerte ? Ne s'agirait-il pas plutôt de nous-même et de ce à quoi nous appliquons notre volonté ?

Nous réfléchirons tout d'abord au danger que recèle l'argent lorsqu'il est mal évalué. Mais nous observerons ensuite que l'argent est une valeur excessivement difficile à estimer. Nous nous demanderons dès lors si l'argent, finalement, n'est pas ce miroir inquiétant qui ne fait que nous renvoyer notre propre image.

ATTRIBUER À L'ARGENT une valeur erronée, c'est se mettre en danger, dans un rapport complexe de dominant à dominé. Cette erreur d'évaluation peut résider dans une sous-estimation comme dans une surestimation.

N'estime pas l'argent « moins qu'il ne vaut » nous conseille Dumas, alors que si fréquemment les esprits sages nous enjoignent de mépriser l'argent. Or, sous-estimer l'argent, c'est paradoxalement s'en rendre esclave. Ainsi, Simmel évoque le blasé qui ne reconnaît plus la valeur des choses, car il peut en faire l'acquisition par l'argent sans effort. Dès lors, tout ce qui l'entoure est dévalorisé. Par conséquent, dénigrer la valeur argent, c'est être pris à son piège. Ainsi, « nous restons prisonniers des moyens »[1]. De même, dans *L'Argent*, Sigismond et la princesse d'Orviedo semblent chacun à sa manière refuser sa valeur à l'argent. Le premier cherche à concevoir une société où l'argent n'aurait plus cours et s'épuise dans ce projet jusqu'à en mourir, tandis que la seconde dépense sa fortune dans l'unique objet de se ruiner. Mais en niant la valeur de l'argent, n'en font-ils pas au contraire une valeur dominante ? En la diabolisant, ils s'en rendent esclaves, car toute leur existence n'a pour objectif que de s'en défaire.

Mais l'erreur d'évaluation la plus fréquemment rencontrée dans notre corpus est celle de la surestimation de l'argent, quand mal l'estimer revient à l'estimer « plus qu'il ne vaut ». C'est ainsi le cas des personnages du roman de Zola qui évoluent dans le monde de la spéculation boursière. Saccard s'attache à spéculer avec les titres de l'Universelle, dont la hausse des cours est vertigineuse. Cette spéculation folle engendre l'écroulement de l'Universelle et les conséquences humaines y afférant. C'est alors que Mme Caroline, réfléchissant aux raisons de la catastrophe, conclut à l'aliénation de Saccard à la machine boursière. De même, la surestimation de l'argent est le thème central de *L'Avare*, qui met en scène un Harpagon dont l'unique centre d'intérêt est l'argent. Se rendant compte qu'on l'a dépouillé de son trésor, en esclave asservi à son maître, il est anéanti : « puisque tu m'es enlevé, j'ai perdu mon support, ma consolation, ma joie ».[2]

Se tromper sur l'argent nous enchaîne donc à « un mauvais maître ». En effet, tous les personnages qui se trompent sur l'argent finissent broyés, dépouillés de leur humanité. Ils sont en général devenus incapables d'aimer : Saccard, Gundermann ou la baronne Sandorff dans *L'Argent*, Harpagon dans *L'Avare* en sont des exemples. Mais ils sont également incapables de réfléchir et d'analyser la situation dans laquelle ils se trouvent (Dejoie, bien qu'ayant tout perdu par la faute de Saccard, s'exclame : « Cet homme-là, c'est le bon Dieu »[3]) et finalement dans l'incapacité de trouver une raison de vivre : Mazaud se suicide alors qu'il était

---

[1] p. 310 [2] acte IV, scène 7 [3] p. 439

entouré d'une famille aimante. Quant à Gundermann, il est devenu un fantôme. L'argent est un mauvais maître, en ce que non seulement il ne tient pas ses promesses (« Comment, l'argent ne donnait donc pas tout ? »[4] s'interroge Saccard), mais il prive les individus de ce qui fait d'eux des hommes.

Une estimation fausse portée sur l'argent nous pousse donc à nous aliéner à sa puissance. Mais si, a priori, l'argent semble n'être qu'une simple monnaie d'échange, il se révèle en fait être une valeur difficile à estimer, voire inestimable !

QUELLE VALEUR attribuer à l'argent, ce simple moyen d'échange ? S'il est un outil universellement utilisé, il n'en reste pas moins difficile à cerner, donc à évaluer. D'autant que le monde de l'argent est un monde du mystère, du secret.

La question de la valeur de l'argent ne semble pas, dans un premier temps, poser de problème. En effet, l'argent est un simple outil, « c'est le moyen démultiplié, sa forme et sa présence se trouvent déjà déterminées par le but », écrit Simmel[5]. Dans *L'Argent*, tous les personnages accordent de la valeur à leur argent parce qu'ils ont tous un but précis, qu'il s'agisse de la fondation de l'Universelle pour Saccard, de l'accomplissement de son projet pour Hamelin, du mariage de sa fille pour Dejoie, ou de Gundermann « qui continuait à édifier obstinément sa tour de millions, avec l'unique rêve de la léguer aux siens pour qu'ils la grandissent encore. »[6] Projets dont la variété est la preuve que l'argent ne peut avoir de valeur en soi, mais qu'il n'a que la valeur de ce à quoi on l'utilise.

Mais la particularité de cet outil-argent, c'est qu'il est protéiforme et insaisissable. Ainsi, l'argent peut se matérialiser en écus d'or, comme ceux que possède Harpagon et qu'il va régulièrement admirer au fond de son jardin, ou en reconnaissances de dettes dont La Méchain remplit sans cesse son sac dans *L'Argent*. Mais il peut prendre de nombreuses autres formes et c'est ce qui en fait une valeur insaisissable car semblant se métamorphoser à l'envi dans le roman de Zola : l'argent ne semble plus avoir d'existence concrète, il se diffuse, il est mouvement perpétuel. À cet égard, la métaphore de la liquidité dans *L'Argent* est tout à fait révélatrice, où le jeu de la spéculation « le renvoie en fleuves dans tous les sens ».[7] De plus, l'argent n'est pas forcément là où on l'attendait. Dans *L'Avare*, les personnages sont tous focalisés sur Harpagon comme étant leur unique source possible d'argent. Or, c'est finalement le seigneur Anselme qui se révèlera le dispensateur de cet argent tellement convoité pour réaliser les aspirations de chacun, en s'engageant à la place de l'avare « à faire tous les frais de ces deux mariages ».[8]

Le monde de l'argent se révèle donc complexe et secret. Dans la pièce de Molière, songeons à Harpagon qui enterre sa cassette, qui la cache et en fait mystère autour de lui. Bien plus, on ne doit pas parler de l'argent à haute voix et Cléante en vient à demander à son père : « Est-ce être votre ennemi, que de dire que vous avez

[4] p. 334 [5] p. 241 [6] p. 137 [7] p. 160 [8] acte V, scène 6

du bien ? »[9] Mais cette complexité mystérieuse de l'argent est encore plus sensible dans le roman de Zola, où les personnages, comme le lecteur non spécialiste de la chose financière, se retrouvent rapidement noyés et perturbés par cette plongée dans le monde de la spéculation, où chiffres et termes s'abattent en cascade dans un effet de vertige, comme le ressentent par exemple Mme Caroline devant les écritures de la Bourse, ou les Beauvilliers grugés eux aussi par la spéculation. La question de l'estimation de la valeur se trouve en conséquence impossible à résoudre, puisque, dans ce monde parfaitement opaque où chacun construit des fictions et entretient la rumeur et le mystère, « il n'y avait plus ni vérité, ni logique, l'idée de la valeur était pervertie, au point de perdre tout sens réel. »[10]

Or, s'il est une valeur qui nous semble si difficile à estimer, c'est peut-être qu'en définitive l'argent n'a aucune existence propre, mais qu'il n'est que ce que nous en faisons. Ni bon ni mauvais en soi, il n'est que le reflet de nous-même.

EN EFFET, l'argent est conçu par chacun de manière différente, en fonction de sa personnalité et de ses ambitions. En ce sens, il n'est rien en lui-même, mais il prend la forme de la bassesse de nos faiblesses ou de la noblesse de nos rêves.

Affirmer que l'argent n'est rien en soi, c'est le considérer comme pure potentialité, toute entière soumise à la finalité que nous lui assignons. Ce que Simmel analyse ainsi : « L'argent a cette qualité très positive qu'on désigne par un concept négatif : l'absence de caractère. »[11] Cette analyse engendre une personnification de la valeur argent, de la même manière que dans la citation de Dumas. Mais alors l'argent n'est ni bon ni mauvais, il s'adapte à la volonté de celui qui le possède. Ainsi, si l'argent donne son titre au roman de Zola, semblant donc en être l'actant principal et omniprésent, il n'est finalement que l'objet d'une quête. Cet argent sans caractère, passant de main en main et s'adaptant aux désirs de chacun, est en quelque sorte à l'image de la baronne Sandorff, qui passe d'homme en homme, « en femelle que les mâles se disputent, et qui attend, pour être au vainqueur. »[12]

Si l'argent est neutre, qu'on ne peut lui attribuer une valeur éthique, mais qu'il prend la forme de notre volonté, alors il nous renvoie notre image et est d'abord le miroir de nos faiblesses. Il en va ainsi d'Harpagon, dans *L'Avare*, qui, par son attachement pathologique à sa cassette, trahit sa peur de vieillir et de mourir, son incapacité à vivre avec les autres et à les aimer mais aussi son angoisse de la solitude, faiblesses exprimées dans la souffrance du vieillard qui monologue : « Mon esprit est troublé, et j'ignore où je suis, qui je suis, et ce que je fais. »[13] Dans le roman de Zola, nombre de personnages également expriment leurs faiblesses à travers leur relation avec l'argent, qu'il s'agisse par exemple de la frustration de la princesse d'Orviedo, de la névrose de Maxime « épuisé à vint-cinq ans »[14], de la méchanceté monstrueuse de La Méchain ou de la folie de Busch.

[9] acte I, scène 4 [10] p. 377 [11] p. 252 [12] p. 279 [13] acte IV, scène 7 [14] p. 178

Mais l'argent est aussi le reflet de nos rêves. Dans *L'Avare*, si tous les personnages sont en quête d'argent, c'est qu'ils poursuivent tous leurs rêves : rêve de mariage pour les jeunes gens, de jeunesse et d'énergie pour Harpagon, de puissance pour La Flèche, de justice pour Frosine qui implore le vieil avare : « J'ai un procès que je suis sur le point de perdre, faute d'un peu d'argent. »[15] Dans *L'Argent*, tout le monde rêve, comme si la Bourse était une énorme machine à rêver. Ainsi, comme il l'est pour les Beauvilliers, pour tous les spéculateurs, « ce million flambait, était le salut, le rêve. »[16] À tel point d'ailleurs que les personnages s'inventent des fictions, comme Saccard, qui en tire son énergie vitale et qui, même enfermé, continue à bâtir des univers fictionnels par l'intermédiaire de l'argent. En définitive, l'argent apparaît ici comme ce qui permet aux personnages d'exprimer, de concevoir et de nourrir leur besoin d'illusion.

Nous avons vu que, mal évalué, l'argent est porteur d'un danger en puissance. Mais nous avons pu montrer que cette estimation de la valeur de l'argent se révèle particulièrement complexe à mener, puisque cette étrange valeur n'est en fait que le reflet de ce que nous sommes et nous renvoie donc à l'estimation de nos propres faiblesses et de nos propres rêves.

Reste que si l'argent est un outil, notre créature dans le monde extérieur, il est dangereux et peut mener facilement à la débâcle. Et que finalement, nos rêves et nos faiblesses ont une autre voie pour se dire : l'écriture.

IV Éviter le hors-sujet

« Nul ne peut servir deux maîtres. Ou il haïra l'un et aimera l'autre, ou il s'attachera à l'un et méprisera l'autre. Vous ne pouvez servir Dieu et l'argent. » (*La Bible*, Matthieu, 6, 24)

Cette citation reprend la thématique du maître et de l'esclave, ainsi que la tournure injonctive. En ce sens, elle s'apparente très nettement à la citation de Dumas. La puissance de l'argent, qui peut se rendre maître de l'humain, est affirmée comme chez Dumas. Mais attention : d'une part, cette citation introduit le rapport de l'homme à Dieu, qui lui est le véritable maître. D'autre part, il n'est en aucune manière question ici de reconnaître une quelconque valeur à l'argent, si l'on a foi en Dieu, l'argent étant dès lors radicalement exclu en tant que valeur.

Il faudrait donc aborder le sujet en réfléchissant à l'argent-Dieu, en ce qu'il peut représenter une raison de vivre, une véritable fin, en ce qu'il peut contenir une promesse d'éternité (ainsi du rêve de Gundermann par exemple), en ce qu'il est également porteur de mystère et d'incompréhension pour la plupart des personnages.

---

[15] acte II, scène 5 [16] p. 308

Pathologies de l'argent

Passages clés analysés et commentés

Texte n° 1

Le délire d'Harpagon

Molière, *L'Avare*

acte IV, scène 7

Harpagon vient de se faire dérober sa chère cassette. Comment un avare peut-il réagir à cela ?

Harpagon : un homme tourmenté

Un personnage agité

Harpagon est particulièrement agité : en effet, il arrive « sans chapeau », et on peut l'imaginer se précipitant de tous côtés, ne sachant où aller. La double question « Où courir ? Où ne pas courir ? » montre son trouble. Les nombreuses phrases courtes interrogatives traduisent son inquiétude. Harpagon est si inquiet qu'il ne parvient plus à parler. Cette précipitation est visible à la fin du monologue avec l'utilisation de l'adverbe « vite ».

Un personnage complètement perdu

Harpagon, à la suite du vol, est en plein désarroi. Il a perdu ses repères, puisqu'il ne sait plus où il est, ni qui il est. Il est seul, et pourtant il parle au voleur absent : « coquin », à son argent disparu : « on m'a privé de toi », à quelqu'un qu'il croit entendre : « que dites-vous ? Ce n'est personne », et enfin au public qu'il n'est pas censé voir : « N'est-il point caché là parmi vous ? » En réalité, aucun de ses interlocuteurs n'est présent : Harpagon est la proie de son imagination et d'hallucinations. Mais il va plus loin, en se prenant lui-même pour le voleur. En effet, il fait les questions et les réponses : « Qui est-ce ? [...] Ah c'est moi ! », et « se prend lui-même le bras ». Harpagon est victime d'un dédoublement de la personnalité.

Harpagon : un homme fou

Un personnage paranoïaque

Harpagon est persuadé que tout le monde s'est ligué contre lui. Ainsi, il parle de son « traître de fils » et soupçonne l'ensemble de son personnel, des serviteurs à lui-même en passant par ses propres enfants : « Tout me semble mon voleur. » Il est tellement obsédé par son argent qu'il fait tout tourner autour de ce dernier.

Un personnage excessif

Un avare a une réaction exagérée face au vol de son argent. Ce dernier est personnifié, Harpagon l'appelle « [s]on cher ami ». De plus, le vol équivaut à un meurtre : « au voleur ! à l'assassin ! » L'argent est sa vie, dans la mesure où être dépossédé de son argent, pour Harpagon, c'est mourir : « puisque tu m'es enlevé, j'ai perdu mon support, ma consolation, ma joie ; tout est fini pour moi, et je n'ai plus que faire au monde ». Harpagon va même jusqu'à s'identifier à son argent. Lorsqu'il s'écrie : « je suis enterré », il se confond avec son argent, qui était lui aussi « enterré » dans le jardin. Ainsi, dans l'esprit d'Harpagon, l'argent prend une importance démesurée, ce qui souligne la pathologie du personnage.

Un personnage aux réactions absurdes

Pour retrouver son argent, Harpagon veut torturer toute sa maison, dont lui-même, ce qui est particulièrement aberrant : « faire donner la question à tout le monde : [...] et à moi aussi ». De même, il veut « faire pendre tout le monde », y compris lui-même. Il fait donc appel, pour résoudre ce vol, à tout l'arsenal de la justice : « des commissaires, des archers, des prévôts, des juges, des gênes, des potences et des bourreaux », car il se considère victime d'un crime abominable.

Une scène comique ?

Un personnage ridicule

Malgré la cruauté des intentions d'Harpagon, et malgré sa détresse, l'homme, loin d'inspirer la compassion, attire la moquerie du spectateur. En effet, la passion maladive d'Harpagon pour l'argent l'amène à des réactions excessives qui le rendent ridicule et comique. Comment ne pas rire face à l'outrance des sentiments d'Harpagon ? face à un homme qui assimile un vol à un assassinat ? qui prétend ne plus exister sans son argent ? L'idée fixe d'Harpagon est donc la source fondamentale du comique de caractère.

La satire de l'avarice ?

Pour Molière, mettre en scène ce personnage, c'est se moquer des avares en les représentant dans Harpagon, et en les ridiculisant. La comédie a pour but de corriger les mœurs en faisant rire. Mais cette scène est aussi la seule où Harpagon prononce une grande tirade lyrique qui, derrière son ridicule, s'est pas exempte de poésie.

Conclusion

Ce passage très célèbre met en scène la folie d'Harpagon et exhibe son caractère monomaniaque : Harpagon est obsédé par l'argent. Pourtant, le personnage est parfaitement ridicule. Le rire est là pour corriger, bien sûr, mais aussi pour dédramatiser et remettre l'argent à sa juste place : celle de moyen utile et non de fin en soi.

Texte n° 2

Le Second Empire, un milieu malsain Émile Zola, *L'Argent*

depuis « Ce fut le 1er avril… » (p. 296) jusqu'à « … avoir des fonds là-dedans. » (p. 299)

La folie des grandeurs

Des dépenses somptueuses

Un deuxième moment de l'histoire de l'Universelle s'ouvre au chapitre VII, marqué par l'ivresse et par la fièvre de la dépense. Saccard fait installer en six mois de nouveaux locaux, somptueux : les ornements saturent la façade extérieure tandis que l'intérieur est placé sous le signe de l'éclat, de la richesse et pour tout dire du trop-plein : « les millions des caisses ruisselaient le long des murs », tant l'or est utilisé à foison. Saccard, par un système ingénieux de miroirs sans tain, offre les coffres-forts au regard du public. Une formule lapidaire résume tout : la « brutalité du clinquant »[1].

Saccard en Jupiter de la finance

Loin de l'austérité des premiers bureaux, installés au rez-de-chaussée de l'hôtel d'Orviedo, l'or s'étale partout, symbolisant la réussite financière de l'entreprise et le pouvoir acquis par Saccard. Ces excès sont l'image fidèle d'un comportement pathologique qui commence à se révéler : Saccard est fou de l'or, passionnément épris de l'argent. Il jouit ici du prestige presque sacré que celui-ci lui confère : Zola

[1] p. 299

nous le montre à la fois comme un général commandant à une « armée »[2] d'employés et comme une divinité capable de « foudroy[er] d'admiration »[3] le public et les badauds. Ce prestidigitateur a réussi à entraîner avec lui les foules ; il les fascine par ce qui ressemble encore à du génie, mais qui s'avèrera une réelle maladie lorsque Saccard, du fond de sa prison, continuera d'échafauder des plans de fortune insensés. La disproportion entre un espace lugubre et la démesure des entreprises rêvées par le personnage mettra définitivement au jour une folie que seul l'excès de clinquant permet ici de déceler.

L'efficacité du clinquant

Mme Caroline, qui représente le bon sens, est inquiète de ces folles dépenses et s'interroge sur l'image que ce faste donnera de la banque, loin de la sobre respectabilité qui sied selon elle à une banque dévouée aux intérêts catholiques. Or Saccard a raison : l'or fascine tout le monde, même « les petits rentiers dévots des quartiers tranquilles, les pauvres prêtres de campagne débarqués le matin du chemin de fer »[4]. C'est dire l'emprise de l'argent sur tous les esprits en cette époque que Zola juge comme perverse : toutes les valeurs se sont perdues, seul reste l'argent, source de « respect » et de « confiance »[5]. C'est dire si, au-delà du cas de Saccard, l'époque tout entière est malade.

La fièvre de Saccard : image et conséquence de ce qu'est le Second Empire

La fête impériale : une « société du spectacle »

Zola suggère bien des parallèles entre Saccard et Napoléon III. Le personnage est à son apogée au moment où s'ouvre à Paris l'Exposition Universelle de 1867, au moment où le règne semble triompher. Comme dans les locaux surchargés de la banque, l'or, la lumière, l'éclat sont partout dans la capitale française : tout est spectacle, jeu, distraction. L'Universelle ne ressemble-t-elle pas elle-même à une « salle d'opéra »[6] ? Tout est « miracle »[7], tout semble possible. Et tout se mêle : les nouveaux locaux tiennent aussi bien de la culture populaire que des lieux saints, « du café-concert et du temple »[8]. La fête écrase et nivelle toutes les valeurs, seule reste une « féerie »[9] qui ne masque que du vide,comme les coffres de la banque, dont le contenu s'étale sur les murs.

Le Second Empire, un milieu pathogène

L'évolution de l'Universelle reflète donc parfaitement ce qui se joue dans le Paris de son époque. La ville devient l'« auberge du monde »[10] : elle est un mauvais lieu où se rencontrent tous les désirs. Les bas instincts se satisfont au grand jour,

[2] p. 298 [3] p. 298 [4] p. 299 [5] p. 298 [6] p. 297 [7] p. 297 [8] p. 297 [9] p. 296 [10] p. 296

en une immense « fornication », une gigantesque « ripaille »[11]. Dans cet épisode d'une « Histoire naturelle et sociale d'une famille sous le Second Empire », Zola montre combien l'argent facile dénature les individus. Le Second Empire est un milieu vicié, dont la politique et l'économie sont malades. Saccard est le produit naturel d'une société malsaine.

Conclusion

Saccard, trônant dans son cabinet somptueux, offre une parfaite image du prodigue. Sa réussite est à la fois la conséquence et le signe d'une maladie générale, cette fièvre de l'or qui s'est emparé de l'ensemble de ses contemporains.

Texte n° 3

Le diagnostic des pathologies de l'argent

Georg Simmel, *Philosophie de l'argent*

depuis « Quand, pour un individu, le caractère de finalité de l'argent » (p. 283) jusqu'à la fin de la section

Enjeu du texte

L'analyse de l'argent dans les chaînes d'actions humaines a conduit à le définir comme outil le plus pur, puis comme fin absolue, polarisant les énergies de la conscience humaine. Dès lors, le sociologue Simmel peut faire œuvre de médecin de la société moderne : il s'agira donc ici de diagnostiquer diverses pathologies de l'argent liées, d'une manière ou d'une autre, à son statut de fin ultime.

Avarice et cupidité : les pathologies générales de l'argent

L'intérêt objectif de la possession

Une fois établie la transformation du moyen en fin absolue, il devient possible de s'intéresser aux modifications psychologiques entraînées par cette valorisation hypertrophiée du moyen argent.

La première approche consiste à établir une psychologie de la motivation. Qu'est-ce qui, en règle générale, nous pousse à agir ? Traditionnellement, deux options sont retenues : l'intérêt égoïste (exemple : je sauve le noyé parce que j'ai

[11] p. 296

envie de passer pour un héros : cette action me conférera un surcroît de prestige) et la pureté altruiste : (sauver le noyé est un geste immédiat qui répond au souci premier que j'ai de mon semblable). Or il y a peut-être un troisième motif d'action : l'intérêt objectif, qui dépasse tout ce qu'un individu peut retirer de satisfaction, pour lui comme pour les autres (je sauve le noyé parce qu'un commandement supérieur, qui ne me satisfait pas forcément mais que je respecte, m'y contraint).

Prenons, dès lors, le cas d'un individu recherchant un objet : s'il veut non seulement le posséder mais le consommer, alors il est guidé par un intérêt égoïste ou subjectif. Si par contre il veut le posséder sans pour autant aboutir sur une consommation personnelle, alors il est guidé par un intérêt objectif. Et tel est bien le cas des deux natures malades que sont le cupide et l'avare. Un même commandement les tient : ne pas jouir. Le cupide court en effet après l'argent, mais sans s'arrêter *in fine* à une satisfaction personnelle. Quant à l'avare, il ne possède que pour vénérer une idole qu'il s'interdit de toucher.

Le culte de la puissance pure

L'avare, contrairement aux idées reçues (qui en font un égoïste, quelqu'un qui privilégie sa jouissance personnelle) ne prête aucun intérêt réel au contenu de ce qu'il possède. L'essentiel est qu'il possède, car posséder le « moyen absolu », c'est posséder potentiellement toute chose. D'où un inévitable sentiment de puissance dû à ce vide de contenu. Moins l'avare cherche à jouir, plus il voue un culte à la puissance pour la puissance. Il peut tout, mais cela tient justement à ce qu'il refuse de faire usage de ce qu'il a.

Les fausses négations du culte de l'argent

La paradoxale complémentarité de l'avare et du prodigue

L'avare est donc décrit comme l'archétype de l'homme qui valorise le moyen en répudiant toute satisfaction finale. Ordinairement, on oppose au « rapace » avare la figure du prodigue, celui qui dépense sans compter. L'originalité de Simmel est de ramener ces deux dispositions à un même dénominateur. En effet, le prodigue ne jouit pas plus que l'avare. Là où ce dernier porte son énergie sur la possession, le premier valorise l'étape de la dépense. Or, c'est seulement après la dépense de l'argent, lorsque l'objet convoité nous revient, que nous sommes à même d'en jouir. Le même mécanisme psychologique est donc à l'œuvre, c'est-à-dire l'arrêt sur les stades intermédiaires des chaînes d'actions. Ainsi la mesquinerie de l'avare, qui par peur de consommer vit avec le minimum, tout autant que le goût immodéré du luxe chez le prodigue sont englobés par l'argent.

La pauvreté volontaire prise au piège de l'argent

Si le prodigue n'est que le complément excessif de l'avare, il y a tout de même bien des comportements qui échappent à l'emprise du monétaire. Les traditions religieuses, avec leur vœu de pauvreté volontaire, leur discipline rigoureuse et leur détachement vis-à-vis des biens matériels semblent en être les exemples frappants. Mais l'hypertrophie de l'argent est telle qu'il englobe même ces phénomènes. D'une part, les courants ascétiques vouent une haine tenace à l'argent : ce qui signifie, à bien y regarder, qu'il s'agit pour eux de leur Dieu mauvais, d'un symbole diabolique. D'autre part, les courants qui professent l'amour de la pauvreté y voient une manière de se délester des pesanteurs matérielles pour s'ouvrir la voie des biens spirituels suprêmes. Mais de cette manière, n'est-ce pas la pauvreté qui se teinte d'absolu : autrement dit l'argent affecté d'un signe négatif ?

La perte de sens de la modernité : cynisme et blasement

Si l'argent a à ce point tout englobé, ne reste-t-il qu'à capituler devant sa puissance ? La mention des deux ultimes maladies que sont le cynisme et le blasement témoigne d'une crise de civilisation. Lorsque tout, une fois converti en argent, finit par s'équivaloir, alors ne règne plus que l'indifférence à l'égard de la variété des choses. Lorsqu'on peut tout se procurer moyennant argent, sans conscience d'un effort particulier adapté à l'objet précis que l'on convoite, deux réactions psychologiques adviennent. D'une part, on peut en tirer un plaisir pervers : amusement cynique de substituer par exemple aux valeurs de loyauté et d'honnêteté la question : « combien puis-je t'acheter ? » D'autre part, on peut devenir totalement absent à ce spectacle désolant du nivellement monétaire de toute valeur : expérience du vide existentiel chez le blasé. Ici, les remèdes à la grande fatigue se révèlent pires que le mal : on n'atteint aucun contentement en contrebalançant l'absence de sensibilité par la course au choc et aux sensations fortes, typique de la vie des citadins modernes.

Conclusion

Sociologue, médecin de la civilisation, Simmel diagnostique les conséquences globales de la valorisation absolue de l'argent. Globales, ces conséquences le sont en ce qu'elles unissent les caractères et dispositions en apparence les plus opposés, tout en suggérant de fausses compensations aux effets pathologiques de l'argent. Déjà se profilent les aperçus de la troisième section puis de la partie synthétique sur la disparition des buts ultimes de l'existence, autrement dit la perte de sens de la modernité.

Sujet 10
« *Enfin l'avidité, le désir aveugle des honneurs, poussent les hommes misérables hors des bornes du droit et parfois même les font complices ou même agents du crime ; ils les assujettissent jour et nuit à un labeur sans égal pour s'élever au faîte de la fortune : or de ces plaies de la vie, la plus grande part revient à la crainte de la mort, leur vraie cause.* Vivre dans le mépris infamant et l'âpre pauvreté semble en effet aux hommes incompatible avec des jours doux et posés : ces maux paraissent les mettre dès cette terre aux portes même de la mort ; c'est pourquoi les hommes en proie à ces vaines alarmes voudraient fuir au loin et, pour y échapper, grossissent leurs biens au prix du sang de leurs concitoyens ; ces avides doublent leurs richesses, multiplient leurs meurtres ; ces cruels suivent avec joie les funérailles d'un frère, la table de leurs proches leur inspire haine et effroi. » (Lucrèce, *De rerum natura*, III, 59–73) Vous analyserez et commenterez la phrase en italique à la lumière des trois œuvres au programme.

Corrigé proposé par Sophie FORTIN

I Analyse du sujet

1 Analyse des termes du sujet

L'objectif d'un sujet long est de vous amener à discuter une phrase extraite du texte, à la lumière du raisonnement qui la justifie et en éclaire le sens.

Lucrèce s'attache ici, en philosophe, à la recherche de la vérité (« la vraie cause »), à comprendre le mécanisme qui entraîne l'homme à la recherche passionnée du gain ou des honneurs. La citation que nous devons analyser et commenter est en deux temps : après avoir exposé les conséquences auxquelles l'avidité peut mener l'être humain, Lucrèce indique ce qui, selon lui, en est la cause : « la crainte de la mort ».

Or, en philosophe, Lucrèce adopte ici une position paradoxale, s'opposant ainsi à l'idée commune ou habituelle de l'avidité, qui voudrait que l'individu cupide ne soit intéressé par l'appât du gain que dans une conception purement matérialiste de l'existence. Au contraire, dans cet extrait, Lucrèce fait de l'homme cupide, avide, un être travaillé par une angoisse existentielle fondamentale : la peur de la mort.

C'est donc par cet angle de vue qu'il nous semble intéressant d'aborder le sujet : l'être humain présenté ici est à la fois agent, actif, cherchant à « s'élever au faîte de la fortune » dans une dépense d'efforts inconsidérée (« un labeur sans égal »), faisant preuve d'une énergie vitale remarquable, traduite dans les termes de « désirs », « honneurs », qui, dans la suite de notre texte, se retrouvera avec les verbes « doubler », « multiplier » ; mais en même temps, l'homme est passif car mû par une angoisse contre laquelle il ne peut rien, la peur de l'anéantissement. Il ne peut alors que subir sa condition, c'est son avidité et son désir qui le « poussent » au « crime », qui l'« assujettissent », il n'est plus qu'un pauvre « aveugle » qui ne décide de rien.

Écartelé entre ces deux pôles, l'homme avide que nous présente ici Lucrèce est un esclave, qui à la fois fait souffrir et est lui-même en proie à une réelle souffrance, une passion au sens ancien du terme.

2 Confrontation aux œuvres

La pièce de **Molière** s'intitule *L'Avare*, nom qui vient du latin « avarus », qui a aussi donné le mot « avide ». Avarice et avidité sont donc sœurs ! L'œuvre de Molière semble s'inscrire très directement dans la conception exprimée par Lucrèce. Elle s'inspire d'ailleurs d'une pièce de Plaute, autre auteur latin, *L'Aulularia*. Harpagon est en effet la caricature du vieillard avare, qui recherche dans la possession de l'argent une toute-puissance, par crainte de la mort qui, vu son âge, se rapproche dangereusement. Cet amour de l'argent pousse le personnage hors des limites de l'humanité, puisque Molière en fait un « caractère », tout entier soumis à sa passion aveugle et dévorante. Mais si cette part d'ombre est bien présente dans le personnage tyrannique d'Harpagon, il reste que le but ultime de Molière est malgré tout de nous faire rire de ce personnage, qui sinon nous ferait peur, par le biais de la comédie. Et c'est l'amour de la vie qui domine cette œuvre, plus que la crainte de la mort.

L'entreprise romanesque de **Zola** cherche également à comprendre le mécanisme de l'avidité, de la passion dévorante pour l'argent. Toutefois, il ne s'agit plus seulement dans *L'Argent* d'accumuler des écus pour en remplir une cassette enterrée au fond du jardin. Les personnages de Zola appartiennent au monde particulier de la bourse à la fin du XIXe siècle, centre d'un mouvement perpétuel de transactions, où chacun cherche à rester vivant, d'une manière ou d'une autre, à travers l'argent et plus particulièrement la spéculation. Dans un univers qui ne connaît plus guère de limites, où la cruauté et le mensonge côtoient le rêve et l'utopie, le pouvoir réside donc avant tout dans la capacité à faire circuler l'argent, comme le sang dans les veines permet la vie.

Enfin, dans *Philosophie de l'argent*, **Georg Simmel** s'attache à comprendre et démontrer en quoi l'argent est le moyen essentiel, l'outil par excellence de la réalisation de tous les possibles. Dans une orientation téléologique, c'est-à-dire dans la perspective d'un vouloir finalisé, le désir d'argent, comme chez Lucrèce, peut être à la fois synonyme de puissance et de soumission, dans des cas où la série téléologique est rompue (cupidité et avarice en particulier). Mais il s'agit avant tout pour Simmel de montrer dans quelle mesure l'argent met en rapport d'une part des réalités très accidentelles de la vie, et d'autre part les désirs les plus idéaux de l'existence humaine. Le lien entre passion de l'argent et crainte de la mort peut donc s'établir évidemment. Cependant, la position de Simmel à l'égard de l'argent n'est pas aussi radicalement négative que celle de Lucrèce, puisque pour lui l'argent est avant tout un outil protéiforme, « conforme à des buts infiniment vastes et divers ».

3 Problématique

En affirmant que la véritable cause de l'avidité réside dans la crainte de la mort, Lucrèce fait de l'amour de l'argent une expérience quasi métaphysique, en sorte que l'homme avide de biens matériels apparaît comme avant tout obsédé par la conscience qu'il a de sa condition de mortel. Lucrèce nous invite dès lors à penser notre rapport à l'argent, et l'attrait que celui-ci peut exercer sur nous, en terme de réponse à une inquiétude fondamentalement tragique. Mais on peut cependant se demander si la valeur argent ne pourrait pas nous permettre, dans une certaine mesure, d'échapper à cette conception tragique de l'existence.

II Plan détaillé

I L'avidité pousse l'homme hors de lui-même
1. Dévorer l'espace pour se libérer
2. Dévorer l'autre pour se remplir
3. Dévorer la monnaie pour inventer un dieu argent, abstrait et tout puissant

Mais si l'amour de l'argent entraîne l'homme à repousser ses propres limites dans une volonté de puissance effrénée, il se retrouve finalement confronté à sa propre finitude, esclave de lui-même et de sa souffrance.

II L'avidité finit par dévorer l'homme lui-même
1. Dévoré par un épuisement vain
2. Dévoré par la solitude
3. Dévoré par sa passion

Cependant, la séduction de la valeur argent, lorsqu'elle n'est pas pathologique, peut se penser sans doute en d'autres termes, permettant ainsi d'échapper effectivement à notre médiocrité.

III L'argent pour échapper au tragique ?
1. L'argent et le progrès
2. L'argent et le rêve
3. L'argent et le mystère

III Dissertation rédigée

« L'OR, MÊME À LA LAIDEUR, donne un teint de beauté », écrit Boileau. Quelle que soit l'époque, la formidable puissance de l'argent, en ce qu'elle est puissance de transfiguration, a été soulignée.

Dans *De rerum natura,* Lucrèce, s'interrogeant sur l'avidité et l'amour de l'argent, analyse ce paradoxe qui consiste à rechercher l'accumulation des richesses pour combler l'angoisse fondamentale de l'humain : la peur de l'anéantissement. Ainsi, après avoir présenté un homme déployant une énergie remarquable et sans limites au service de l'accumulation de biens (« Enfin, l'avidité, le désir aveugle des honneurs poussent les hommes misérables hors des bornes du droit et parfois même les font complices ou même agents du crime ; ils les assujettissent jour et nuit à un labeur sans égal pour s'élever au faîte de la fortune »), Lucrèce nous en donne la cause essentielle : l'angoisse de la mort (« or de ces plaies de la vie, la plus grande part revient à la crainte de la mort, leur vraie cause »). En philosophe, Lucrèce nous oblige donc à prendre nos distances avec l'opinion commune, qui lie l'avidité à la jouissance des plaisirs de la vie. Au contraire, selon lui, l'individu n'est que le jouet de sa condition tragique qui veut que, conscient de sa finitude, il en soit réduit à chercher un substitut d'éternité dans le sentiment de possession infinie.

Nous verrons donc, dans un premier temps, dans quelle mesure l'avidité pousse l'homme hors de lui-même. Mais nous observerons aussi, dans un deuxième temps, que cette avidité finit par se retourner contre l'humain en le dévorant littéralement. Enfin, nous nous demanderons si, dans une certaine mesure, l'argent ne peut cependant pas permettre d'échapper au tragique de la condition humaine.

ÊTRE AVIDE, c'est désirer quelque chose sans arriver jamais à satiété. Or, le désir porte l'individu vers un objet qui lui est extérieur, en l'occurrence l'argent, dans une volonté de possession.

La citation de Lucrèce fait d'emblée référence au fait que l'homme avide de richesses cherche à déplacer les limites qui lui sont assignées (« hors des bornes »). Ainsi, nous pouvons observer que l'avidité pousse l'homme à dévorer l'espace pour se libérer de ses entraves, comme si son espace vital demandait impérieusement à être élargi. Simmel, dans *Philosophie de l'argent*, parle du capital comme d'une « puissance dévoreuse d'espace ». De même, Saccard dans *L'Argent* de Zola a besoin d'occuper toujours plus d'espace, commençant par remplir de sa présence l'immeuble de la princesse d'Orviedo, avant d'installer l'Universelle dans un hôtel monumental, le « somptueux hôtel de la rue de Londres »[1].

Mais cette voracité appliquée à l'espace va se manifester en voracité destructrice de l'autre, comme s'il s'agissait de dévorer l'autre pour s'en nourrir, pour se remplir soi-même. Ainsi, La Méchain dans *L'Argent* est comparée à un corbeau qui suit une armée en mouvement, « sachant qu'il y aura des morts à manger ».[2] Chez Molière, Harpagon lui-même est pris par cette envie insatiable de dévorer : cherchant à répéter la maxime que vient d'évoquer Valère confronté à Maître Jacques, Harpagon se trompe et énonce de manière très révélatrice : « Il faut vivre pour manger et non pas manger pour vivre. »[3] Avidité et voracité semblent donc aller de pair, dans une volonté d'affirmation de soi qui passe par la destruction et l'ingurgitation de l'autre. L'homme avide est un ogre.

Enfin, cette avidité dévorante va paradoxalement s'appliquer à la monnaie elle-même : l'argent en tant qu'objet tendant à disparaître, à être dévoré par une abstraction, une sorte de dieu argent, abstrait et tout-puissant. Ainsi, si l'avare de Molière possède ses dix mille écus en pièces sonnantes et trébuchantes, et a besoin de les sentir physiquement en sa possession (il refuse par exemple de considérer comme un gain d'argent les dépenses que Mariane, d'après Frosine, ne fera pas[4]), en revanche l'argent de la Bourse est devenu immatériel, il est « l'argent roi, l'argent Dieu, au-dessus du sang, au-dessus des larmes, adoré plus haut que les vains scrupules humains, dans l'infini de sa puissance ! »[5] C'est donc l'idée de puissance que renferme l'argent qui finit par remplacer l'argent lui-même.

Mais si l'amour de l'argent entraîne l'homme à repousser ses propres limites dans une volonté de puissance effrénée, il se retrouve finalement confronté à sa propre finitude, esclave de lui-même et de sa souffrance.

C'EST EN EFFET L'HOMME AVIDE qui est finalement dévoré, dans ce jeu dangereux avec l'argent.

Ainsi, dans notre corpus, les personnages passionnés par l'argent se font tout d'abord détruire par ce « labeur sans égal » dont parle Lucrèce. De créatrice (avec la fondation de l'Universelle par exemple pour Saccard), leur énergie finit par devenir destructrice d'eux-mêmes. Ils s'épuisent dans une vaine dépense d'énergie qui les dépasse. Dans *L'Avare*, Harpagon est un être en perpétuelle agitation, mené

[1] p. 320 [2] p. 189 [3] acte III, scène 1 [4] acte II, scène 5 [5] p. 287

par la colère, injuriant, frappant, criant, coupant la parole en permanence, ne tenant pas en place car obsédé par la nécessité de surveiller son argent, de peur qu'on le lui vole. De même, la Bourse de *L'Argent* est le lieu d'une agitation incomparable, voire incompréhensible, qui se termine dans l'anéantissement général.

De plus, cette passion pour l'argent est destructrice en ce qu'elle oblige l'individu à s'enfermer sur lui-même et à sombrer dans une profonde solitude. Ainsi d'Harpagon, qui, s'il est avare de sa fortune, est surtout avare de ses sentiments. Il n'exprime en effet aucun amour pour ses enfants, auxquels il ne semble accorder aucune valeur, si ce n'est celle de l'argent qu'ils seraient éventuellement susceptibles de lui rapporter par leurs mariages. Mais la solitude d'Harpagon se révèle tout particulièrement lorsqu'il découvre qu'on l'a volé : réduit au monologue, il exprime un véritable anéantissement (« Je me meurs ! »). Saccard lui aussi est enfermé dans sa solitude, et il en est d'ailleurs conscient. Il ne prendra par exemple jamais le soin d'aller faire la connaissance de son fils Victor. Tous ces personnages finissent dès lors dans un espace qui finalement s'est rétréci, eux qui rêvaient d'espace illimité : Saccard est enfermé, Gundermann vit dans un bureau sombre, Harpagon ne sort plus de chez lui de peur qu'on le vole.

Or cet enfermement sur soi n'est que le symptôme de la véritable pathologie de l'individu serviteur de l'argent, sa passion dévorante. Lui qui semblait faire preuve d'une énergie extraordinaire, devient en réalité un être passif, soumis à son mal, tel un esclave à un maître tyrannique. Ainsi, Saccard le reconnaît : « Oui, elle [ma passion] m'emporte, elle me grandit, me pousse très haut, et puis elle m'abat, elle détruit d'un coup toute son œuvre. Jouir n'est peut-être que se dévorer... »[6] Gundermann quant à lui semble n'être plus qu'un fantôme, son énergie vitale ayant été vampirisée par l'argent. C'est d'ailleurs ce à quoi fait référence Simmel dans son analyse de l'avarice, constatant que l'avare est mis à genoux devant ce moyen inerte qu'est l'argent, l'adorant comme il le ferait d'une idole, en proie à une véritable « soumission intérieure »[7]. Dès lors, c'est à un échec cruel qu'est confronté l'humain : dans sa quête de la puissance, pour affronter et nier l'anéantissement à venir, l'homme se retrouve en définitive enchaîné à l'instrument qui devait le libérer.

Cependant, la séduction de la valeur argent, lorsqu'elle n'est pas pathologique, peut se penser sans doute en d'autres termes, permettant ainsi d'échapper effectivement à notre médiocrité.

FACE À CE TRAGIQUE de la condition humaine, l'homme, en proie à la peur de la mort, ne peut raisonnablement penser accumuler richesses et honneurs pour échapper à sa destinée, tel l'enfant édifiant un château de sable pour retenir

[6] p. 484 [7] p. 294

la mer qui monte. En revanche, si l'argent ne doit pas être considéré comme une fin, il peut cependant être le moyen de mieux nous construire et de laisser notre empreinte, qui en soi est aussi une forme de lutte contre l'anéantissement.

Tout d'abord, l'argent peut apparaître comme facteur de progrès. Dans le roman de Zola, le personnage de Mme Caroline y revient très fréquemment : « L'argent, aidant la science, faisait le progrès. »[8] C'est d'ailleurs sur cette même idée que se clôt le roman. Cette conception de l'argent est également développée par Simmel : selon lui, l'argent est comparable au langage, en ce qu'il est l'outil qui permet d'exprimer ma volonté en la transformant en action[9]. Comme tout outil, « il montre ou contient toute la grandeur de notre volonté, et en même temps la forme qui la borne. »[10] En ce sens, l'argent est donc bien ce qui permet à l'humain de se construire et de laisser sa trace, luttant ainsi contre la mort.

Mais dans cette tentative pour échapper à l'anéantissement, l'argent joue également son rôle en ce qu'il est expression de nos rêves. Ainsi, tous les personnages de *L'Argent* poursuivent leur rêve, de Sigismond qui veut « tuer l'argent »[11] et rêve d'un idéal communiste, à Saccard lui-même qui poursuit son rêve capitaliste. C'est en quoi la Bourse devient un lieu sacré : c'est là que se nourrissent les rêves de chacun. Dans *L'Avare* également, l'argent est le moyen nécessaire à la construction de son rêve. Cléante ne peut fonder son idéal de bonheur avec Mariane qu'à la condition d'avoir de l'argent. Quant à Harpagon, c'est le rêve du vieillard qui voudrait reconquérir sa jeunesse (en achetant celle de Mariane) qu'il poursuit, et s'il enterre sa cassette, c'est de peur qu'on l'enterre bientôt lui-même.

Et c'est finalement à une forme de mystère que nous sommes confrontés dans cette analyse du rapport de l'homme à l'argent et au tragique. Mystère lié tout d'abord à la capacité qui semble être celle de l'argent à créer de la vie. Dans le roman de Zola, l'argent en circulation est à l'image du sang porteur de vie qui circule dans le corps humain, ou de l'amour qui engendre la vie : « L'argent, jusqu'à ce jour, était le fumier dans lequel poussait l'humanité de demain. »[12] Le mystère de l'argent réside donc dans la puissance qu'il semble receler, et qui finalement est celle de notre désir. Il y a mystère de l'argent parce qu'il est « la valeur qui se présente comme l'unité globalisante »[13] selon Simmel, qui considère qu'il réside dans l'argent un principe essentiellement métaphysique, en ce qu'il est la valeur suprême puisqu'il est la possibilité par excellence.

L'ARGENT EST DONC UN CONCENTRÉ de pure potentialité, dont le parfum entêtant peut se révéler dangereux. S'il ne peut en aucun cas nous protéger de notre angoisse de la mort, il peut en revanche nous permettre de nous détacher d'une certaine médiocrité, à la condition que nous soyons conscients de ses limites et des nôtres.

[8] p. 113 [9] p. 243 [10] p. 245 [11] p. 366 [12] p. 500 [13] p. 282

Sur la scène du grand théâtre du monde, l'argent nous permet d'endosser un habit plus léger, plus coloré, et de nous amuser de petits plaisirs vains mais rassurants. Il est le masque derrière lequel nous nous dérobons, pour ne pas avoir à regarder notre pauvre face, et nous laisser aller ainsi au grand divertissement général.

IV Éviter le hors-sujet

« L'argent ne peut faire que nous soyons heureux, mais c'est la seule chose qui nous compense de ne pas l'être. » (Jacinto Benavente y Martinez, *Roses d'automne*)

Comme la citation de Lucrèce, celle-ci traite de l'argent dans le rapport qu'il entretient avec notre quête du bonheur. Mais il diffère du sujet que nous avons traité tout d'abord par sa forme : il s'agit d'une citation courte donc très ouverte, alors qu'un sujet extrait d'une citation longue vous dirige beaucoup plus précisément.

De plus, ce sujet évoque l'insatisfaction de l'homme sans aborder le problème de l'angoisse existentielle de manière explicite. Le principe est posé selon lequel l'homme ne peut pas connaître le bonheur, mais il n'est pas relié au sentiment de la finitude. Il faudrait donc s'interroger sur cette impossibilité du bonheur. Enfin, et à la grande différence de la citation de Lucrèce, Martinez conçoit l'argent comme une réponse possible à notre frustration, alors que Lucrèce y voit une impasse définitive. Dans ce sujet, il vous faudrait donc montrer en quoi l'argent est un facteur de compensation, c'est-à-dire qu'il fait que nous nous croyons heureux, que nous n'avons donc plus conscience du tragique de notre condition. C'est donc le thème de l'aveuglement qui appelait une analyse ici. Attention, dans ce genre de sujet, de ne pas vous limiter à une lecture purement matérialiste de l'énoncé (du genre : « mieux vaut être riche et en bonne santé, que pauvre et malade »), qui ne vous mènerait pas loin !

Sujet 11

« Les pauvres, à force de penser à l'argent, et d'y penser sans arrêt, en arrivent à perdre les avantages spirituels de la non-possession et à descendre aussi bas que les riches. » Emil Cioran, *De l'inconvénient d'être né* (p. 210)

Les œuvres au programme vous permettent-elles de souscrire à cette affirmation d'Emil Cioran ?

Corrigé proposé par Matthieu BENNET

I Analyse du sujet

1 Analyse des termes du sujet

L'opposition entre pauvres et riches repose sur la possession d'argent et de biens. De ce point de vue la richesse est préférable : c'est en s'appauvrissant qu'on descend l'échelle sociale. Cioran affirme que cette échelle en cache une autre, « spirituelle », où c'est l'inverse qui est vrai. Le même critère qui fait qu'il est plus avantageux d'être riche que d'être pauvre, la possession, fonderait une hiérarchie différente. La spécificité du sujet tient à ce renversement, à ce qu'il dévoile un ordre caché derrière l'ordre économique, et qui semble plus important que ce dernier. Le premier enjeu de ce sujet est d'identifier ces avantages spirituels de la pauvreté. En quoi la pauvreté est-elle un avantage spirituel ? Le terme « spirituel » est peu précis. Il s'oppose à matériel, au sens où l'argent, les biens, sont matériels. Il renvoie aux questions du sens et des valeurs dans l'existence, et pas uniquement au bonheur.

Le deuxième enjeu est de comprendre comment l'avantage impliqué par la pauvreté est pourtant perdu par les pauvres. Ce processus, c'est l'obsession pour l'argent. Cioran le présente comme une évidence, qu'il faudra absolument discuter : la pauvreté implique-t-elle une obsession pour l'argent ?

Cet aphorisme offre une vision tragique du rapport de l'homme à l'argent : il prétend que les pauvres, déjà en bas de l'échelle sociale, gâchent l'occasion d'élévation spirituelle qu'est la pauvreté. Mais il suppose aussi que les riches sont déjà en bas de cette échelle spirituelle. Ce qui est dit, c'est que ni la richesse ni la pauvreté ne sortent l'homme d'un abaissement moral qui semble dès lors inéluctable.

2 Confrontation aux œuvres

L'Avare offre une réponse ambiguë. Le portrait d'Harpagon montre l'abaissement spirituel du riche, et les personnages les plus pauvres ne sont pas reluisants. Mais la bêtise de Maître Jacques est comique, et non tragique. L'outrance des caractères, qui fonde la comédie, ne constitue pas une charge contre les travers des pauvres. Pourtant, on peut se demander si cette lutte pour obtenir de l'argent, et par là l'accord d'un père abject, n'est pas justement ce que dénonce Cioran. L'intrigue repose sur le besoin d'argent, et sur la volonté de sauver les apparences dans un monde où l'argent reste la valeur principale et triomphante. Notons que c'est l'argent qui sauve les deux couples, et que sa force indiscutable est ainsi confirmée.

Dans ***L'Argent***, pauvres et riches se perdent dans la folie du gain et du jeu, alors que la non-possession permet une vie saine et parfois heureuse. Cela vaut pour les riches : Saccard bien sûr; les dames Beauvilliers, ruinées mais qui se sentent tenues de jouer la « comédie du luxe » et vont contre leur dégoût initial pour la spéculation. Cela vaut pour les pauvres, qui se perdront financièrement et moralement dans la Banque Universelle. Dejoie aurait pu se contenter de son emploi à *L'Espérance*. Mais il se prend au jeu de la bourse, et finit par tout perdre, y compris sa fille. Jantrou, pauvre ou riche, boit, trahit et n'usera de son pouvoir que pour humilier la baronne Sandorff. Mme Caroline confirme la citation lorsqu'elle fait des Jordan, qui méprisent l'argent, « les seuls raisonnables et les seuls heureux. »[1] Et il n'est pas innocent que Jordan soit un écrivain.

Simmel va à l'encontre de Cioran. Il nous incite à distinguer entre la pensée de l'argent et la question de la possession. La franchise de Cioran est provocatrice : le pauvre aussi a sa bassesse, alors qu'il est habituel de critiquer le riche, son avarice, sa cupidité. Cioran attaque l'argent en général, et à travers lui, l'homme en général. Simmel est toujours nuancé : il a des analyses qui expliquent le dérèglement de l'avarice, mais aussi la légitimité de l'intérêt pour l'argent chez les exclus et les étrangers. Il permet de penser sa puissance avilissante et sa puissance spirituelle. Il montre que la richesse permet aussi l'oubli de l'argent, et une élévation spirituelle : le « charme esthétique » qui met l'homme face aux choses mêmes. En cela il permet de s'interroger sur la « non-pensée » de l'argent, et pose la question des conditions d'une pensée libérée de l'argent.

3 Problématique

Cioran a une vision pessimiste de la vie économique. Ni la richesse ni la pauvreté ne mènent à une vie bonne. Mais la pauvreté aurait ceci de particulier qu'elle recèlerait une possibilité, malheureusement ruinée par l'obsession de l'argent.

---

[1] p. 443

Peut-on vraiment identifier dans la pauvreté une occasion d'élévation spirituelle gâchée par l'obsession pour l'argent ? Et faut-il vraiment lier vie spirituelle et non-possession ?

II Plan détaillé

I Certes, l'argent est un facteur d'avilissement général...
1. La richesse entraîne la confusion des valeurs, et l'excès des passions
2. La pauvreté rappelle l'homme à sa dépendance face à l'argent
3. Pourtant la non-possession offrait la possibilité d'une vie accomplie

Les avantages de la pauvreté sont ceux de l'autonomie et de la distance avec le jeu des apparences sociales, mais peut-on affirmer que c'est l'argent lui-même qui ruine cette chance et non la pensée de l'argent ?

II ... mais c'est la pensée de l'argent qui est corruptrice, et non pas l'institution
1. La richesse a des avantages spirituels, si elle ne fonde pas une obsession
2. L'argent permet l'autonomie
3. Ce n'est pas la (non-)possession qui corrompt, mais la pensée de l'argent

Si c'est la pensée de l'argent qui peut être avilissante et non l'argent lui-même, il faut se demander pourquoi Cioran a une vision si tragique de cet outil pourtant neutre. C'est qu'il défend une conception de la vie discutable.

III La vision tragique de l'argent est un jugement partial et partiel
1. Partial car il refuse de considérer l'ambivalence de l'argent
2. Partiel car il oublie de considérer la solution du juste milieu

III Dissertation rédigée

C'EST UN LIEU COMMUN que de fustiger la puissance corruptrice de la richesse. L'abondance fait oublier la valeur de ce qu'on consomme, le luxe rend aveugle à l'effort que la majorité doit déployer pour avoir de quoi mener une vie correcte. Mais il est bien plus rare de signaler la déchéance spirituelle qu'entraîne la pauvreté.

C'est pourtant ce que fait Cioran en affirmant que « les pauvres, à force de penser à l'argent, et d'y penser sans arrêt, en arrivent à perdre les avantages spirituels de la non-possession et à descendre aussi bas que les riches. » Le penseur suggère que la pauvreté est une véritable occasion de s'élever spirituellement, mais que l'argent, devenant une obsession, ruine cette chance. L'argent en général serait donc puissance de corruption. Mais quel peut être l'avantage spirituel de la pauvreté, que Cioran associe à la non-possession, et peut-on vraiment condamner aussi radicalement l'institution dans son ensemble ?

Nous essaierons de montrer que si l'argent a bien une puissance généralement avilissante, il n'interdit pas nécessairement une vie ayant une qualité spirituelle. Car c'est la pensée de l'argent, comme il le reconnaît lui-même, qui est corruptrice, et non l'institution elle-même. Contre sa conclusion pessimiste, nous essaierons enfin de nous demander comment envisager de se libérer de la pensée de l'argent par une voie moyenne, une option négligée par Cioran, penseur radical.

Que l'on en ait ou que l'on en manque, l'argent peut nous conduire à des comportements déshonorants. Mais il faut préciser ce que l'on rejette dans la richesse, et en quoi la pauvreté peut aussi conduire l'homme à se perdre : au-delà des métaphores du discours moral (haut/bas), qu'est-ce qui fait que la vie du pauvre et celle du riche peuvent nous paraître haïssables ?

Si la richesse est détestée, c'est que la fortune est souvent le fruit, non pas d'échanges libres et honnêtes, mais d'actes ou d'attitudes méprisables. L'avarice favorise la richesse, mais elle est un sacrifice de toutes les jouissances qui font qu'une vie est digne d'être vécue, au point qu'on dit d'Harpagon qu'il n'est même pas humain[2]. De même, le gain à la bourse renvoie la fortune à son étymologie : elle tient au hasard et ne représente pas la valeur du joueur. Ce qui gêne ici, c'est la disproportion entre le pouvoir, l'image de la richesse (Simmel dit que « la fortune passe même pour une sorte de mérite moral »[3]) et la noblesse de ses origines : c'est la confusion entre ce que l'on a et ce que l'on est. Que le rapport de l'homme à l'argent soit d'abord un rapport de lutte, un combat, le dévalorise moralement à nos yeux, et justifie que l'on ait toujours peur de se le voir à son tour dérobé. La richesse acquise par le jeu ou la lutte s'oppose ainsi à celle issue du travail : la rémunération du travail est celle de l'effort, et semble méritée. Mais on peut toujours se demander si certaines formes de travail, ne sont pas aussi des formes de violence. Ainsi le recouvreur de créances qu'est Busch « travaille », mais son travail consiste à accabler des personnes déjà démunies.

Mais l'argent est, de tous les outils créés par l'homme, le plus utile de tous. Simmel explique qu'il est l'instrument du luxe autant que celui du besoin vital[4]. Nos sociétés sont caractérisées par le fait que l'individu ne cherche pas à mener sa vie en produisant directement ce dont il a besoin – ses besoins sont trop divers – mais en se procurant de l'argent, pour obtenir ce qu'il souhaite par l'échange. Dès lors, l'argent est de tous les biens le plus précieux, et la vie sans argent est une vie d'impuissance. Même les amants de *L'Avare* ne conçoivent pas de partir vivre leur amour sans avoir de quoi vivre. Chacun est dépendant d'un minimum d'argent pour subvenir à ses besoins essentiels, et cela renforce le rapport malsain qu'on peut entretenir avec lui. Quand la survie est en jeu, les comportements les plus tordus ou morbides (chez Zola, la Méchain est un corbeau[5]) sont prévisibles, peut-être même légitimes.

---

[2] acte II, scène 4 [3] p. 254 [4] p. 301 [5] p. 189

Pourtant, Cioran a raison de faire de la pauvreté une occasion gâchée. C'est parce que la possession est un enjeu vital et que les biens sont rares, que la vie prend la forme d'une compétition. Accepter la non-possession, c'est se défaire de ce lien de dépendance à l'égard d'autrui, c'est gagner en sécurité, en tranquillité, mais aussi en lucidité. Simmel nous explique ainsi que la pauvreté devient alors un idéal moral : la condition d'une nouvelle forme de rapport à la valeur et à autrui, dont la conséquence est que l'argent devient le symbole du mal[6]. Renoncer à la circulation de l'argent et des biens, c'est envisager que la vie puisse être accomplie non par la consommation et le confort, mais par l'exercice de nos facultés : non par l'avoir, mais par l'être et le faire. Jordan, qui méprise l'argent et lui préfère l'écriture, illustre cette occasion qu'offre la non-possession. *L'Argent* confirme Cioran : puisque la pauvreté sépare l'individu des autres, elle est une possibilité de travailler sur soi, mais elle fait aussi sentir le besoin des autres, et le besoin d'argent. Elle nous apprend que nous ne pouvons pas être tout seul ce que nous sommes.

Les avantages de la pauvreté sont ceux de l'autonomie et de la distance avec le jeu des apparences sociales, mais peut-on affirmer que c'est l'argent lui-même qui ruine cette chance et non la pensée de l'argent ?

EN EFFET, on ne peut souscrire à l'affirmation de Cioran que si on voit dans l'argent une puissance qui nous contraint à nous incliner devant elle. Or il y a loin entre une force, aussi grande soit-elle, et la fatalité décrite par la citation. Cioran nous aide d'ailleurs à distinguer l'argent comme institution, et la pensée de l'argent.

Ainsi, il faut comprendre que la richesse est aussi une chance pour qui n'y voit pas une fin en soi. Simmel décrit une possibilité offerte par l'argent, qui est bien ce qu'on peut appeler un avantage spirituel. Le philosophe explique que la fortune conduit à négliger l'argent, à ne plus y penser[7]. La fortune rend l'argent transparent, permet de se concentrer sur ce qu'il permet de réaliser, et d'y penser avec un confort et une attention renforcés. Il n'y a pas que la non-possession qui ait des avantages spirituels : l'abondance peut avoir ces effets. Anselme, dans *L'Avare*, use de l'argent pour offrir une vie meilleure à ses enfants. Sa générosité a une valeur spirituelle : il a les moyens de faire prévaloir l'amour et la sincérité sur l'intérêt pécuniaire.

Si l'argent peut avoir cette valeur spirituelle, c'est parce qu'il peut être conçu pour ce qu'il est : un pur moyen dont la valeur n'est que celle de ce qu'il permet. Les trois œuvres présentent l'idée que les travers humains sont des questions d'excès ou de manque, des rapports passionnels à une puissance essentiellement neutre. Que l'on brûle d'un désir fou pour l'argent (Saccard, « poète du million »),

---

[6] p. 303 [7] p. 258

ou que l'argent nous brûle les doigts (la princesse d'Orviedo), le problème est là où Cioran le situe : dans la pensée de l'argent. Mais les Jordan et le capitaine Chave, Cléante et Élise, ne le veulent pas pour lui-même. Ils le veulent parce qu'il est le moyen de l'autonomie : un moyen pour libérer sa créativité (Jordan), ou pour se libérer de la tutelle paternelle (Cléante et Élise).

Ce ne sont pas la possession ou la non-possession qui corrompent, mais la pensée de l'argent. Comme le remarque Simmel, l'existence même de l'argent fait que l'on a tendance à le placer au-dessus de tout. Ce n'est pas le fait d'avoir ou de ne pas avoir qui fait que l'on n'agit plus qu'en fonction de l'argent. C'est l'obsession, celle du riche, de l'avare, comme celle de l'arriviste, ou du misérable sans scrupules, qui constitue une déchéance. Or cette obsession n'est pas systématique, et peut-être même n'est-elle pas un mal en soi. Le roman de Zola est l'antidote parfait à cette conception : l'optimiste de Mme Caroline est là pour défendre l'idée que même l'obsession de l'argent, si elle rend l'homme méprisable, peut être rachetée par ses conséquences. La passion mobilise l'énergie, et de cette énergie surgissent des effets positifs ou négatifs, selon la volonté des acteurs et la part de hasard propre à toute entreprise humaine. L'argent est comparable au fumier[8] : il allie le pire et le meilleur, et la réalité n'est pas dans la culpabilité totale ou l'innocence totale.

Si c'est la pensée de l'argent qui peut être avilissante et non l'argent lui-même, il faut se demander pourquoi Cioran a une vision si tragique de cet outil pourtant neutre.

L'ARGENT EST PRÉSENTÉ PAR CIORAN comme un système complètement nuisible. En distinguant richesse et pauvreté, et en les renvoyant chacune à leur bassesse, il condamne l'homme à un avilissement généralisé. Mais ce jugement n'est possible que parce qu'il prend parti pour une certaine conception de la vie bonne (il est partial), et qu'il passe sous silence une partie du problème (il est partiel).

Cioran est partial, parce qu'il considère seulement la puissance négative de l'argent. Il faut se demander ce qu'est sa conception de la vie bonne, même s'il juge que celle-ci est inaccessible. Pour lui, ce n'est pas le bonheur matériel, la jouissance, puisque la non-possession est justement ce qui interdit de se procurer des biens. C'est plutôt un recul lucide sur la société à laquelle l'individu ne prend pas part. La citation suppose que la vie bonne serait une forme d'ascèse, c'est-à-dire de renoncement à la jouissance et aux relations sociales, et juge que cette ascèse est impossible. Cioran choisit de ne pas voir la puissance ambivalente de l'argent. Zola nous permet de comprendre que le problème réside dans la notion de point de vue. Mme Caroline se demande à plusieurs reprises quel point de vue adopter pour juger Saccard et l'argent. Or, elle se rend compte, à sa grande

---

8 Zola, p. 292, p. 500

surprise, que pour le juger honnêtement, il faut tenir compte de sa cupidité délirante, et de sa générosité bien réelle. De même l'argent n'est pas le mal absolu, mais ce fumier dont on a déjà parlé. Simmel confirme cette neutralité de l'argent et la relativité totale de sa valeur : il sert autant à renforcer la vie intérieure qu'à tisser des rapports avec l'extérieur[9]. L'argent n'a pas de direction propre. Dire le contraire, le condamner ou l'absoudre, c'est choisir un camp, et substituer le sentiment à l'analyse.

Le jugement de Cioran est aussi partiel, parce qu'il néglige totalement la solution de la voie moyenne. Entre la richesse et la pauvreté, il est tout un univers, de même qu'entre l'ascétisme et l'avarice ou la cupidité, il y a tout une gamme de rapports modérés à l'argent. Simmel estime que l'intérêt pour l'argent est une force d'autant plus puissante qu'on est aux deux extrêmes de la hiérarchie sociale[10]. L'argent est outil du luxe et du besoin : les hommes dont la vie tourne autour de ces deux principes d'organisation ont un intérêt « fatal »[11] pour l'argent. Mais Zola montrait que, riche ou pauvre, on peut échapper à cet intérêt. Il peut y avoir de la joie à se mettre au service des autres (même Saccard l'envisage, quand il est administrateur de l'Œuvre du travail), et il est possible de faire servir l'argent sans devenir son valet (Jordan gagne sa vie pour pouvoir la mener comme il l'entend, le capitaine Chave joue ce qu'il faut pour vivre sa vie de petits plaisirs et de petits vices). En passant sous silence le personnage intermédiaire entre le pauvre et le riche, Cioran fait le choix de ne pas donner la parole à ceux qui s'efforcent de gagner les moyens de se réaliser, sans tomber dans la déchéance de l'asservissement de soi ou des autres.

CERTES, la pauvreté est un manque, lequel peut conduire aux pires extrémités. Certes encore, la richesse est une accumulation superflue, où l'individu peut oublier le prix de la jouissance. Mais cela ne suffit pas pour condamner l'argent en tant que tel. Ce qui est nuisible en lui, c'est cette pensée de l'argent dont Cioran remarquait le caractère corrupteur. Ni la richesse ni la pauvreté ne sont nécessairement causes d'obsession : en revanche l'argent, en tant qu'outil moralement neutre et terriblement puissant, suscite un intérêt qui peut prendre une dimension dangereuse. Le jugement de Cioran n'est donc pas infondé, mais il repose sur un pessimisme quant à la nature humaine, et sur l'occultation des possibilités émancipatrices de l'argent et de la part matérielle de toute vie accomplie.

Cioran pense l'argent par ses extrêmes. Entre les deux, il existe justement une classe moyenne, et un rapport moyen à l'argent. La question qui demeure, à l'issue de ce travail, c'est de savoir si l'individu peut maîtriser son rapport à l'argent, ou s'il ne fait que subir sa situation sociale et ses conséquences sur ses qualités spirituelles, morales et intellectuelles.

---

[9] p. 258–259 [10] p. 261 [11] *id.*

IV Éviter le hors-sujet

Trois éléments font de ce sujet un sujet difficile. Le premier est que sa simplicité et son évidence tendent à convaincre fortement et à faire oublier que toute affirmation doit donner ses raisons. Le travail ne consistera pas à donner des exemples pour ou contre la thèse : le problème est dans le caractère systématique de l'affirmation. Il faut se demander pourquoi la non-possession conduirait nécessairement l'individu à ne penser qu'à l'argent. En fait, ce lien n'est systématique que parce que Cioran a une vision pessimiste de la nature humaine. Un travail sérieux doit tenter de justifier puis critiquer la liaison entre non-possession et pensée de l'argent – que la citation tient pour acquise.

Le second est que l'on aura peut-être tendance à identifier avantage spirituel et bonheur, ou moralité. La dissertation exige une attention extrême au choix des termes. Il se peut que par avantage spirituel on entende non pas le bonheur ou la vertu, mais la connaissance, une distance par rapport à la société qui permet une lucidité parfois douloureuse. Si on ne peut exiger du candidat qu'il maîtrise les auteurs utilisés pour créer le sujet, il n'est jamais interdit d'user de sa culture, ou de se servir des informations données par le sujet (ici, le titre). Cioran considère en effet que le bonheur se fonde toujours sur une illusion. Le candidat qui ne réduira pas l'enjeu du sujet au rapport entre bonheur et argent sera nécessairement valorisé.

Enfin, il est clair que la citation ne traite pas la question du juste milieu. Mais il ne faut pas partir de ce point et en tirer argument pour réfuter immédiatement la thèse. Ce n'est qu'après avoir étudié les arguments pour et contre l'idée de la citation qu'on pourra soulever la question du juste milieu, et s'interroger sur son absence chez le penseur radical qu'est Cioran.

Sujet 12
« l'*argent-signe* [...] engendre une multitude de passions, de pathologies, de fantasmes : on n'est pas l'équivalent général de tous les biens, donc le support de tous les *désirs,* sans laisser une *empreinte,* au plus profond de l'être, y compris, bien sûr, dans son inconscient ; au cœur également de toute société. » Vous commenterez cette citation d'un article de Marc Guillaume, « L'Hypermonnaie », à la lumière des trois œuvres au programme.

Corrigé proposé par Géraldine DERIES

I Analyse du sujet

1 Analyse des termes du sujet

Ce qui frappe d'emblée à la lecture de cette citation, c'est qu'elle ne nous parle pas d'argent, mais d'argent-signe. Gardons cela en mémoire en observant que la citation nous fournit ensuite une définition de cet argent-signe : il s'agit de « l'équivalent général de tous les biens ». En tant que tel, il engendre « passions », « pathologies », et « fantasmes », conséquences individuelles et sociales de l'existence dans une société d'un tel instrument. Ces conséquences seraient d'ailleurs obscures aux individus concernés (il s'agit d'« empreintes »), quoique d'importance centrale pour eux (« au plus profond de l'être ») et pour le fonctionnement de leurs sociétés (« au cœur également de toute société »).

Nous sommes donc confrontés sous ce nom d'argent-signe à la vision d'un versant, sinon noir, en tout cas mal-connu, de l'argent ; versant perçu chez les individus par des extrêmes d'émotion, pointes émergeant d'un iceberg. La formulation par la négative de cette thèse confère à l'ensemble un aspect polémique. L'auteur souligne un aspect qui lui semble oublié de l'argent comme « équivalent général de tous les biens », l'aspect irrationnel, passionnel engendrant des pathologies individuelles et sociales.

Cela veut dire qu'il répond à un point de vue sur l'argent qu'il juge insuffisamment critique ou lucide, et qu'on peut supposer insuffisamment sensible aux effets psychosociologiques de l'argent ; en même temps, il a besoin de dégager une polysémie du mot « argent » pour pointer l'argent comme l'idée du moyen d'accès à tous les biens, plutôt que comme l'espèce sonnante et trébuchante engagée dans des échanges réels.

Si l'argent est un concept autant qu'une chose, on peut se demander quelle pertinence a cette distinction, et surtout si ce concept n'est pas parfaitement opératoire, comme les supports matériels qui l'incarnent. Cette analyse n'exprime-t-elle pas simplement la vieille méfiance vis-à-vis de l'argent – méfiance qui tourne toujours autour de l'ambivalence de l'argent qui, parce que promesse de moyen universel d'échange, est soi-même objet de désir ?

2 Confrontation aux œuvres

Simmel a pour projet d'explorer les conséquences comportementales, morales, et dans une certaine mesure sociales de l'utilisation généralisée de l'argent, qu'il définit comme le moyen ultime d'obtenir n'importe quel objet ; son origine est d'ailleurs dans l'échange lui-même. Moyen d'accès à toutes les valeurs, il devient susceptible d'engendrer ce que Simmel considère comme des pathologies à l'égard de son usage normal, qui est d'accéder à l'objet pour en jouir. Simmel, proposant une philosophie de l'argent, est en accord avec le point de vue analytique et critique de Marc Guillaume ; il faudra se méfier de la façon dont ils se font écho. Simmel ne cesse de rappeler que ses analyses concernent des pathologies, c'est-à-dire par définition des fonctionnements révélateurs, mais par rapport auxquels d'autres forces agissent dans la majorité de la population.

Molière met en scène un cas de pathologie manifeste, et qui peut s'expliquer avec les termes de Guillaume. Reste que ce cas pathologique ne va pas bien loin dans son cercle et se voit abandonné, *in fine*, à sa passion – qui n'a plus, en fin de parcours, le moindre rapport avec son univers social.

Zola, en tant que romancier naturaliste nourri à la fois de l'observation directe et d'une documentation impressionnante, peut mettre en place un univers social tournant autour de l'argent et, sinon réellement expérimenter des thèses proches de celle de Guillaume, en tout cas les explorer par la fiction. Or le bilan est nuancé, tout autant, au fond, que celui de Guillaume.

3 Problématique

L'analyse de Marc Guillaume dépend d'une polysémie du champ couvert par l'argent, et de la pertinence d'y distinguer un « argent-signe » porteur d'un versant psychosociologique, de l'argent porteur d'émotion et susceptible de pathologies. C'est cette pertinence que l'on peut mettre en question, en explorant au travers des œuvres quel contenu on peut donner à la notion d'argent-signe : les effets soulignés par Guillaume ne sont-ils pas ceux de l'argent tout court, au moyen de mécanismes de fonctionnement tout à fait concrets ?

II Plan détaillé

I L'argent-signe, équivalent général de tous les biens, engendre passions, pathologies et fantasmes

1. Moyen de tout obtenir, il est le support de tous les désirs et devient l'ultime objet de désir, logé au cœur des individus et de la société
2. Il engendre alors passions, pathologies et fantasmes
3. Et son fonctionnement n'est plus celui d'être moyen d'accès aux biens – ce n'est plus de l'argent, mais bien de l'argent-signe

Mais comment se fait-il, vu la logique impeccable du raisonnement, que nous ne soyons pas tous morts de faim depuis longtemps sur nos tas d'or ?

II Dans la réalité, l'argent n'est pas l'équivalent de tous les biens : l'emploi qu'en fait l'individu anéantit simultanément les alternatives

1. Ceci est vrai aussi des choix de conservation ou de réinvestissement
2. Si bien que l'argent « équivalent général de tous les biens » est en fait le rêve d'une somme illimitée d'argent, non pas un argent particulier, « argent-signe »
3. Ce rêve-là engendre aussi passions, pathologies, et fantasmes

En somme, on ne peut distinguer dans l'argent un argent qui produirait des effets imaginaires et un autre qui n'en produirait pas. Le problème n'est pas qualitatif : objectivement, une grande quantité d'argent n'est pas la même chose du point de vue de l'accès à tous les biens qu'une petite. Ce déplacement invalide-t-il cependant la portée générale de la citation ?

III Le désir d'avoir plus d'argent conduit-il à miner secrètement le fonctionnement normal de l'argent pour les individus et la société ?

1. Ce désir agit sur l'ensemble de la société et semble le corrompre
2. D'autant plus que ses limites sont celles d'une société donnée
3. Si bien qu'elle seule peut poser des règles de fonctionnement

III Dissertation rédigée

LORSQU'ON PARLE de « ruée vers l'or », de « fièvre de l'or », on parle de comportements extrêmes que l'on juge provoqués par l'appât de l'or. Marc Guillaume y verrait les effets de « l'*argent-signe* [...] [qui] engendre une multitude de passions, de pathologies, de fantasmes : on n'est pas l'équivalent général de tous les biens, donc le support de tous les *désirs*, sans laisser une *empreinte*, au plus profond de l'être, y compris, bien sûr, dans son inconscient ; au cœur également de toute société. » Cet or est le symbole de tout ce que l'individu pourrait obtenir en échange, et c'est en tant que tel qu'il fait rêver et pousse à ces comportements, tout en se nichant au cœur de nos motivations.

Or, cet appel à un argent-signe, qui serait un des aspects de l'argent tout court, est un peu obscur, car l'argent tout court est aussi « équivalent général de tous les biens ». Y a-t-il un argent-signe « équivalent général de tous les biens » qui produit ces effets psychosociologiques, ou a-t-on affaire à un autre mécanisme de fonctionnement de l'argent ? C'est cette dernière question que nous explorerons, en cherchant d'abord à analyser, au regard des trois œuvres au programme, quelle réalité cet argent-signe pourrait recouvrir, puis en montrant quel mécanisme semble réellement à l'œuvre dans les dérives de l'imagination autour de l'argent que souligne Guillaume, pour finalement en analyser les conséquences sociales et individuelles selon ses termes.

L'ARGENT-SIGNE, équivalent général de tous les biens, engendre passions, pathologies et fantasmes. L'analyse que fait Simmel de l'argent le voit devenir, à partir de son rôle fonctionnel d'échangeur universel, c'est-à-dire accepté par toutes les parties prenantes d'un échange, dans une réalité sociale définie par l'échange, le moyen de toutes les fins et donc la fin ultime : « à la fois l'absolu *terminus ad quo* menant vers tout, et l'absolu *terminus ad quem* vers quoi tout mène »[1]. N'est-ce pas cet accès à tout, qui motive et fait rêver Aristide Saccard ? Quand il a finalement fait fortune, ne se dit-il pas que « [d]ans l'assouvissement de ses appétits, il aurait voulu un sixième sens, pour le satisfaire »[2], pour repousser encore les limites de son désir ?

C'est quand l'argent « moyen absolu [...] s'élève à la signification psychologique d'une fin absolue »[3], qu'apparaissent les pathologies de l'argent, d'ailleurs relatives au degré d'importance de l'argent dans la société concernée : « quand, pour un individu, le caractère de finalité de l'argent outrepasse ce degré d'intensité où il devient l'expression adéquate de la civilisation économique de son milieu, alors apparaissent les phénomènes de cupidité et d'avarice. »[4] Ces pathologies bloquent la chaîne du désir humain soit au niveau du moyen (la cupidité qui transforme le moyen en fin, l'avarice qui empêche de réaliser l'échange), soit au niveau de la finalité (la prodigalité qui ne peut que répéter la dépense)[5]. On les retrouve chez Zola lorsque les parents de Marcelle en arrivent à jouer en Bourse seulement pour gagner plus d'argent[6], avec Harpagon contre lequel l'intrigue même conspire afin qu'il retire son argent du circuit économique, qu'il le détruise comme moyen. Ainsi, lorsqu'il semble vouloir prêter son argent, il s'avère que l'emprunteur potentiel est son fils[7]. On les retrouve encore avec les dépenses insensées de Mme d'Orviedo pour les pauvres, qui finissent par lui ôter les moyens de cette cause[8].

Dans ces cas, c'est le potentiel illimité que représente l'argent qui semble fonctionner, non plus son caractère de moyen pour des fins dont le montant est régulé

---

1 p. 261 2 p. 331 3 p. 283 4 p. 283 5 p. 297 6 p. 352 7 Acte II, scène 2 8 p. 459

par la nature sociale de l'échange. Simmel semble même suggérer que l'avenir des sociétés très dépendantes de l'argent comme moyen d'échange est le blasement (plus de désir d'objet) ou le cynisme (tout s'achète, donc tout se vaut)[9]. Nous serions dans le domaine de l'argent-signe – celui de Saccard guidé par sa vision d'un argent menant à tout, donc signe de tout, mais surtout celui d'Harpagon, accroché à sa cassette stérile, signe d'une liberté de choix, d'un pouvoir d'accès à tout, qui s'anéantirait s'il était utilisé[10].

Mais comment se fait-il, vu la logique impeccable du raisonnement, que nous ne soyons pas tous morts de faim depuis longtemps sur nos tas d'or ?

DANS LA RÉALITÉ, l'argent n'est pas l'équivalent de tous les biens : l'emploi qu'en fait l'individu anéantit simultanément les alternatives.

Harpagon le montre bien *a contrario :* incapable d'utiliser son argent pour conquérir Mariane ou pour maintenir le contrôle sur ses enfants, il finit par laisser à Anselme ses fonctions paternelles, à son fils son amour, au Ciel la résolution de ses problèmes familiaux[11] – mais en possession de 10 000 écus, qu'il n'aurait plus s'il avait fait le moindre choix[12]. Bref il choisit, en fait, la conservation, ce qui lui interdit d'autres emplois de son argent. De même, Dejoie ne peut à la fois vendre ses actions de l'Universelle pour doter sa fille, et voir leur prix monter avec le succès de l'entreprise : il choisit de réinvestir[13].

Or, Dejoie explique sa décision de rester propriétaire de ses actions de façon très claire : il a vu monter le prix d'actions qu'il a payées une certaine somme et il pense que si ce prix continue de monter il pourra non seulement doter sa fille mais encore se payer une petite retraite[14]. L'argent a d'abord été pour lui un moyen de doter sa fille, maintenant d'arrêter de travailler – mais ce qui étaye ces désirs est le rêve d'une quantité suffisante d'argent pour ne pas avoir à effectuer de choix. C'est ainsi que l'argent serait bien effectivement « l'équivalent général de tous les biens » – et Dejoie reste modeste !

En effet, comme Saccard l'illustre le mieux, mais en versant dans la pathologie, un argent réellement « équivalent de tous les biens » est d'abord une quantité illimitée d'argent. Saccard fonde une banque par actions sans exiger la libération de tout le capital servant à acheter ces actions, ce qu'il répète lors d'augmentations de capital successives ; or cet argent – inexistant – finance les projets d'Hamelin (qui rapportent), puis l'achat des titres mêmes de la banque, ce qui grossit sa capitalisation boursière. L'argent que Saccard dépense ne peut être, par définition, celui de la capitalisation boursière de l'Universelle, mais c'est bien celui que cette capitalisation boursière garantit, en plus du peu réellement libéré (par Dejoie, la

[9] p. 306 [10] Acte V, scène 6 [11] Acte V, scène 5 [12] Acte V, scène 6 [13] p. 311 [14] p. 310

comtesse, les Hamelin) ou gagné (sur les projets). L'opération peut continuer tant que le cours monte : l'Universelle est bien une machine à fabriquer de l'argent. La beauté de la chose est que cela peut continuer même si quelqu'un s'avise que l'Universelle n'a en fait pas l'argent censé garantir le prix des titres, et vend pour récupérer au moins sur le marché un argent qu'il ne pense plus être dans l'affaire ; en effet, la vente peut enclencher une baisse de prix qui diminue la capitalisation boursière, ce qui peut réaliser ce qui est la vérité de l'affaire, à savoir l'absence d'argent de l'Universel ; mais il suffit alors à Saccard d'acheter, avec les capitaux de l'Universelle, ses titres, ce qui remonte leur prix, et ainsi de suite. Saccard est si convaincu de la splendeur de ce système que, persuadé qu'il n'y a qu'un vendeur, Gundermann, il se dit que « s'il avait eu des millions, des millions toujours, comme ces sales juifs ! »[15], il aurait pu, seul acheteur – fantasme qu'il continue à nourrir après la débâcle[16] – maintenir le cours de l'action de l'Universelle. Bref, l'objectif arbitraire, et qui restera inexpliqué, d'un cours d'action à 3000 francs, se soutient d'un rêve de millions en quantité illimitée, que Saccard soutient en nourrissant lui-même le cours de ces actions. La circularité du processus lui échappe presque intégralement, et l'on en arrive à se demander s'il ne croit pas tout à fait sincèrement qu'il aurait eu tout l'argent dont il avait besoin, s'il avait eu tout l'argent dont il avait besoin, pour avoir tout l'argent dont il avait besoin. Toujours est-il que Saccard est en plein délire – un délire quantitatif d'auto-engendrement *ad vitam aeternam* de l'argent.

En somme, on ne peut distinguer dans l'argent un argent qui produirait des effets imaginaires et un autre qui n'en produirait pas. Le problème n'est pas qualitatif : objectivement, une grande quantité d'argent n'est pas la même chose du point de vue de l'accès à tous les biens qu'une petite. Ce déplacement invalide-t-il cependant la portée générale de la citation ?

LE DÉSIR D'AVOIR PLUS D'ARGENT conduit-il à miner secrètement son fonctionnement normal pour les individus et la société ?

L'Universelle n'a donc pas, et n'a presque jamais eu, d'argent ; mais il arrive un moment où Saccard ne peut plus racheter ses titres et où le cours s'effondre. Perdront leur argent ceux qui vendront à perte, ceux qui ne vendront pas du tout et seront de plus solidaires de la dette de la banque – dont les Hamelin et Saccard lui-même –, et ceux à qui la banque doit de l'argent – Mazaud, mais aussi d'autres banques et industries[17]. Or Saccard continue de voir ses agissements comme ceux d'un bon directeur développant son affaire, et pense trouver de l'argent pour continuer, pendant que seuls quelques uns des petits porteurs qu'il a ruinés lui en veulent[18] ; il ne s'en trouve pas un pour porter plainte, et le minis-

---

[15] p. 402 [16] p. 427 [17] p. 448 [18] p. 439

tère public, en la personne du procureur Delcambre, rival de Saccard auprès de la baronne Sandorff, ne réussit à attaquer Saccard qu'en obtenant de Busch qu'il porte plainte – alors qu'il n'a pas été victime du krach de la Banque[19]. Tout se passe comme si le rêve de démultiplication quantitative de l'argent de Saccard ne trouvait que des relais sociaux – situation à laquelle Simmel fait allusion lorsqu'il analyse les limites de la cupidité[20].

En effet, Simmel fait remarquer, comme nous le suggérions plus haut, qu'en général « la limite où commence la cupidité proprement dite se placera très haut dans une économie monétaire très développée, vivante, mais relativement bas dans des phases plus primitives »[21]. Plus grande est la variété de biens qui s'obtient contre de l'argent, plus grande est la quantité d'argent qu'un individu peut légitimement vouloir. La société aristocratique dépeinte par Molière condamne ouvertement la cupidité, lorsque Harpagon cherche, sans succès, à prêter son argent à taux fort[22]. Zola, comme Simmel, dépeint un monde où le rêve d'une création illimitée d'argent, malgré les escroqueries caractérisées dont Saccard use, n'est pas condamnable. Deux siècles après Molière, tout le monde, y compris la comtesse de Beauvilliers dans un ultime sursaut de vitalité, semble devenu partie prenante d'une vaste chasse à l'argent, d'un vaste rêve de ressources illimitées. Cette attitude n'est-elle pas collectivement un rapport pathologique a un argent devenu fin en soi pour tous ?

Le problème, c'est que si le monde de Saccard n'arrive pas à le condamner – Mme Caroline même oublie, pardonne, et passe à autre chose[23] – n'est-ce pas parce qu'il apparaît comme l'émanation de ce qui pousse l'activité économique dans nos sociétés, pendant que son échec représente une punition suffisante pour ce qui n'est pas, somme toute, une question métaphysique ? Il n'y a pas de différence intrinsèque entre une activité économique qui serait bonne, et une activité économique qui serait mauvaise. Elle est activité, y compris dans sa destructivité. C'est à la société de mettre en place des règles limitant les dégâts qu'elle peut faire ou canalisant son énergie dans des directions positives.

CE N'EST PAS L'ARGENT-SIGNE qui nourrirait au sein des individus et des sociétés comportements pathologiques et fantasmes, mais bien l'argent lui-même, et ce parce qu'il est quantifiable, ce qui nourrit des rêves d'accumulation sans limites et donc de satisfaction sans choix. La nature pathologique ou non du désir d'accumulation dépend alors du degré d'importance et d'efficacité de l'argent comme moyen de satisfaction des besoins et désirs dans une société donnée – et s'il semble difficile de se passer du caractère d'impulsion du désir lui-même, il ne peut qu'être reconnu et donc régulé.

---

[19] p. 432–433 [20] p. 283 [21] p. 283–284 [22] II, 1 [23] p. 500

IV Éviter le hors-sujet

L'analyse de Marc Guillaume est séduisante et semble frappée au coin du bon sens : on n'y perçoit pas d'attaque contre l'argent dans nos sociétés, ni de condamnation de l'attirance qu'il peut exercer au détriment d'autres buts plus louables, mais au contraire une analyse lucide qui veut justement rechercher dans l'argent ce qui peut provoquer les abus et excès que nous connaissons tous.

Nommer ce facteur donne du poids à la démarche ; l'analyse du concept en a livré la polysémie, il faut en distinguer les sens d'une façon ou d'une autre. La démarche est anodine et souvent fructueuse – c'est même une de celles que nous vous conseillons pour analyser les sujets que l'on vous pose ! Mais la définition que donne Marc Guillaume de ce sous-concept de l'argent est celui de l'argent lui-même en tant que concept, à savoir sa capacité à être échangé – à l'intérieur d'une société donnée – contre n'importe quel bien.

C'est ce constat qui devrait vous permettre de vous interroger sur la réalité du mécanisme pointé par l'analyse, et de rechercher ce qui sous-tend sa présentation sous cette forme – pour pouvoir prendre position par rapport à la thèse d'ensemble de Guillaume, qu'il ne faut tout de même pas perdre de vue, celle des effets psychosociologiques insidieux de l'argent.

Sujet 13

« Il y a des âmes sales pétries de boue et d'ordure, éprises du gain et de l'intérêt, comme les belles âmes le sont de la gloire et de la vertu ; capables d'une seule volupté, qui est celle d'acquérir ou de ne point perdre ; curieuses et avides du denier dix[1], uniquement occupées de leurs débiteurs, toujours inquiètes sur le rabais ou sur le décri[2] des monnaies, enfoncées, et comme abîmées dans les contrats, les titres et les parchemins. De telles gens ne sont ni parents, ni amis, ni citoyens, ni chrétiens, ni peut-être des hommes : ils ont de l'argent. » (La Bruyère, « Des biens de Fortune », *Les Caractères*)

Vous analyserez et commenterez cette citation à la lumière des œuvres au programme.

Corrigé proposé par Sabine MÉLONE

I Analyse du sujet

1 Analyse des termes du sujet

La Bruyère porte un jugement moral très négatif sur les hommes qui « ont de l'argent » et le font fructifier. Posséder de l'argent est l'apanage des « âmes sales pétries de boue et d'ordure » et semble incompatible avec les valeurs morales « de la gloire et de la vertu ». Le travail de l'argent est d'emblée frappée d'indignité, ce qui rejoint la condamnation morale de l'Église. Selon La Bruyère, l'argent devient une fin en soi ; ceux qui en ont ne se contentent pas de ce qu'ils ont et cherchent toujours à en avoir plus. Le travail de l'argent ôte tout sentiment aux hommes. En effet, ils n'aiment pas autre chose que le produit de l'argent : ils sont « épris du gain et de l'intérêt », « capables d'une seule volupté, [...] celle d'acquérir ou de point perdre ». L'argent les rend incapables de tranquillité ; ils ne connaissent pas la quiétude et sont sans cesse préoccupés. Les riches sont seulement soucieux de leur argent : « uniquement occupées de leurs débiteurs, toujours inquiètes sur le rabais [...], comme abîmées dans les contrats [...] ». Toute leur vie tourne autour d'un argent qui les envahit et les submerge : « enfoncées, et comme abîmées ». L'argent les dépouille de leur statut familial (« parents »), social (« amis »), civique (« citoyen »), religieux (« chrétiens »), voire humain (« des hommes ») ; ces personnes fortunées ne sont plus définies par ce qu'elles sont, mais par ce qu'elles ont : l'argent. Le moraliste rejoint ici la condamnation morale, par l'Église, du travail de l'argent, qui pervertit et corrompt les hommes.

2 Confrontation aux œuvres

Harpagon, dans ***L'Avare***, est un parfait exemple de ces riches qui ne songent qu'à leur argent. Il cherche à le garder d'abord, comme on le voit avec toutes les précautions qu'il prend concernant sa précieuse cassette. Ne pas perdre de l'argent est aussi la seule raison du mariage qu'il a prévu entre sa fille Élise et le seigneur Anselme. Mais il tente aussi d'en acquérir, par exemple lorsqu'il s'engage à prêter de l'argent à un taux exorbitant. Cléante lui reproche d'ailleurs d'agir bassement uniquement en vue de satisfaire son penchant à l'avarice. Chez Harpagon, l'homme d'argent passe avant tous les autres. En effet, il ne remplit pas son rôle de père, voulant marier de force sa fille au seigneur Anselme et ne donnant jamais d'argent à son fils, qui en vient à souhaiter sa mort. Il n'est ami de personne : tous se moquent de lui. Il ne remplit pas ses devoirs, en refusant de payer ses serviteurs, et ne respecte pas la religion catholique, en pratiquant l'usure. Enfin, Harpagon, obsédé par son argent, se comporte-t-il véritablement en humain ?

Dans l'œuvre de **Zola**, certains sont obsédés dès le départ par l'argent : Saccard, bien sûr, mais également Busch, qui surveille attentivement ses débiteurs. D'autres le deviennent, comme les Maugendre. La plupart de ces personnages ne savent pas s'arrêter : ils cherchent tous à obtenir plus d'argent : Saccard rêve de dominer Paris ; la fille des Maugendre ne les reconnaît pas. Pour cela, ils se plongent dans les journaux, les dossiers... Mais d'autres vendent à temps, comme Caroline. La plupart sont immoraux : Saccard réalise des opérations financières illégales, la baronne Sandorff joue de ses charmes pour obtenir des informations boursières, Dejoie finit par jouer pour lui-même, faisant ainsi manquer le mariage de sa fille. Pourtant, ces personnages ont des aspects positifs : Busch est très sensible à l'état de santé de son frère Sigismond, Saccard veut aider ses amis... Pour d'autres, l'argent reste un moyen d'aider les autres (la princesse Orviedo, Caroline, Hamelin) et même de renforcer la religion catholique.

Simmel distingue l'argent en tant que moyen et l'argent en tant que fin. Pour la plupart des gens, l'argent est un pur moyen permettant d'obtenir des choses, objets ou services, et d'en jouir. L'argent débouche sur la jouissance et, en tant que moyen, est converti en marchandise. Mais dans certains cas, en particulier pathologiques, le rapport entre les choses et l'argent est inversé : c'est l'argent qui devient la fin suprême. En effet, l'avare profite, à travers son argent, de la possibilité des jouissances les plus intenses, qu'il ne réalise pas, parce qu'il sait que ce qui est possédé se révèle toujours décevant, à l'inverse de l'argent. En ce sens, l'argent procure une forme de puissance, puisqu'il représente l'infini des possibles. L'argent est d'ailleurs, en tant que finalité absolue, rapproché par Simmel de Dieu. À ce propos, Simmel explique que c'est là l'une des raisons pour lesquelles l'Église condamnait l'argent : il représentait pour elle une forme de concurrence.

3 Problématique

L'argent et les intérêts qu'il procure sont fortement condamnés par La Bruyère, car ils altèrent, voire détruisent, tout sentiment, tout sens moral. Ainsi, la possession et la thésaurisation de l'argent déshumanisent l'homme. Elles engendrent une insatisfaction perpétuelle (on peut toujours avoir plus d'argent), et l'argent comme finalité occulte les valeurs humaines pourtant fondamentales (l'amour, l'amitié, la famille...). L'intérêt pour l'argent est-il inconciliable avec l'humanité ? La possession d'argent dénature-t-elle les hommes ?

II Plan détaillé

I L'argent : un élément qui coupe du monde
1. L'argent considéré comme une fin en soi, et non plus un moyen
2. Une préoccupation de tous les instants
3. Une spirale illimitée : le désir infini d'argent

L'argent, en tant que finalité absolue, peut occuper entièrement l'esprit des hommes et amener ceux-ci à vivre dans un autre monde, exclusivement tourné autour de l'argent ; ils deviennent fous.

II L'argent : un dieu sur terre
1. L'argent entraîne une violation des principes
2. L'argent occulte les sentiments
3. L'argent rend inhumain

La Bruyère décrit ici un cas extrême. La plupart des hommes n'oublient pas que l'argent n'est pas un but en soi, mais bien un moyen.

III Une vision restrictive et déformée de l'argent
1. Les préjugés religieux sur l'argent
2. L'argent comme outil nécessaire de la civilisation
3. Être homme d'argent et humain

III Dissertation rédigée

LA PAUVRETÉ est une des valeurs du christianisme. C'est pourquoi le travail de l'argent a toujours été considéré comme suspect dans la société occidentale.

À l'instar de nombreux moralistes du XVIIe siècle, et suivant en cela l'idéologie de l'Église catholique, La Bruyère porte un jugement sévère sur les personnes fortunées. Dans la section « Des Biens de Fortune » des *Caractères*, il écrit ainsi : « Il y a des âmes sales pétries de boue et d'ordure, éprises du gain et de l'intérêt, comme les belles âmes le sont de la gloire et de la vertu ; capables d'une seule volupté, qui est celle d'acquérir ou de ne point perdre ; curieuses et avides du denier dix, uniquement occupées de leurs débiteurs, toujours inquiètes sur le rabais ou sur le décri des monnaies, enfoncées, et comme abîmées dans les contrats, les titres et les parchemins. De telles gens ne sont ni parents, ni amis, ni citoyens, ni chrétiens, ni peut-être des hommes : ils ont de l'argent. » L'argent devient pour ces « gens » une obsession, les corrompant complètement, puisque allant jusqu'à leur faire oublier leur humanité. L'argent est-il ce dangereux élément menaçant l'humanité dans son essence ? Risque-t-il réellement de dénaturer l'homme ?

Nous verrons dans une première partie comment l'argent coupe les hommes du monde, puis, dans un second temps, nous montrerons que l'argent peut devenir un dieu sur terre. Enfin, nous verrons que La Bruyère a une vision restrictive et déformée de l'argent.

L'ARGENT COUPE DU MONDE : considéré comme une fin en soi, il est l'objet d'une préoccupation de tous les instants, et le seul objectif de ceux qui ont de l'argent est dès lors de chercher à en avoir davantage.

L'argent n'est qu'un moyen pour obtenir des biens ou des services, des « valeurs »[3]. Pourtant, pour beaucoup, il devient une fin absolue. En effet, Simmel montre que la meilleure façon d'atteindre notre but est, paradoxalement, de concentrer notre énergie non sur celui-ci, mais sur les moyens permettant de l'atteindre : « le mieux que l'on puisse faire pour le but final, c'est de traiter le moyen qui y mène comme s'il était lui-même le but »[4]. Dès lors, l'argent étant le moyen par excellence, il devient lui-même le but absolu vers lequel tendent la plupart des gens, ce qui explique qu'elles soient « éprises du gain ». Harpagon incarne parfaitement cette catégorie ; il est au désespoir d'avoir perdu un argent qui était devenu sa raison de vivre, ce qui montre bien comment un simple moyen est devenu une finalité : « sans toi, il m'est impossible de vivre »[5] s'écrie-t-il.

L'argent considéré comme fin en soi est l'objet d'une préoccupation de tous les instants. Ainsi, Harpagon consacre sa vie à son argent et organise toute sa vie en fonction de celui-ci. Il veut marier sa fille au seigneur Anselme car ce dernier l'accepte « sans dot »[6], il modifie le calendrier pour éviter de nourrir sa famille en multipliant les périodes de jeûne... Harpagon, obsédé par sa cassette, interrompt les discussions pour aller vérifier sa présence. Il suspend la conversation avec Valère lorsqu'il entend un chien aboyer[7] et éconduit Frosine pour aller faire « un petit tour à [s]on argent »[8]. De même, Saccard n'a jamais pris le temps de voir son fils Victor : « je m'étais bien juré d'aller le voir, et je n'ai pas eu le temps, pas une heure libre, avec ces sacrées affaires qui me mangent »[9].

Cette obsession conduit à un désir infini d'argent. La somme en notre possession n'étant jamais suffisante, nous cherchons sans cesse à « acquérir » davantage. Saccard, qui ne vit que pour gagner toujours plus grâce à la spéculation, est un parfait exemple de cette avidité. Il « procédait par coups de fièvre, appliquant au terrain financier la méthode de la culture intensive, chauffant, surchauffant

[3] *Philosophie de l'Argent*, p. 269 [4] p. 273 [5] acte IV, scène 7 [6] acte I, scène 5 [7] acte I, scène 5 [8] acte II, scène 3 [9] p. 480

le sol, au risque de brûler la récolte »[10], ce qui angoisse Mme Caroline. Mais Saccard n'écoute pas ses craintes et s'entête dans sa folle spéculation : « Je veux le cours de trois mille... »[11] dit-il, sans se rendre compte que ce « galop continu dont on menait l'Universelle »[12] ne peut mener qu'à la catastrophe. Simmel explique que cette démesure se justifie par l'absence des limites que pose la jouissance des choses. Il écrit ainsi que « cette possibilité pure et simple qu[e l'avarice] recherche, à la place de la jouissance des objets réels, en soi s'étend à l'infini et ne trouve pas, comme la jouissance, des raisons [...] de se limiter »[13].

L'argent, en tant que finalité absolue, peut occuper entièrement l'esprit des hommes et amener ceux-ci à vivre dans un autre monde, exclusivement tourné autour de l'argent ; ils deviennent fous.

POUR GARDER L'ARGENT, qui est envisagé comme un véritable dieu sur terre, certains s'autorisent à bafouer tous les principes, mettent à part leurs sentiments, et deviennent inhumains.

Au nom de l'argent, Saccard est prêt à tout, y compris à violer les lois. « Il n'a pas de sens moral », comme le rappelle Maxime[14]. Ainsi, lors de la fondation de la Banque Universelle, Saccard n'attend pas que « tout le capital soit souscrit »[15], alors que la loi l'exige. Il utilise des hommes de paille[16], comme Sabatani, pour réaliser des opérations frauduleuses. Les actions de l'Universelle sont surévaluées. Saccard, comme le perçoit bien Mme Caroline, est « ce forban du pavé de Paris, brûlé et tanné dans tous les guet-apens financiers »[17]. N'ayant pas respecté ses devoirs de citoyen, il finira d'ailleurs emprisonné. Harpagon agit aussi comme un voleur, en prêtant de l'argent à un taux exorbitant, « plus qu'au denier quatre »[18]. C'est qu'« il aime l'argent, plus que réputation, qu'honneur et que vertu »[19].

L'argent occulte les sentiments. Les hommes obsédés par l'argent ne ressentent plus rien. Ainsi, Harpagon semble ne ressentir aucun amour paternel. En cela, il s'oppose à Valère, qui ne s'intéresse pas à l'argent du père et considère Élise comme son seul « trésor »[20]. Harpagon se comporte-t-il en père digne lorsqu'il promet à sa fille « quatre bonnes murailles »[21], simplement pour la punir d'avoir cherché son bonheur ? La folie d'Harpagon le pousse à préférer la mort de sa fille à une promesse de mariage ! « Il valait bien mieux pour moi qu'il te laissât noyer que de faire ce qu'il a fait. »[22] Cléante et Harpagon se brouillent aussi pour une histoire d'argent. Cette collusion entre affaires financières et sentiments est déraisonnable, comme le fait remarquer Simmel. En effet, « l'objectivité indifférente du commerce d'argent [...] entre en conflit, de manière jamais totalement soluble, avec la nature personnelle de la relation »[23]. Le commerce de l'argent, fondamentalement neutre, est difficilement compatible avec toute relation affective.

---

[10] p. 263 [11] p. 377 [12] p. 282 [13] p. 298 [14] p. 287 [15] p. 159 [16] p. 164 [17] p. 219 [18] acte II, scène 1 [19] acte II, scène 4 [20] acte V, scène 3 [21] acte V, scène 4 [22] acte V, scène 4 [23] p. 268

Enfin, l'argent peut rendre complètement inhumain. Gundermann, le plus puissant banquier de Paris, est un homme de logique, presque une machine : c'est « l'ouvrier impeccable, sans besoin de chair, devenu comme abstrait dans sa vieillesse souffreteuse, qui continuait à édifier obstinément sa tour de millions »[24]. À travers Gundermann, Zola semble vouloir montrer que l'argent dépouille de toutes les caractéristiques humaines. Gundermann, tel un robot, ne jouit plus de rien : il n'a plus aucun appétit. Harpagon est, lui aussi, « de tous les humains l'humain le moins humain, le mortel de tous les mortels le plus dur et le plus serré »[25], incapable de ressentir la moindre compassion ou la moindre empathie.

La Bruyère décrit ici un cas extrême. La plupart des hommes n'oublient pas que l'argent n'est pas un but en soi, mais bien un moyen.

LA VISION DE L'ARGENT proposée par La Bruyère est restrictive et déformée. Influencé par les préjugés religieux sur l'argent, le moraliste oublie que l'argent n'est qu'un outil nécessaire à la construction d'une civilisation, et exagère la place prise par l'argent chez les hommes.

La mauvaise image de l'argent vient notamment de préjugés religieux. Simmel explique historiquement le rôle des Juifs dans le commerce de l'argent. Opprimés socialement, sans patrie, les Juifs trouvent dans l'argent leur seule activité possible. En effet, ce « commerce intermédiaire »[26] qu'est le commerce de l'argent est la seule alternative pour ces gens dispersés à travers le monde, d'où leur « aisance à se mouvoir dans les combinaisons de la logique formelle »[27]. Cette situation économique et historique des Juifs explique les nombreux préjugés nourris à leur égard, comme on le voit avec Saccard, haïssant Gundermann qui appartient à « cette race maudite qui n'a plus de patrie, [...] qui vit en parasite chez les nations, [...] n'obéissant qu'à son dieu de vol »[28], et pourtant fasciné par sa réussite.

L'argent est aussi ce qui permet la civilisation. Sans lui, rien ne se construit. Hamelin décrit à sa sœur le progrès permis par l'argent en Orient : « la moisson des hommes et des grandes choses futures était semée »[29]. Mme Caroline réalise alors que « tout le bien na[ît] de lui »[30]. Finalement, Saccard « cré[e] un monde, fai[t] de la vie »[31]. D'autres bienfaits sont soulignés : sans argent, la princesse d'Orviedo ne pourrait aider les pauvres ; sans lui, les mariages ne pourraient se faire... Et Mme Caroline, qui retrouve toujours son optimisme, incarne peut-être cet aspect très positif de l'argent. Simmel rejoint cette idée lorsqu'il explique que l'argent est un moyen, un « outil conforme à des buts infiniment vastes et divers »[32].

Enfin, l'intérêt pour l'argent n'est pas incompatible avec des sentiments d'humanité. Mazaud en témoigne. Vif et actif dans les affaires financières, il est pourtant avant tout très humain, comme le prouve son inquiétude lors de la maladie

---

[24] p. 137 [25] acte II, scène 4 [26] p. 264 [27] p. 264 [28] p. 131 [29] p. 290 [30] p. 292 [31] p. 295
[32] p. 244

de son fils, ou encore le portrait mélioratif fait de sa famille : « La pièce, luxueusement meublée, sentait bon la vie heureuse de ce ménage. »[33] Le cas de Busch, plus pathologique, illustre aussi cette situation. Absolument inhumain dans son métier, il est pourtant d'une rare bonté avec son frère : « loup féroce aux débiteurs »[34], il est « d'une tendresse passionnée et minutieuse de femme, dès qu'il s'agissait de ce grand garçon distrait »[35]. Dans *L'Avare*, Frosine, femme d'intrigue, perçoit la détresse de Mariane et s'emploie à trouver des solutions pour éviter le mariage avec Harpagon, qu'elle avait pourtant initialement favorisé par intérêt personnel.

LA REMARQUE DE LA BRUYÈRE souligne les dangers auxquels l'argent est susceptible de mener. Ce dernier peut devenir une véritable obsession, enfermant les hommes à l'intérieur d'un monde imaginaire dans lequel seuls comptent les intérêts financiers, au détriment de toute forme d'humanité. Mais cette condamnation est aussi le reflet d'une vision partiale et inexacte de l'argent, dans la mesure où le moraliste occulte tous les aspects bénéfiques de celui-ci. Cependant, il convient de rappeler que ce n'est qu'en tant que symbole de l'égoïsme humain que l'argent déclenche de telles passions.

IV Éviter le hors-sujet

La Bruyère écrit, dans le passage 35 des « Biens de Fortune », extrait des *Caractères* : « Je découvre sur la terre un homme avide, insatiable, inexorable, qui veut aux dépens de tout ce qui se trouvera sur son chemin et à sa rencontre, et quoi qu'il en puisse coûter aux autres, pourvoir, à lui seul, grossir sa fortune, et regorger de bien. »

Cette citation reprend la condamnation morale des égoïstes qui ne songent qu'à leur argent. Toutefois, La Bruyère souligne ici non pas l'état d'inquiétude perpétuelle de celui qui possède de l'argent, mais son activité pour acquérir cet argent : l'homme « veut [...] grossir sa fortune ». Il est engagé dans un processus dynamique qui ne saurait s'arrêter : l'argent étant considéré comme sa propre fin, il ne se heurte jamais à aucune limite, l'homme est « insatiable ». Il ne s'agit plus d'avoir de l'argent, mais bien de « faire grossir sa fortune ». Par ailleurs, selon le moraliste, l'acquisition d'argent ne peut se faire qu'au détriment d'autrui. L'homme qui cherche à avoir de l'argent se montre « inexorable », et obtient de l'argent « aux dépens de ce qui se trouvera sur son chemin et à sa rencontre, et quoi qu'il en puisse coûter aux autres ». Celui qui cherche à faire fortune est fondamentalement égoïste et répréhensible, car toute acquisition d'argent se révèle le fruit d'un vol. Cette citation invite donc à s'intéresser au processus de l'acquisition d'argent, et non plus à la possession de celui-ci. Elle amène aussi à s'interroger sur les raisons qui poussent à condamner ceux qui cherchent à faire fortune.

[33] p. 125 [34] p. 67 [35] p. 68

Sujet 14

« Le moi, le moi ardent, aux mains crochues, à la vision étroite, à l'âpre volonté de vaincre ; avec son long cortège de soupçons, de mauvais soupçons, de mauvais désirs, de tromperies, et toutes leurs conséquences qui se développent, voilà les racines de l'arbre immonde. » (Charles Dickens, *Martin Chuzzlewit*)

En quoi cette citation vous semble-t-elle éclairer les œuvres au programme ?

Corrigé proposé par Céline Bohnert

I Analyse du sujet

1 Analyse des termes du sujet

La citation de Dickens est très métaphorique : la difficulté consiste en premier lieu à bien analyser le sens de ces images.

Pour cela, on peut s'arrêter à la construction de la phrase : elle se compose d'une très longue apposition (du début jusqu'à « et leurs conséquences »), qui développe toutes les caractéristiques du « moi », puis d'une proposition très brève, « voici les racines de l'arbre immonde ». Le mouvement de la phrase accompagne ainsi le sens du sujet : l'hypertrophie du « moi », égoïste et rapace. Les répétitions (« le moi, le moi ardent » ; « soupçons, mauvais soupçons, mauvais désirs »), qui créent comme une chaîne ou un cortège, dans une espèce de ressassement, accentuent encore l'idée : c'est bien au désir de posséder que s'attaque Dickens. L'avarice en est une forme, mais il ne faudrait pas se limiter à cet aspect. Comme nous y invite l'énumération des vices, on devra tenir compte entre autres de l'ambition, du désir de domination.

Reste à comprendre ce que désigne l'image de « l'arbre immonde ». Le reste de la phrase permet de comprendre que Dickens désigne par là toutes sortes de maux qui affectent la société ou la personne. Ce qui compte, c'est surtout l'idée d'une cause unique aux conséquences illimitées, qui se déploient en réseau. L'idée de la contagion, d'ailleurs, serait un équivalent de la métaphore de Dickens. Tout ce qui pollue la société, l'empêche d'être bonne, trouverait sa cause dans les vices individuels.

En somme, le problème, ce n'est pas l'argent, qui n'est qu'un moyen, mais son utilisation, déterminée par les passions maladives de l'individu.

2 Confrontation aux œuvres

La citation s'applique bien à la pièce de **Molière**, qui montre comment l'avarice d'Harpagon désorganise toute une famille : les liens entre le père et ses enfants sont corrompus. Plus encore, l'ordre des générations est mis à mal par le projet saugrenu du mariage avec Mariane : Harpagon, non content de posséder de l'argent, cherche à s'approprier tout ce qui vit ou est vital, y compris la jeunesse et l'amour. Le nom même du protagoniste, qui vient du mot latin signifiant « harpon », semble donner corps à la phrase de Dickens : le personnage étouffe les circuits monétaires en abusant de l'usure comme en thésaurisant de façon ridicule.

Les analyses de **Simmel** iraient également dans ce sens. Le sociologue montre que l'argent est « pur moyen » et même « moyen par excellence ». Celui-ci ne saurait donc être la cause des maux que souffrent les hommes en société. Seule une distorsion de la chaîne téléologique détériore les relations entre les hommes : en posant l'argent comme un but à atteindre, le moi se trompe de cible. Sa convoitise est alors la cause de dysfonctionnements de tous ordres.

Le roman de **Zola** confirme d'abord ces analyses : c'est l'ambition disproportionnée de Saccard, montrée comme pathologique, qui amène l'effondrement de l'Universelle et la ruine de ses actionnaires. Un individu est la cause d'une catastrophe en chaîne. Or l'argent est le lien qui enchaîne les individus les uns aux autres. Pourtant, le roman permet de prendre des distances avec cette conception de la souffrance humaine. Zola suggère que l'argent, qui déclenche tant de passions, est un mal nécessaire, source de bien commun.

3 Problématique

Dickens propose une analyse du mal suivant laquelle l'individu, égoïste et vicieux, est seul responsable des maux qui corrompent la société. Le désir de posséder serait ainsi la racine de multiples souffrances et, par conséquent, l'argent, moyen privilégié de cette possession, peut apparaître comme un mal. Le désir de possession est-il donc mauvais ? Le désir de posséder, qui peut être compris comme un élan premier, essentiel, vers la vie, ne serait-il pas neutre ? L'idée d'un monde où personne ne posséderait rien a souvent été rêvée, mais il reste un pur idéal. D'autre part, il semble qu'on puisse inverser l'analyse de Dickens : n'est-ce pas la vie commune qui porte l'individu vers des valeurs faussées et développe en lui la convoitise ? Il serait trop simple de s'arrêter à l'idée que le mal individuel est cause de souffrances générales. La société mêle les désirs, bon et mauvais, et trouve par là son équilibre. Le sujet amène ainsi à s'interroger sur la place qu'occupe le désir de posséder dans le fonctionnement de la vie sociale.

II Plan détaillé

I Certes, le désir de posséder corrompt la société
1. Les individus sont naturellement portés vers la possession, donc poussés à désirer l'argent
2. Or ce désir de possession devient aisément une soif de domination
3. L'individu provoque ainsi des catastrophes en chaîne

Les maux humains trouveraient-ils donc leur cause dans l'avidité sous toutes ses formes ? Il semble au contraire que la vie en société soit souvent à l'origine des vices individuels.

II Mais en définissant leurs valeurs, les sociétés déterminent le rapport de l'individu à l'argent
1. Pris en société, l'individu est entraîné hors de lui-même à la conquête de possessions illusoires
2. La valeur communément accordée à l'argent décide de l'importance de celui-ci dans la vie de chacun
3. Il s'agit d'un problème inhérent au système de l'échange, masqué par la désignation de boucs émissaires

Dès lors, il semble trop simple de faire du désir de posséder un mal absolu, à l'origine des maux de tous : la société ne trouve-t-elle pas son équilibre dans le choc des désirs individuels ?

III Le bien commun se trouve dans le conflit des désirs individuels et non dans leur éradication
1. Le désir de posséder est besoin vital, pas nécessairement mauvais en soi
2. L'argent est justement l'intermédiaire qui équilibre les désirs individuels

III Dissertation rédigée

« L'AMOUR DE L'ARGENT est la racine de tous les maux », affirme saint Paul[1]. Cette idée traverse les siècles : on la trouve sous la plume de Dickens dans *Martin Chuzzlewit* : « Le moi, le moi ardent, aux mains crochues, à la vision étroite, à l'âpre volonté de vaincre ; avec son long cortège de soupçons, de mauvais soupçons, de mauvais désirs, de tromperies, et toutes leurs conséquences qui se développent, voilà les racines de l'arbre immonde. » L'argent, qui n'est pas évoqué ici explicitement, devient l'agent pervers par lequel les hommes trouvent le moyen d'accomplir leurs désirs vicieux. L'individu égoïste trouve en lui un allié sûr : l'argent devient par là, indirectement, le responsable de tous les maux dont souffrent les hommes en société, « la racine de l'arbre immonde ». Pourtant, l'histoire le vérifie : les idéaux qui prônaient une mise en commun des biens ont échoué, parfois

[1] Timothée, VI, 10

de façon catastrophique. Le désir de possession, poussé à l'extrême chez l'avare, le cupide, est-il en soi mauvais ? La citation amène ainsi à s'interroger sur la place qu'occupe le désir de posséder dans le fonctionnement de la vie sociale. La soif de l'argent est-elle nécessairement une pathologie destructrice ?

Nous verrons dans un premier temps que le désir individuel de posséder conduit souvent à des catastrophes collectives. Mais on s'interrogera ensuite sur le rôle que joue la collectivité dans les pathologies de l'argent, avant de montrer que le bien commun se trouve dans le conflit des désirs individuels et dans leur limitation, non dans leur éradication.

L'ÉGOÏSME INDIVIDUEL, ce monstre « aux doigts crochus », est bien entendu la cause de nombre de maux. C'est pourquoi on pourrait voir en lui, avec Dickens, la source des malheurs communs.

Les individus, en effet, sont naturellement portés vers la possession. C'est ce qui éveille leur désir de l'argent. Car celui-ci, quelle que soit sa forme, est l'intermédiaire qui permet les échanges. Simmel montre que les sociétés évoluées ont toutes recours à une forme abstraite de valeur en laquelle toutes les marchandises sont convertibles. Tout désir de posséder passe dès lors par l'argent. Dans *L'Avare*, tous les personnages désirent posséder de l'argent : Valère lui-même, cet amoureux dont Élise est le seul trésor, ne pourrait épouser sa maîtresse sans l'argent que son père, le seigneur Anselme, lui offre lorsqu'il apprend qu'il est son fils. Et Cléante souffre de ne pas pouvoir prouver à Mariane sa générosité en la comblant de biens[2]. De même, que ce soit pour se marier (comme Nathalie Dejoie), pour conserver un prestige social (comme les Beauvilliers), pour subvenir aux besoins d'une famille (comme Mazaud) ou pour satisfaire des vices (comme Jantrou), l'argent est nécessaire à tous les personnages du roman de Zola.

Or nos rapports à l'argent sont rarement sains. La richesse comme la pauvreté nourrissent des pathologies particulières. La fièvre de Saccard, son « désir de vaincre », est analysée par le romancier naturaliste comme une tare. Le désir, d'abord porté vers des biens nécessaires à la vie, s'arrête à l'argent, qui devient le but de l'action humaine. C'est ce que Simmel appelle la distorsion de la chaîne téléologique. Dès lors, s'il est vrai que « mon action ou mon avoir doivent adopter la forme de la valeur monétaire pour servir l'avancée de ma volonté »[3], l'argent devient le meilleur moyen de dominer autrui : la puissance de l'argent semble sans limite. Mis au service de l'égoïsme ou de la volonté de domination, ce pouvoir est redoutable et néfaste. La toute-puissance d'Harpagon sur sa maisonnée en offre une image forte. Ce que le droit romain accordait au *paterfamilias*, l'argent semble le lui permettre : Harpagon étouffe ses enfants, limite leurs moyens de subsistance et mène ses bêtes vers une mort certaine.

[2] acte I, scène 2 [3] p. 243

L'avarice du vieillard amoureux est responsable de toutes sortes de comportements dévoyés, comme le montre bien la construction de la pièce. Le renvoi de La Flèche à l'acte I entraîne le vol de la cassette par le valet à l'acte IV, acte répréhensible mais justifié par le caractère d'Harpagon exposé à l'acte II. Si le valet devient voleur, les enfants, eux, sont poussés à la fuite, au mensonge ou à la révolte. Ainsi le mésusage de l'argent conduit à des catastrophes en chaîne et pervertit les liens entre les hommes. L'effondrement de l'Universelle, dont Saccard est seul responsable, entraîne, entre bien d'autres malheurs, le suicide de Mazaud, la fuite de Nathalie Dejoie, la déchéance définitive de la famille Beauvilliers. La structure du roman, qui va lentement vers le point culminant avant de déployer brusquement mais systématiquement les terribles conséquences du krach, montre bien comment l'argent enchaîne les hommes les uns aux autres, pour leur perte commune.

Les maux humains trouveraient-ils donc leur cause dans l'avidité sous toutes ses formes ? Il semble au contraire que la vie en société soit souvent à l'origine des vices individuels.

IL SEMBLERAIT EXCESSIF et peut-être simpliste de pointer dans les vices individuels la cause des maux de tous, « la racine de l'arbre immonde ». Car, en définissant leurs valeurs, les sociétés déterminent le rapport de l'individu à l'argent.

Pris en société, l'individu est entraîné hors de lui-même à la conquête de possessions illusoires. Le désir est une réalité triangulaire : l'individu désire ce qu'un autre, par son propre désir ou sa différence, lui désigne implicitement comme désirable. D'où un effet d'entraînement. Ainsi, dans *L'Argent*, les Maugendre estiment d'abord avoir tout ce qu'il leur faut pour vivre. Mais les profits réalisables en Bourse les poussent à désirer toujours plus et à négliger ce qu'ils possèdent réellement. Le désir de posséder plus qu'autrui n'est pas pour rien dans cette fièvre, comme le montre le mépris des Maugendre pour l'oncle Chave, qui ne tire qu'un profit limité du jeu boursier. Simmel insiste lui aussi sur la relativité des valeurs et souligne combien le riche apparaît plus respectable que le pauvre, ce qu'il appelle le « *super-additum* » de la richesse »[4].

La valeur communément accordée à l'argent décide ainsi de l'importance de celui-ci dans la vie de chacun. La société décrite par Molière, dans laquelle l'argent est le moyen de dépenses somptuaires, rend Harpagon particulièrement ridicule. Le vieil homme est pris entre la nécessité de tenir son rang et son refus de la dépense. S'il paye un intendant, il rogne en revanche sur les plats qu'il va servir à ses invités : son avarice va à l'encontre de la générosité et de la vertu que l'on attend même d'un bourgeois, s'il est riche, au XVIIe siècle. Il offre ainsi l'exact symétrique des Beauvilliers dans *L'Argent* : ces deux femmes nobles mais désargentées tentent de tenir leur rang en consentant à des sacrifices pathétiques.

[4] p. 253

En plein Second Empire, alors que les valeurs bourgeoises dominent, elles offrent l'image d'un type de rapport à l'argent désormais révolu. Au temps de la révolution industrielle, l'habileté dans les jeux d'argent est devenue une qualité : c'est elle qui confère tout son prestige à Saccard. Zola méprise d'ailleurs ce qu'il estime comme une folie : le Paris de la fête impériale, dans son amour de l'argent et des grandeurs faciles, franchit toutes les limites, comme le montrent les fastes sans borne de l'Exposition Universelle.

Mais le dégoût dont Zola fait preuve pour les excès de l'Empire ne signifie pas qu'il ne faut pas gagner d'argent à ses yeux. Le romancier indique une limite à ne pas franchir. Chaque société fixe ce type de borne et la difficulté des rapports à l'argent est un problème inhérent au système de l'échange, plus encore qu'aux vices individuels. Pourtant la désignation de boucs émissaires tend à masquer ce phénomène. Simmel analyse comment différentes sociétés frappent l'argent d'interdit et stigmatisent les groupes ou des individus qui, parce qu'ils sont tenus en marge des activités considérées comme nobles, se livrent au commerce de l'argent. Le métèque dans la Grèce classique, le Juif dans la civilisation chrétienne, occupent cette place. Cléante ne s'exclame-t-il pas « quel Juif ! quel Arabe ! » à propos de son usurier ?[5] L'antisémitisme de Saccard dans *L'Argent* est encore une preuve des rapports ambivalents qu'entretient la société avec l'argent – y compris une société dans laquelle le gain d'argent est valorisé. Gundermann, qui augmente sans cesse sa « tour de millions » pour la léguer à ses nombreux descendants, est désormais jalousé plus que méprisé. Mais il est toujours suspect.

Dès lors, il semble trop simple de faire du désir de posséder un mal absolu, à l'origine des maux de tous : la société ne trouve-t-elle pas son équilibre dans le choc des désirs individuels ?

IL SERAIT VAIN DE PRÉTENDRE détruire le désir de possession, tout comme de nier la place de l'argent dans la société. Non seulement parce que cela n'est pas possible, mais, plus encore, parce que ce type de désir, contrairement à ce qu'affirme Dickens, peut être la source de biens communs.

Le désir de posséder, quelle que soit sa forme, est un besoin vital et n'est pas nécessairement mauvais en soi. Il devient mauvais lorsqu'il se trompe de cible, comme nous l'avons montré au début de cette réflexion. Or ce type d'erreur n'est pas fatal. Mme Caroline, dans *L'Argent*, offre l'exemple d'un désir de confort que la richesse ne rend pas maladif. Cette femme posée, honnête, se sent purifiée lorsqu'elle perd l'argent gagné en Bourse dans la banqueroute de l'Universelle, alors que le krach engloutit également l'argent de son héritage, qu'elle ne tenait pas des jeux boursiers. Pour autant, contrairement à la princesse d'Orviedo, Mme Caroline ne pousse pas le scrupule jusqu'à se débarrasser volontairement de sa fortune.

[5] acte II, scène 1

Un refus excessif de l'argent, de même qu'un amour exagéré, peut être mortifère. Il s'agit de maintenir l'argent à sa place qui lui est propre dans la chaîne téléologique : celle d'un intermédiaire.

La société trouve d'ailleurs son équilibre dans le conflit des désirs individuels et non dans leur éradication. À la fin de la pièce, Harpagon n'est pas guéri : l'argent d'Anselme permet simplement d'équilibrer l'influence de ce mauvais père sur la vie de ses enfants. Si Saccard provoque une terrible catastrophe, la Bourse n'en est pas fermée pour autant. Et sa folie aura permis notamment la fondation de la Compagnie des paquebots réunis et l'exploitation des mines du Carmel. Le canal de Suez, modèle des entreprises de Hamelin, qui a vu les premiers travaux en passant en Égypte, n'a pu être percé que grâce à une importante mise de fonds. L'intérêt des entreprises, au service de leurs actionnaires, peut être porteur de civilisation et de bienfaits, alors même que leur but n'est pas là. C'est pourquoi Mme Caroline voit dans l'argent « le fumier dans lequel pouss[e] l'humanité de demain »[6]. Ainsi Sigismond s'épuise en vain dans le rêve d'une société sans argent – qui n'est pas une société sans désir, mais une société dans laquelle la valeur est directement déterminée par le travail.

Car l'argent est justement l'intermédiaire qui équilibre les désirs individuels. La brutalité de Victor, dans *L'Argent*, est une forme primaire du désir. Victor assouvit ses passions de façon bestiale, sans passer par un échange quel qu'il soit, linguistique, érotique ou pécuniaire. Saccard, lui, voit Mme Conin mettre une limite à sa puissance, alors même que l'homme d'affaires peut acheter les grâces de la baronne Sandorff et de Mme de Jeumont. Sans l'argent, c'est le droit du plus fort qui l'emporte. L'argent est le résultat de conventions qui fondent le lien collectif, comme le souligne Simmel : « Tout comme mes pensées doivent prendre la forme de la langue généralement comprise pour promouvoir mes buts pratiques par ce détour, ainsi mon action ou mon avoir doivent-ils adopter la forme de la valeur monétaire pour servir l'avancée de ma volonté. »[7]

S'IL EST VRAI QUE LA RAPACITÉ, la cupidité ou l'avarice sous toutes leurs formes causent toutes sortes de souffrances, il semble hâtif de stigmatiser pour autant le désir individuel de possession. D'abord parce que celui-ci, loin d'être la cause absolue des vices et des malheurs sociaux, n'en est qu'une forme et une résultante. Les sociétés, en déterminant les valeurs qui les fondent, provoquent aussi des déviances qui leurs sont propres. Mais surtout, le désir de posséder, qui peut être compris comme une forme d'élan vital, peut être bénéfique à la collectivité, à condition que celle-ci lui fixe des limites légales.

Le droit, à l'échelle collective, de même que la morale, voire l'amour, à l'échelle individuelle, bornent ces désirs et les orientent vers le bien commun.

---

[6] p. 500 [7] p. 243

IV Éviter le hors-sujet

Le terme d'« argent » n'apparaît pas dans le libellé du sujet. Le risque est donc de s'éloigner du thème de l'année en traitant des désirs humains en général (ce qui vous amènerait à un hors-sujet) ou bien en s'arrêtant à la cupidité ou à l'avarice en particulier (ce qui réduirait la portée de la citation). C'est pourquoi il est important de rendre explicite ce que Dickens laisse dans l'ombre : la place qui revient spécifiquement à l'argent dans les maux qui affectent la société aussi bien que l'individu. L'argent n'est pas désigné comme la racine du mal en lui-même ; il est à la fois le moyen par lequel les vices se satisfont et l'un des buts convoités par l'individu. Pourtant, l'argent pourrait être aussi considéré comme la cause des « mauvais soupçons » de la « vision étroite », des « tromperies » ou encore de « l'âpre volonté de vaincre » évoqués par Dickens. C'est ce qui permet de discuter la thèse proposée : l'argent n'est-il pas ce qui pervertit l'individu, ou du moins ce qui attise ses désirs pervers ? Or l'argent n'est pas une réalité qui existe en soi : sa valeur d'échange est fixée par des conventions, comme sa valeur morale, sociale et symbolique dépend de codes, souvent implicites. C'est ce qui nous amène à interroger la responsabilité des sociétés, de la vie collective, dans les comportements égoïstes des individus.

Argent et échange

Passages clés analysés et commentés

Texte n° 1

Les préparatifs de la réception Molière, *L'Avare*

depuis « Dis-moi un peu, nous feras-tu bonne chère » (III, 1) jusqu'à la fin de la scène

Un échange perverti

Des invités mal reçus

Harpagon reçoit des invités, mais ne veut pas dépenser pour eux. Il ne comprend pas que maître Jacques, en sa qualité de cuisinier, mette comme condition au souper de l'argent. Tout est bon pour faire des économies, comme restreindre les quantités : « Nous serons huit ou dix; mais il ne faut prendre que huit », ou encore diminuer la qualité des plats.

Une maisonnée exploitée

Enfin, c'est l'ensemble de la maisonnée qui est exploitée. Harpagon modifie le calendrier pour nourrir le moins possible sa famille : « vous faites doubler les quatre-temps et les vigiles, afin de profiter des jeûnes où vous obligez votre monde » rappelle maître Jacques. Il s'arrange pour ne pas payer ses serviteurs, ne supportant pas de dépenser de l'argent, même pour un service rendu. La notion d'échange est dénaturée par Harpagon.

L'avarice qui reflète l'égoïsme d'Harpagon

Un homme dépourvu de générosité

Harpagon est un homme bien peu généreux; il ne pense pas du tout à ses invités et le souper organisé n'est pas chaleureux. Il veut offrir le moins possible, et souhaite que « la frugalité règne dans les repas que l'on donne ». Cette incapacité à offrir révèle une incapacité à s'ouvrir aux autres et à les apprécier en tant que personnes. L'argent est pour lui la valeur suprême, qu'il ne peut échanger contre des valeurs comme l'amitié, l'amour ou la générosité à laquelle devrait le contraindre sa position sociale.

Un homme dur

Harpagon est un homme dur et insensible. Il n'a de pitié ni pour les hommes ni pour ses bêtes, contrairement à maître Jacques : « cela me fend le cœur de les voir ainsi exténués ». Il n'a aucun scrupule à les envoyer à la foire, c'est-à-dire à une mort quasi certaine. Malades, elles se trouvent dans l'incapacité de travailler, ce qui justifie, pour Harpagon, qu'on ne les nourrisse pas. Pire, Harpagon va dérober l'avoine à ses chevaux !

Une situation comique malgré tout

Harpagon est ridicule par ses exagérations. Ainsi, la maxime : « Il faut manger pour vivre, et non pas vivre pour manger » est « la plus belle sentence qu['il] ai[t] entendue de [s]a vie ». Son obsession de l'argent, qu'il transpose sur d'autres, est également comique : en effet, n'est-ce pas Harpagon qui n'a pas d'« autre chose à dire [que] : “De l'argent, de l'argent, de l'argent” » ? Il est plein de contradictions : il assure qu'il ne se fâchera pas de ce qu'on dit de lui, mais il se met en colère.

Des échanges verbaux difficiles, voire impossibles

L'opposition Valère/ maître Jacques

Valère feint d'être d'accord avec Harpagon pour obtenir ses bonnes grâces. Il s'oppose à maître Jacques : alors que ce dernier veut « faire bonne chère avec bien de l'argent », il le traite de « pauvre esprit ». « Habile homme », il se propose de « faire bonne chère avec peu d'argent ». Il remplace l'abondance par une austérité qui convient davantage à Harpagon. Valère finit par se substituer à maître Jacques, comme cuisinier et comme cocher. Les échanges entre eux deviennent vifs, sont tendus et difficiles, et préparent la suite de la pièce où maître Jacques cherchera à se venger de Valère.

L'opposition Harpagon/ maître Jacques

Mais c'est surtout entre Harpagon et maître Jacques que l'échange est le plus difficile. Ici, les échanges deviennent physiques. En effet, Harpagon empêche maître Jacques de parler « en lui mettant la main sur la bouche », et en l'insultant : « traître ». À la fin de la scène, c'est par des coups de bâton et diverses injures (« un sot, un maraud [...] ») qu'Harpagon répond à maître Jacques, à qui il est reproché de ne pas savoir parler.

Conclusion

Le principe même de l'échange, qu'il soit matériel (nourriture), immatériel (services) ou verbal, est dénaturé par Harpagon. Celui-ci ne parvient pas à donner de l'argent en échange de mets ou de services, pas plus qu'il ne sait argumenter lorsqu'on le place face à son avarice.

Texte n° 2

Du domaine à l'action : les formes de la propriété

Émile Zola, *L'Argent*

depuis « Et elle lui rappela... » (p. 306) jusqu'à « ... était le salut, le rêve. » (p. 308)

La comtesse se livre à Saccard : intimidée mais confiante, « les mains tremblantes », elle s'en remet à ce bourgeois parvenu, cet aventurier. L'ancien et le nouveau monde se trouvent face à face dans cette scène.

Un héritage mis à mal

L'appauvrissement des Beauvilliers

La famille de Beauvilliers a été une grande famille aristocratique, dont la richesse était adossée à des propriétés terriennes : « labours, prés et forêts » leur fournissaient leurs revenus. Mais cette fortune est en lambeaux : il ne reste plus à Mme de Beauvilliers et à sa fille Alice qu'une ferme, la ferme des Aublets, et un grand hôtel particulier à Paris, qu'elles ne peuvent entretenir. La « propriété domaniale », cette forme ancienne de propriété, tout en lui permettant de maintenir, au moins en façade, son prestige social, contribue paradoxalement à appauvrir la vieille dame : l'hôtel coûte cher et ce serait déchoir que de gagner de l'argent par le travail.

La fin d'une race

Les Beauvilliers représentent la fin du système d'Ancien Régime et l'avènement de la civilisation bourgeoise. Ce qui faisait la force des nobles les appauvrit, alors que le contexte général est à l'enrichissement. Cette paupérisation est symbolisée par la maigreur d'Alice. Zola s'étend sur la pâleur de la jeune fille et sur la faiblesse de son frère, « que le climat de Rome tuait ». Le seul fait qu'une femme soit à la tête de cette famille en signifie la fin. L'argent faisant défaut, s'y ajoutent encore l'impossibilité pour le fils de « tenir son rang » et pour la jeune fille, faute de dot convenable, « d'avoir enfin mari et enfants, cette joie que se permet la dernière pauvresse des rues ». L'impuissance de l'ancien système est reflétée dans la faiblesse physique des deux femmes, « les dernières d'une grande et antique race ».

Acheter de l'Universelle ?

Une nouvelle forme de propriété

Jusqu'au moment où elles ont investi leurs économies dans l'achat d'actions de l'Universelle, les deux femmes n'avaient d'autre choix pour vivre que de rogner sur les maigres revenus de leur ferme. Encouragées par Mme Caroline, elles ont placé leurs économies en Bourse. Les deux augmentations du capital de l'Universelle, qui ont fait d'elles les propriétaires de deux cents, puis de quatre cents actions, ont monté à 87 000 francs le coût de cet investissement. Elles ont donc été contraintes d'emprunter sur les revenus à venir des Aublets. Une richesse espérée mange les revenus présents, bien réels.

Une nouvelle source de richesse ?

Au moment où se présente un acheteur pour la ferme, voilà qu'elles hésitent : faut-il liquider définitivement leur propriété terrienne, afin de convertir toute leur fortune en actions boursière ? Les valeurs de Mme de Beauvilliers rendent ce choix difficile : elle éprouve de la « répugnance pour le trafic sur l'argent, cette basse besogne de juifs, indigne de sa race ». Mais l'argent acquis en bourse pourrait lui permettre de rendre à sa maison sa « haute situation » d'autrefois.

Un coup de dé

Il faut toute l'autorité naturelle de Saccard et la magie des chiffres pour la convaincre. Car, en vendant la ferme (pour un prix bien moindre que ce qu'elle aurait pu en tirer jadis), elle s'aliène complètement aux résultats boursiers. De domaniale, sa fortune est devenue virtuelle. Elle peut bien espérer gagner « un million », et ce million « était le salut, le rêve ». Mais elle peut aussi tout perdre : « quelle terrible chose, cette fortune déplacée, toute notre existence jouée ainsi ».

Conclusion

Si la naissance et l'héritage suffisaient seuls, jadis, à donner à la n oblesse sa place et sa richesse, Mme de Beauvilliers doit maintenant prendre une décision difficile, en engageant tout son avenir et celui de ses enfants dans un système qu'elle ne comprend pas. Les formes d'échange, ainsi que les valeurs qui les sous-tendent, ont changé. Mais le génie de Saccard consiste à invoquer la cause catholique : il fédère ainsi autour de lui les anciennes et les nouvelles élites.

Texte n° 3

L'impact de l'argent sur les trajectoires sociales.

Georg Simmel, *Philosophie de l'argent*
depuis « De par son rôle de moyen s'élevant au-dessus de toute fin spécifique » (p. 259) jusqu'à « mais encore l'étranger s'avère disposé à devenir un commerçant. » (p. 264)

Enjeu du texte

Fonctionnant comme un moyen absolu, l'argent peut être compris comme la valeur de toutes les possibilités. En effet, par sa neutralité, il peut tout englober. À un certain niveau de possession matérielle, pouvoir tout confère un indéniable prestige. Ce phénomène a été souligné par Simmel avec la mention du « *superadditum* » de la richesse, ce pouvoir additionnel qui place d'emblée l'homme d'argent en haut de la hiérarchie sociale. Instrument de la puissance sociale, l'argent peut alors être analysé dans une perspective strictement sociologique. Il s'agira ici d'envisager le reclassement social rendu possible par l'argent, dans le cas de groupes situés à la périphérie de la société.

L'argent, ou la part des sans parts

Un constat sociologique

La démarche de l'auteur sur ce passage est nettement sociologique. Il s'agit d'envisager la totalité de la société et les mouvements qui peuvent l'animer depuis ses marges, depuis les zones situées à la périphérie. Dans le monde grec, les esclaves ne prennent pas part au fonctionnement politique de la cité ; en Inde, le système des castes hiérarchise en fonction du pur et de l'impur ; le christianisme recèle des courants religieux excentriques (huguenots ou quakers). Dans des lieux, des temps, des sociétés différents, ces groupes minoritaires se sont livrés aux activités d'argent. Cette remarquable convergence mérite explication. Il y a là une relation typique que le sociologue doit mettre en avant. Parce qu'il est neutre et adaptable, l'argent devient la part des sans parts, leur outil de reclassement social.

Visibilité monétaire contre invisibilité juridique

Parce que les activités d'argent n'exigent pas une grande formation technique (que les groupes minoritaires ne pourraient se voir dispenser, puisqu'ils sont privés de droits) elles deviennent l'immédiate voie d'existence sociale pour les classes tenues à la marge de la grande société. Ainsi, l'élément social invisible juridiquement, auquel on ne reconnaît pas de droits et qui ne pèse pas sur la constitution du droit ne peut acquérir de visibilité sociale, donc exister pour la société, que grâce au commerce de l'argent. Au moins sur ce plan-là son existence se trouve-t-elle reconnue.

L'argent : creuset des mouvements de la société

En toute rigueur, cette compensation sociale par l'activité monétaire ne touche pas que les défavorisés. Elle touche toute classe qui perd son intégration et sa part dans l'équilibre politique. L'exemple d'une noblesse française qui, politiquement affaiblie dans sa relation avec la paysannerie, compense par le durcissement financier de cette même relation illustre un phénomène global. Toute classe qui se voit mise politiquement et socialement hors jeu se tourne vers l'argent pour accéder par le trafic à ce qu'elle ne peut pas trouver par l'activité politique et sociale. Au croisement de ces mouvements descendants et ascendants, ou si l'on veut centrifuges et centripètes, il y a l'argent, confirmé ainsi dans sa valeur centrale.

Dispersion sociale et place centrale de l'argent

Le cas juif : la recherche immédiate du profit

Parmi les groupes historiquement marginalisés, une attention toute particulière doit être portée au peuple juif. Peuple de la diaspora, les Juifs ont tôt vu dans le profit monétaire le moyen immédiat (car immatériel et abstrait) de compenser leur absence de droits. Se référant à l'historien et homme politique britannique Macaulay, Simmel montre même qu'une fois parvenus à leur degré de maîtrise du trafic monétaire, les Juifs n'avaient même plus vraiment à combattre pour leur droits politiques, vu que l'essentiel (la mainmise sur l'argent) était déjà là !

L'argent comme réponse à la situation équivoque de l'étranger

Exécrés néanmoins et persécutés en raison de leur focalisation sur les activités lucratives, les Juifs exemplifient de façon typique la situation sociale de l'étranger. L'étranger, c'est bien celui qui reste sur le seuil de la société : ni totalement dehors, puisqu'il partage au moins le territoire, ni vraiment à l'intérieur, car il doit prouver son existence sociale aux indigènes (les gens du pays). Si, sociologiquement, l'étranger est toujours celui qui est en partance, sa situation le prédestine aux activités monétaires. En effet, l'argent n'est-il pas l'agent neutre, ambivalent, qui peut servir indifféremment entre toutes les mains ? L'argent n'est-il pas lui aussi, à travers les échanges marchands, une donnée qui circule ?

Commerce et extension des échanges : fonction sociologique des étrangers

Si l'argent est une abstraction toujours en circulation et si l'étranger se tient à la limite de la société, toujours ouvert sur un dehors, alors on peut avancer qu'il est celui qui étend les échanges marchands. Par l'étranger, c'est la société tout entière, fermée sur elle-même, qui peut se fissurer et ouvrir une communication commerciale avec les zones auxquelles l'étranger est relié. Ainsi le développement des transactions commerciales s'enracine dans la position sociale si particulière des étrangers.

Conclusion

Développant les conséquences de l'analyse de l'outil pur employable pour des finalités multiples, cet extrait en illustre le versant proprement sociologique. La démarche de Simmel étant diversifiée (sociologie, mais aussi psychologie, métaphysique, économie), l'argent est considéré ici sous l'angle des effets sociaux de son utilisation : déclassement et reclassement de groupes ou individus socialement défavorisés.

Sujet 15

« On a pu tirer du vulgaire meurtre l'aristocratique vertu du courage, mais je doute que l'on puisse réussir quelque chose d'analogue avec le calcul. On n'y trouvera pas de vraie bonté, de dignité, de profondeur. L'argent change tout en concepts, l'argent est désagréablement rationnel. Quand je vois de l'argent, je pense fatalement [...] à des doigts méfiants, à beaucoup de criailleries et de raisonnements, images qui me sont toutes également insupportables. » Musil, *L'Homme sans qualités*

Vous analyserez cette citation à la lumière des œuvres au programme.

Corrigé proposé par Hélia PAUKNER

I Analyse du sujet

1 Analyse des termes du sujet

Le sujet commence par une analogie, ou plutôt, par l'impossibilité d'une analogie entre le calcul et le meurtre : Musil adopte une position surprenante et paradoxale, puisqu'il affirme que l'homicide a pu se voir transcendé et doté d'une valeur morale qui lui confère une reconnaissance sociale, à laquelle renvoie l'épithète « aristocratique » par opposition à « vulgaire ». Le calcul, qui pourtant semble bien moins criminel, ne peut en revanche être valorisé. Il est à noter que Musil ne clame pas la légitimité de la valorisation du meurtre, mais affirme simplement qu'elle a eu lieu dans les faits : « on a pu » n'est pas synonyme de « on peut ».

Le calcul peut être défini comme la prévision et la mise en action de moyens en vue de son intérêt personnel. La fin de la citation indique que Musil pense ici en particulier au calcul visant le profit pécuniaire. La question soulevée est donc celle de la possible valorisation du calcul et donc celle de la valeur de l'argent – notion à laquelle renvoient les termes « bonté », « dignité » et « profondeur ».

Dans la deuxième partie de la citation, Musil explique pourquoi on ne peut trouver aucune valeur morale à l'argent : « L'argent change tout en concepts, l'argent est désagréablement rationnel. » Selon Musil, l'argent est le produit des facultés rationnelles de l'esprit humain, mais absolument pas de ses facultés émotionnelles et morales.

Deux autres remarques sont importantes : plusieurs termes du libellé du sujet dénotent une position subjective : « je vois », « je pense », « me sont insupportables », « désagréablement » et même la notion d'« image », qui renvoie à des associations d'idées, par essence subjectives. Mais, pour compenser la subjectivité de ses impressions, Musil a recours à des tournures hyperboliques, donnant l'impression qu'il est absolument impossible de valoriser le calcul et l'argent (« fatalement », « toutes également »). Se pose donc la question de la légitimité de cette position et de ses limites : n'est-ce qu'une impression subjective ou sont-ce des associations inhérentes au concept d'argent ?

Enfin, l'adverbe « fatalement » soulève la question de la liberté qu'a l'homme calculateur : n'y a-t-il pas de bons calculateurs ? Ne peut-on pas manipuler l'argent et conserver son intégrité morale et son indépendance d'esprit ?

2 Confrontation aux œuvres

Les œuvres étudiées se mettent aisément en relation avec la pensée de Musil : toutes trois abordent la question de la valeur de l'argent. À travers la figure de l'avare, **Molière** semble lui nier toute valeur : l'argent y est la pomme de discorde qui rend impossible l'entente entre les générations.

Il en est presque de même pour **Zola**, chez qui l'argent apparaît comme quelque chose de dangereux et maléfique. Il est comparé à une épidémie : « [...] toute la masse hâve et affamée des rentiers infirmes, qu'une catastrophe de la Bourse balaye comme une épidémie et couche d'un coup dans la fosse commune. »[1] Cependant, le romancier sait faire preuve de nuance et montre des personnages qui résistent à l'emprise néfaste de l'argent et conservent leur intégrité, telle la princesse d'Orviedo.

Enfin, **Georg Simmel** théorise la façon dont est valorisé l'argent, notamment à travers les notions de « chaîne téléologique », de fin et de moyen. Selon lui, l'argent se voit souvent attribué à tort la valeur de ce qu'il permet d'acquérir.

3 Problématique

Comme les termes « vulgaire » et « aristocratique » impliquent une valorisation sociale et que ceux de « bonté », « dignité » et « profondeur » impliquent un jugement moral et intellectuel, il apparaît que la question fondamentale de la citation est celle de la valeur de l'argent, et la possibilité de valoriser le calcul, qui en découle. L'argent a-t-il autant de valeur qu'on lui en prête ? En a-t-il d'autres que sa valeur d'échange ? Doit-on nécessairement le condamner ?

---

[1] p. 327

II Plan détaillé

I Dans les faits, l'argent est souvent couvert d'opprobre
1. L'argent n'a pas de profondeur, car la valeur qu'on lui prête n'est qu'une valeur usurpée
2. L'argent suscite mensonge et flatterie
3. Pris pour fin, l'argent prive de qualités humaines et morales
4. L'argent, pris pour fin, engendre des comportements pathologiques, contraires à la dignité

Les comportements engendrés dans les faits par l'amour de l'argent corroborent donc la thèse de Musil, et l'argent semble condamnable. Mais pouvons-nous conclure du fait au droit ? L'argent est-il en soi condamnable ? Rend-il nécessairement ignominieux ?

II L'argent est-il condamnable en soi ?
1. Il semblerait que l'argent soit par nature doté d'un pouvoir fatal et destructeur
2. Mais l'argent est un moyen : il n'a pas de valeur morale en soi
3. L'argent a en soi une valeur pratique : il facilite l'échange
4. L'argent donne les moyens d'être bon et vertueux

Enfin, on peut aussi légitimement se demander si l'auteur ne passe pas trop vite de la condamnation de l'argent à celle du calcul. La parataxe dont il fait usage ne trahit-elle pas un raisonnement trop rapide ?

III Tout calcul est-il mauvais en soi ?
1. Redéfinition du calcul, qui n'est pas nécessairement financier
2. Il y a des calculs qui, s'ils ne sont pas vertueux, sont légitimes, voire nécessaires
3. Le meilleur des calculs est de ne prendre l'argent ni pour fin ni pour valeur, sans pour autant le rejeter comme moyen

III Dissertation rédigée

LE CALCUL ET L'ARGENT sont omniprésents dans notre quotidien sans que personne n'y pense à mal : il suffit pour s'en convaincre de constater la quantité d'offres promotionnelles dont les négoces font leur publicité et l'engouement qu'elles suscitent. Pourtant, chacun se garde bien de passer pour avare et ce n'est pas volontiers qu'on se montre calculateur. Comment s'expliquer cette attitude double, inconséquente, vis-à-vis du calcul et de l'argent ?

Dans *L'Homme sans qualités,* Robert Musil écrit : « On a pu tirer du vulgaire meurtre l'aristocratique vertu du courage, mais je doute que l'on puisse réussir quelque chose d'analogue avec le calcul. On n'y trouvera pas de vraie bonté, de dignité, de profondeur. L'argent change tout en concepts, l'argent est désagréablement rationnel. Quand je vois de l'argent, je pense fatalement [...] à des doigts méfiants, à beaucoup de criailleries et de raisonnements, images qui me sont toutes également insupportables. » Ce faisant, il condamne de façon univoque l'argent et par conséquent le calcul. Alors que certains méfaits sont parfois valorisés dans nos sociétés, l'argent ne présente selon lui rien de bon, et le calcul donc non plus. Ce faisant, il soulève la question de la valeur de l'argent.

Nous essaierons dans un premiers temps de comprendre la position de l'auteur et verrons que, de fait, l'argent est souvent couvert d'opprobre. Mais l'est-il par nature ? C'est la question que nous poserons dans un second temps. Enfin, nous pourrons nous demander si Musil ne passe pas trop rapidement d'une condamnation de l'argent à une condamnation du calcul : tout calcul est-il nécessairement mauvais ?

DE FAIT, l'argent se voit souvent abusivement doté d'une valeur qu'il n'a pas, il suscite souvent des comportements condamnables, contraires à la bonté, à la dignité.

Musil semble dénier avec raison toute profondeur à l'argent : celui-ci n'a en effet souvent qu'une valeur usurpée, mensongère, et engendre lui-même des comportements mensongers. Dans la *Philosophie de l'argent*, Simmel explique que l'argent, qui n'a en soit aucune valeur d'usage, se voit attribuer par un processus d'« expansion psychologique » au sein de la série téléologique, la valeur de ce qu'il permet d'acquérir[2]. C'est pourquoi il tend à devenir une finalité. Il est ainsi la fin de toute action d'Harpagon, pour qui l'usure, comme le mariage de sa fille, ne sont que des manières d'en acquérir. On peut voir une survalorisation abusive et trompeuse de l'argent, qui justifierait la position de Musil selon laquelle l'argent n'a pas de profondeur.

Par ailleurs, Zola et Molière montrent que l'argent suscite des comportements mensongers ou flatteurs. Par là encore, on peut lui reprocher un manque de profondeur. Harpagon fustige maître Jacques lorsque celui-ci refuse de le flatter, et lui dit « Apprenez à parler ! »[3] ; Frosine, pour sa part, encourage Mariane à dissimuler ses véritable sentiments et à prendre Harpagon pour époux afin d'en être l'héritière[4]. Dans *L'Argent*, nombreux sont les personnages qui entretiennent des rapports faussés par l'argent : ainsi la baronne Sandorff se lie à Saccard par calcul. L'argent est donc un faussaire qui voile la vérité d'une apparence trompeuse.

Plus encore : l'argent est condamnable, car il s'oppose à la bonté, lorsqu'il est pris pour fin. En effet, comme il n'a pas de valeur en soi, comme il a « cette qualité très positive qu'on désigne par un concept négatif : l'absence de caractère », selon la formule de Simmel[5], il s'accommode très bien de tous les procédés frauduleux

[2] p. 269 [3] acte III, scène 1 [4] acte IV, scène 1 [5] p. 252

permettant de l'acquérir. Contraire à la bonté, il l'est aussi dans la mesure où lorsqu'il est pris pour fin, il détruit les sentiments : l'argent déshumanise et isole. Zola écrit ainsi : « Ah ! l'argent, cet argent pourrisseur, empoisonneur, qui desséchait les âmes, en chassait la bonté, la tendresse, l'amour des autres ! Lui seul était le grand coupable, l'entremetteur de toutes les cruautés et de toutes les saletés humaines. »[6] Et, de fait, Saccard ne connaît dans *L'Argent* qu'un bref moment d'empathie, et s'exclame au moment critique : « Que je crève, que tout crève avec moi si je ne fais pas et si je ne maintiens pas le cours de trois mille ! »[7] Harpagon aussi présente cette incapacité à ressentir, et lorsque Frosine lui prédit « vous mettrez en terre et vos enfants et les enfants de vos enfants », il répond « Tant mieux »[8].

Enfin, l'argent, pris pour fin, engendre des comportements pathologiques irrationnels, contraires à la dignité : avarice, cupidité, servilité : qui aime l'argent devient, selon l'expression de Simmel « le valet du valet »[9]. Saccard en est un exemple, lui qui exècre Gundermann, va malgré tout le trouver pour lancer son affaire[10]. Et Harpagon, dépossédé de sa cassette, est prêt à tout pour recouvrir son bien.

Les comportements engendrés dans les faits par l'amour de l'argent corroborent donc la thèse de Musil, et l'argent semble condamnable. Mais pouvons-nous conclure aussi rapidement du fait au droit ? L'argent est-il en soi condamnable ? Rend-il nécessairement ignominieux ?

CES QUESTIONS semblent à première vue attendre une réponse positive, car l'argent semble être doté d'une force fatale. Cependant, l'argent à en soi une valeur pratique indéniable, et s'il n'est pas en soi moral, il paraît amoral plus qu'immoral.

À lire Simmel, Zola et Molière, l'argent paraît faire nécessairement « culbuter » les individus dans le malheur et le vice : il semble intrinsèquement doué d'une puissance fatale et tragique : Zola y fait explicitement allusion, en écrivant par exemple : « Il y avait là comme une prédestination »[11], alors que Saccard arrive chez Gundermann. Il fait sentir cette force fatale de l'argent au lecteur en annonçant dès les premières pages de son roman la chute de Saccard. Et Simmel d'expliquer que si l'argent a tant d'emprise sur les hommes, c'est parce qu'il reflète structurellement la nature de son désir. L'homme ne semble donc avoir la liberté d'échapper à l'opprobre de l'argent.

Mais, à y regarder de plus près, la thèse de Musil demande à être nuancée, car l'argent n'est pas condamnable en soi. Dans son chapitre sur « l'argent dans les séries téléologiques », Simmel se propose justement de montrer que l'argent est « le moyen absolu »[12], en soi dénué de valeur, et que sa valeur dépend de l'usage

[6] p. 286 [7] p. 377 [8] acte II, scène 5 [9] p. 294 [10] chap. 3 [11] p. 130 [12] p. 275

qui en est fait. Ainsi, le même argent paraît sale entre les mains de Saccard ou du feu mari de la princesse d'Orviedo, mais bénéfique et méritant entre celles des Hamelin et de la veuve d'Orviedo, qui veulent l'employer pour autrui. Et lorsque La Flèche dérobe la cassette d'Harpagon, son larcin est perçu comme quelque chose de bon, faisant expier son avarice au vieillard et permettant l'heureuse satisfaction des aspirations des jeunes gens. Ainsi, aucun jugement moral ne peut véritablement porter sur l'argent : ce sont bien plutôt les intentions qui animent son possesseur qui sont louables ou condamnables.

En revanche, il faut reconnaître à l'argent qu'il a en soi une valeur pratique : c'est une valeur arbitrairement établie afin de faciliter le troc, et donc les rapports entre les hommes et il remplit tout à fait cette fonction. Simmel ouvre son étude sur l'argent dans les chaînes téléologiques sur cette définition, et, dans le cours de sa réflexion, il remarque que l'argent a souvent permis à des personnes marginalisées au sein d'une société d'obtenir une place et un statut. Il remarque ainsi que les commerçants sont souvent étrangers à la cité, puisqu'ils n'y ont a priori ni terres ni contacts mondain, mais qu'en revanche, ils sont en contact avec des contrées lointaines d'où ils peuvent faire venir des marchandises[13]. Dans *L'Avare*, toute la valeur pratique de l'argent est exprimée par l'importance qu'il a au niveau de la dramaturgie : s'il est à l'origine du conflit, c'est lui aussi qui permet de dénouer le drame. Il faut donc rendre à l'argent sa valeur pratique.

Enfin, l'argent, s'il n'a en soi qu'une valeur pratique, offre des possibilités d'action. Par conséquent, de même que pour la théologie, le libre-arbitre permet à l'homme d'être vertueux, l'argent permet d'accomplir des œuvres morales. S'il n'est pas nécessaire d'être riche pour être bon, l'argent permet de révéler la bonté de quelqu'un en lui donnant une possibilité d'action. Ainsi, Harpagon est d'autant pire qu'il aurait les moyens d'être bon et généreux, et la princesse d'Orviedo a d'autant plus de mérite à être charitable qu'elle parvient à échapper à l'emprise maléfique de l'argent. L'argent a la vertu d'agir comme un révélateur des qualités morales, et la thèse de Musil demande donc à être nuancée.

Enfin, on peut aussi légitimement se demander si l'auteur ne passe pas trop vite de la condamnation de l'argent à celle du calcul. La parataxe dont il fait usage ne trahit-elle pas un raisonnement trop rapide ?

PEUT-ON DIRE, parce que l'argent provoque souvent des comportements condamnables, que le calcul est en soi mauvais ? Telle est en effet la thèse de Musil.

Tout d'abord, la définition du calcul que Musil sous-entend semble peu satisfaisante : le calcul est-il en effet l'attitude de celui qui prend l'argent pour fina-

---

[13] p. 262

lité, ou bien l'attitude de celui qui tente d'optimiser la mise en œuvre des moyens de faire ce qui est le meilleur pour lui ? Tout calcul est-il vraiment pécuniaire ? Mme de Beauvilliers, spéculant sur les actions de l'Universelle afin d'assurer une dot à sa fille, est-elle moins calculatrice que Saccard, le joueur invétéré ? Il semblerait que non, et pourtant, nul ne songerait à la condamner. Cléante ne calcule-t-il pas lorsqu'il décide d'emprunter de l'argent à un usurier afin de pouvoir épouser Mariane, dans *L'Avare* ? Se rend-il pour autant condamnable ? Le calcul n'a donc pas nécessairement l'argent pour fin. Par conséquent, on ne peut condamner le calcul parce qu'on condamne l'argent.

Par ailleurs, il y a des calculs qui, s'ils ne sont pas vertueux, sont légitimes, voire nécessaires : ceux qui ne prennent pas pour fin l'argent lui-même, mais un état ou un bien bénéfique ou nécessaire. Nous avons déjà cité l'exemple de la spéculation de Mme de Beauvilliers ; on peut y ajouter le larcin de La Flèche, annoncé dans la scène 1 de l'acte II de *L'Avare* : « [Harpagon] me donnerait, par ses procédés, des tentations de le voler, et je croirais, en le volant, faire une action méritoire. » On voit nettement ici que La Flèche prémédite et calcule son acte : son but n'est pas l'argent lui-même, mais il entend l'instrumentaliser pour donner une correction à l'avare et aider les jeunes amants à réaliser leur bonheur. Bien que son acte le soit aux yeux de la loi, son calcul n'est nullement condamnable.

Ce dernier exemple conduit à penser que, puisqu'un calcul peut être bon et que l'argent peut être mauvais, le meilleur des calculs est de ne prendre l'argent ni pour fin ni pour valeur, sans pour autant le rejeter comme moyen. En effet, la puissance d'action qu'il confère en fait un outil précieux. Maxime Saccard illustre cette attitude mesurée : désillusionné quant à l'attrait et la valeur réelle de l'argent, il fait de celui-ci l'instrument de son plaisir. Dans *L'Avare*, Anselme, dès qu'il découvre en Mariane et Valère ses deux enfants, met à leur disposition sa fortune et en fait l'instrument de leur bonheur.

AINSI, LA PENSÉE DE MUSIL, qui reprend à son compte la condamnation qu'on a fait de l'argent pendant des siècles, ne paraît pas absolument illégitime, mais demande à être nuancée et précisée. L'argent est certes « désagréablement rationnel » au sens où il n'est qu'une valeur conventionnelle, qu'un concept institué pour rendre compte de la valeur des autres choses, lui-même dénué de toute valeur morale. Certes, il engendre bien souvent des comportements immoraux lorsqu'il est pris pour fin. Mais il n'en conserve pas moins une valeur pratique qu'il ne faut pas sous-estimer. Si on ne peut donc le valoriser moralement, on ne peut pas non plus le condamner aussi catégoriquement que le fait Musil. De la même manière, le calcul, en tant qu'optimisation des moyens pour arriver à ses fins, n'est condamnable que s'il a pour fin l'argent lui-même. À l'inverse, s'il instrumentalise l'argent pour des fins légitimes, il est souhaitable, sinon indispensable.

Enfin, si beaucoup s'accordent à condamner l'argent, à l'instar de Musil, beaucoup lui reconnaissent aussi un caractère de nécessité – à tort ou à raison, la question reste entière. L'argent est-il nécessaire aux échanges entre individus et entre États ?

IV Éviter le hors-sujet

Quelques remarques complémentaires à notre analyse du sujet peuvent aider à éviter certains écueils. Le premier serait d'accorder trop d'importance aux adjectifs « vulgaire » et « aristocratique », et de faire porter l'essentiel de la réflexion sur la valorisation sociale que peut ou non apporter l'argent. La réflexion sociologique esquissée ici permet essentiellement de poser la question de la valeur véritable de l'argent, elle ne constitue pas la thèse de l'auteur.

Une autre expression mérite qu'on s'y attarde : « désagréablement rationnel ». Cette qualification de l'argent est surprenante : que signifie « rationnel » ? Il va de soi que l'argent n'est pas doué de raison. Il serait plutôt le fruit des facultés rationnelles de l'esprit humain. Mais ce qualificatif est d'ordinaire positivement connoté, alors qu'il est ici modulé par l'adverbe « désagréablement ». Rationnel signifie donc ici : issu exclusivement des facultés rationnelles de l'esprit humain, à l'exclusion de ses facultés émotionnelles, humaines et morales. Il faut donc éviter à tout pris de faire l'inventaire des justifications rationnelles de l'argent et du calcul, mais bien orienter sa réflexion vers la valeur morale de ces derniers.

Sujet 16

« La pruderie est une espèce d'avarice, la pire de toutes » (Stendhal, *De l'Amour*)

Vous commenterez cette citation de Stendhal à la lumière des trois œuvres au programme.

Corrigé proposé par Anouk JURADO

I Analyse du sujet

1 Analyse des termes du sujet

Tout d'abord, pas de panique ! Vous attendiez l'argent en terme central, c'est la pruderie qui est mise en avant, dans une citation extraite d'un ouvrage intitulé *De l'amour*. Tâchons donc de définir les termes du sujet et de découvrir les liens cachés qui éclairent son libellé.

Le terme pruderie est riche de connotations : à son évocation nous pensons réserve, comportement pondéré, discret, conforme aux convenances. En cela le terme renverrait à une retenue qui serait autant affective – celle des sentiments – que physique : refus de se laisser aller aux démonstrations de coquetterie, qui peuvent faire partie d'une parade de séduction. Mais pruderie n'est pas pudeur. Pudique, j'éprouve une gêne naturelle à me dévoiler, au physique comme en sentiments. Mon attitude correspond à une timidité qui m'incite à la discrétion, mais ne met pas en péril mes relations à autrui et n'exprime pas un refus de l'échange. Prude, mon comportement se teinte au contraire de démonstrations excessives, de rigidité (frigidité) morale et physique, de raideur mécanique proche du ridicule qui indique un excès : sécheresse du cœur, mépris des autres, méfiance, égocentrisme, sentiment de supériorité. La pruderie n'est pas exempte de théâtralité, ce qui l'éloigne de la sincérité : je peux feindre des principes moraux étroits parce que je me sais incapable de plaire (la vieille fille). Pire, je peux me montrer prude par calcul, pour cacher mes intentions (y compris une stratégie de séduction !). Le terme s'éloigne alors de son étymologie « honnête » : il ne désigne qu'une fausse sagesse, qui pose le problème de l'authenticité à soi et aux autres. La pruderie ne serait-elle pas alors une forme pathologique de l'expression de soi, forme pathologique de l'échange aux autres ?

Le rapprochement avec le terme « avarice », manifestation pathologique d'un rapport déviant à l'argent, apparaît. L'avare est celui que ne trouve de bonheur que dans la possession de l'argent et qui transforme ce qui ne devrait n'être qu'un moyen relatif à des finalités premières (se nourrir, se loger, se cultiver, se distraire) en finalité absolue, valorisée pour elle-même. L'avare jouit non pas de ce que l'argent pourrait lui apporter, mais de l'idée de la possession. Sécheresse de l'avoir, détourné de toute jouissance, détachement des autres puisque refus de l'échange, méfiance envers autrui et volonté de puissance, bref égocentrisme excessif et tyrannique. Cette vision déviante de l'argent et de la possession a des points communs avec la pruderie : celui qui compte ses sous ne compte-t-il pas aussi ses sentiments ? Le prude peut-il être prodigue ? Pruderie et avarice ne sont-ils pas deux formes d'illusion sur soi et sur le monde ?

Ainsi c'est d'un point de vue moral que nous pouvons rapprocher les deux termes puisqu'ils impliquent tous deux égoïsme, repli sur soi, absence de générosité (financière et morale), d'échange. On y retrouve un même refus de tous les plaisirs au nom de préjugés illusoires et hypocrites. C'est cette adéquation entre valorisation excessive de l'argent et inauthenticité des relations à autrui à travers l'excès d'amour-propre qu'il faudra examiner dans les œuvres.

2 Confrontation aux œuvres

L'Avare met en scène un personnage incapable de générosité : Harpagon est avare de son argent comme de ses sentiments. Son obsession le conduit à oublier tout amour paternel envers ses enfants dont il va même jusqu'à souhaiter la mort ou qu'il désire marier à des fins intéressées. Tyrannique, violent, jouissant du pouvoir qu'il exerce autour de lui, mais refusant par cupidité de goûter aux plaisirs de la vie, il s'illusionne lui-même en prétendant être usurier pour faire œuvre de « charité » et étant prêt à croire qu'une femme jeune peut préférer un vieillard décrépi à un beau jeune homme. Mais son comportement abusif conduit aussi les autres à se conduire de façon inauthentique : pour faire céder un tyran maniaque, ne faut-il pas préférer la feinte, l'hypocrisie, « la pruderie » ?

Zola multiplie dans son roman les personnages d'avares dont le comportement se rapproche de la pruderie : renonciation feinte et douloureuse de la fille de la comtesse Beauvilliers ; froideur du roi Gundermann devenu insensible aux plaisirs et désirs humains dans sa quête infini d'accroissement de sa richesse. Mais, en dressant le portrait d'une société guidée par le désir de l'argent, Zola ne limite pas son étude aux avares : on y trouve aussi des personnages prodigues ou cyniques, des personnages atteints de la fièvre de jeu. Autant d'attitudes qui pourtant ont le même fondement : survalorisation de l'argent et amour de soi, mauvaise foi et absence de générosité morale. Quelques personnages semblent échapper à cette folie furieuse et à cette illusion qui subvertit les valeurs : Mme Conin ou Mme Caroline, deux femmes qui se donnent physiquement et sentimentalement dans un esprit de don et d'amour.

Simmel montre comment les différents comportements humains face à l'argent sont une conséquence directe de la valorisation excessive de cet outil que les sociétés monétarisées ont transformé en fin absolue. Il montre comment l'avare désire l'argent pour le plaisir de posséder sans jouir de sa possession : il s'associe à la figure du vieillard, incapable de profiter des plaisirs de la vie. Mais l'avare n'est qu'un aspect : le vœu de pauvreté, la cupidité, la prodigalité, le blasement et le cynisme sont autant de manifestations de cette subversion des valeurs qui fondent un rapport problématique au monde et à soi.

3 Problématique

Le sujet nous invite donc à nous interroger sur la question des relations humaines au sein de sociétés fondées sur une survalorisation de cet outil devenu moyen absolu qu'est l'argent. En quoi cette consécration de l'argent comme valeur suprême menace-t-elle la sincérité et l'authenticité des échanges ? La pruderie est-elle alors « pire » que la simple avarice ?

II Plan détaillé

I La pruderie est une forme d'avarice, la plus cruelle : celle de la sécheresse des sentiments et de la sensualité
1. Le refus de la jouissance physique, la négation du corps
2. La sécheresse du cœur et des sentiments
3. La négation d'autrui par le développement de l'amour-propre

N'est-ce d'ailleurs pas cet amour-propre qui conduit à l'avarice et la pruderie ?

II L'avarice et pruderie comme inauthenticité et subversion des valeurs
1. L'avare se fait « prude » : la mauvaise foi
2. L'avare conduit son entourage à adopter des comportements inauthentiques
3. L'avare et le prude ou la confusion de l'avoir et de l'être, de l'être et du paraître : quand se confondent fins et moyens

Mais cette confusion n'est pas propre à l'avarice et à la pruderie.

III Dans une société dominée par la valeur suprême de l'argent, comment retrouver une relation saine et lucide à soi et aux autres ?
1. Le désir de l'argent entre pruderie et indécence
2. Des comportements divers face à l'argent, mais guidés par une même survalorisation de cet outil : les pathologies de l'argent
3. Face à ce désordre du monde, peut-on espérer une morale de l'authenticité dans une relation lucide et apaisée à l'argent, qui soit échange véritable ?

III Dissertation rédigée

« ON PEUT PAR POLITIQUE en prendre le parti / Quand de nos jeunes ans l'éclat est amorti ». C'est encore une fois par le rire que Molière débusque le ridicule. Dans la scène 5 de l'acte III du *Misanthrope*, c'est à la pruderie qu'il s'attaque, cette attitude de pudeur excessive et outrancière, liée à l'image que l'on veut donner de soi en société qui conduit à affecter une rigidité de principe morale et physique. Mais Molière souligne la part d'hypocrisie qu'elle contient et qui n'est pas sans conséquence sur les relations à autrui.

Il peut paraître paradoxal que Stendhal en donne une définition qui la relie à cet autre vice qu'est l'amour excessif de l'argent : « La pruderie est une espèce d'avarice, la pire de toutes. » (*De L'Amour*) Le prude compterait ses sentiments comme l'avare compte son argent et ce serait dans cette sécheresse du cœur que résiderait la plus terrible des pingreries. Mais l'avare peut-il réellement se soucier d'autrui ? La citation, confrontée aux œuvres du programme, nous invite certes, à réfléchir aux rapprochements qui peuvent lier les deux termes, mais surtout à nous interroger sur la question des relations humaines au sein de sociétés fondés sur une survalorisation de cet outil devenu moyen absolu qu'est l'argent. En quoi cette consécration de l'argent comme valeur suprême menace-t-elle la sincérité et l'authenticité des échanges ?

Nous verrons tout d'abord en quoi pruderie et avarice, s'entraînant l'une l'autre, se caractérisent par le même égocentrisme forcené qui tarit les sentiments et refuse au corps tout plaisir. Puis nous verrons que ces deux penchants, nous conduisent à un rapport faussé au monde, empreint d'hypocrisie et de mauvaise foi, dans la subversion de toutes les valeurs. Enfin nous nous demanderons en quoi les œuvres du programme s'interrogent sur la possibilité, dans des sociétés dominées par l'argent, de retrouver une relation authentique à soi et à autrui, loin de la pruderie et de l'avarice.

SI L'AVARICE ET LA PRUDERIE peuvent être rapprochées, c'est avant tout car elles se caractérisent toutes deux par une sécheresse du cœur et des sentiments, un même refus de jouissance des plaisirs sensuels offerts par la vie.

Le prude nie son corps et se refuse le droit de jouir de sa sensualité sous des prétextes moraux. L'avare, lui, se l'interdit par refus de la dépense. Molière incarnant Harpagon devait en être une magnifique illustration : sec, toussant, courbé, image parfaite d'un homme dont le corps moribond n'est plus qu'une enveloppe vide au service de son obsession pécuniaire : lui voler son argent, « c'est lui percer le cœur, c'est lui arracher ses entrailles »[1]. On tremble en écoutant Frosine dresser le tableau de la vie que Mariane connaîtra auprès de cet époux : ne se nourrir que de « salade, de lait, de fromage et de pommes »[2], ne connaître ni le plaisir du jeu, ni

[1] II, 4 [2] II, 5

celui de la mode, ni le confort domestique. Vivre auprès de cet homme, c'est être déjà mort. Selon Simmel, l'avare est bien celui qui ne jouit de sa fortune que de façon abstraite, dans la seule idée de sa possession, sans profiter des manifestations concrètes et agréables qu'elle pourrait lui procurer. Il n'est donc pas étonnant que cette pathologie touche davantage les vieillards arrivés à un âge « où les aspects sensuels de la vie perdent leurs attrait, ou la possibilité d'être savourés »[3]. Impuissance physique, corps maladifs et frigides, telles semblent être les caractéristiques communes des avares et cupides qui peuplent le roman de Zola : Gundermann ne se nourrit plus que de lait[4].

L'avarice semble donc bien conduire, comme la pruderie, à l'impuissance et à la stérilité. Mais ce ne serait rien si la froideur des corps ne s'accompagnait de la sécheresse des cœurs. L'obsession d'Harpagon le prive de tout sentiment humain : il s'apprête à sacrifier ses enfants en les mariant à des vieillards pour mieux assurer ses intérêts, il se félicite de leur survivre ou reproche à Valère d'avoir sauvé Élise de la noyade ! Dans son cœur le dilemme ne dure pas longtemps quand il lui faut choisir entre sa cassette et Mariane. Même tyrannie insensible exercée par une mère avaricieuse chez Zola : Mme de Beauvilliers, soucieuse de sauver les dernières apparences qui la lient à la caste aristocratique, envoie son fils, dont la santé est fragile, servir le pape à Rome – il n'y survivra pas – et, tout en le regrettant, condamne sa fille Alice à rester vieille fille, piégée dans une vie de misère. Pruderie forcée de la fille par l'économie de la mère.

Les deux penchants se rejoignent dans la même origine : avarice et pruderie ne sont que deux manifestations de notre principal défaut, l'amour-propre. L'avare et le prude construisent un monde centré sur leur personne, niant autrui. Simmel interprète le penchant du vieillard à l'avarice comme la manifestation de sa volonté de toute-puissance. La dimension abstraite de l'argent en fait un outil parfait de domination sociale et individuelle. Le seul attrait qu'il reste à la vieillesse ne réside-t-il d'ailleurs pas dans cette soif de domination et « ce besoin maladif d'influence »[5] ? Le « tyran » Harpagon ou le « roi » Gundermann en semblent les illustrations parfaites.[6]

N'est-ce d'ailleurs pas cet amour-propre qui conduit à l'avarice et la pruderie ?

THÉÂTRALITÉ, MAUVAISE FOI ET HYPOCRISIE : tels sont les travers où nous conduisent cette relation faussée à soi et au monde.

On peut se faire prude pour se cacher, à soi-même et aux autres, un manque de séduction. On peut être avare pour réaliser une soif de puissance. Dans les deux cas, on s'illusionne facilement. L'usurier Harpagon cache à la société son vice le plus odieux en le parant de nobles motivations : « La charité, maître Simon, nous oblige à faire plaisir aux personnes, lorsque nous le pouvons », ose-t-il prétendre[7].

[3] p. 293 [4] p. 137 [5] p. 293 [6] *L'Argent*, p. 401 [7] II, 2

Même ambiguïté dans le vœu de pauvreté comme finalité de l'existence qu'analyse Simmel : loin d'être lié à une indifférence vis-à-vis des biens terrestres, il peut en effet être une réaction de rejet, de haine violente de l'argent qui ne peut s'expliquer que par sa représentation surévaluée : l'argent considéré comme le diable absolu. La comtesse d'Orviedo, dans *L'Argent*, dilapide sa fortune avec une obsession équivalente à celle de l'avare qui accumule son bien. Femme prude et austère, la charité dont elle fait preuve est loin du pur désintéressement : recherche de salut et vengeance contre un mari haï.

Or la mauvaise foi caractérisant les personnages avaricieux et prudes conduit leur entourage, menacé par ces lubies, à adopter des attitudes inauthentiques. Les avares et cupides de Molière et Zola s'enferment et enferment leur entourage dans un monde de cachotterie, de méfiance et de complot, de mystères réservés aux seuls initiés. Aussi vend-on son corps dans *L'Argent*, comme la baronne Sandorff, pour obtenir quelques secrets boursiers. Dans une intention plus louable, Valère, l'intendant d'Harpagon, est contraint de feindre de partager les valeurs de son maître pour mieux arriver à ses fins : obtenir que son amour pour Élise se concrétise par un mariage. Manipulations et jeux de dupes foisonnent dans ces œuvres où l'argent est le centre des préoccupations.

Car, en confondant être et paraître, l'avare et le prude subvertissent toutes les valeurs. En donnant une importance exclusive et survalorisée à la possession de l'argent, l'avare vit dans un monde qui inverse moyens et fins. Harpagon ne conçoit le mariage que comme une opération financière, et non comme fin en soi garantissant le bonheur des époux. Mais ce rabaissement des valeurs les plus nobles au niveau de la valeur intermédiaire de l'argent, cette transformation de ce qui devrait être une finalité absolue en simple moyen, n'est-ce pas aussi ce qui caractérise le prodigue et cynique Saccard, qui pare son projet de banque universelle de prétextes religieux et se persuade lui-même des objectifs charitables de son entreprise quand il ne sert que sa propre puissance ?

Mais cette confusion n'est pas propre à l'avarice et à la pruderie.

DANS UNE SOCIÉTÉ qui fait de l'argent la valeur suprême, le principe et la fin de toute relation, comment retrouver une relation authentique à soi et au monde ?

Si l'avarice assèche le cœur et le corps, la prodigalité offre-t-elle un salut ? La métaphore qui lie spéculation boursière et désir sexuel dans *L'Argent* semble le démentir. Saccard se montre incapable d'éprouver un sentiment amoureux sincère et son désir pour les femmes se trouve même tari par ses ambitions financières. Aussi ne conquiert-il que par automatisme ou fierté masculine. Et les femmes qu'« il se paye », comme la frigide et cupide baronne Sandorff, sont bien décevantes tant elles sont incapables de donner généreusement leur corps et leur cœur. Seul le son de l'or qui teinte dans l'atelier de Kolb peut encore attiser son désir et provoquer l'orgasme : « béats dans cette sonnerie si claire et exaspérée, dont leur chair frémissait toute, comme d'une note trop haute tenue sans fin sur les violons, jusqu'au spasme. »[8] Saccard est bien ce prodigue défini par Simmel, qui est victime comme l'avare de démesure et fait de l'argent un objet de convoitise sans trouver de limites dans une jouissance finale que doit offrir normalement la possession. Si l'avare et le prodigue sont les deux revers d'une même médaille (le désir infini de l'argent), la débauche et la pruderie sont deux façons antithétiques de ne pas se donner véritablement à l'autre. Et dans un monde où seul l'argent motive les relations humaines, nous sommes condamnés à osciller entre les deux.

Aussi les œuvres témoignent-elles de notre relation pathologique à cet outil devenu valeur suprême et sacrée, qui conditionne notre rapport au monde et à autrui. Simmel montre comment le cynisme est un comportement typique des sociétés de grande circulation monétaire. Le cynique se plaît à considérer les valeurs les plus hautes, les plus abstraites, comme de simples marchandises qui sont à vendre et ont un prix. Le blasé, lui, ne se contente pas de dévaluer les choses, il ne manifeste qu'indifférence face à elles. La facilité avec laquelle on les acquiert en fait perdre le prix et nous sommes condamnés à recourir à des excitants pour ne pas céder à l'ennui. Zola semble en dresser déjà le constat quand il dépeint la fièvre maladive de la spéculation qui s'empare de ces petits bourgeois, languissant dans une vie confortable mais ennuyeuse, les Maugendre.

Faut-il alors être pessimiste ? N'y a-t-il pas moyen, dans une société monétarisée, de fonder les relations humaines sur un échange authentique et naturel qui ne serait motivé que par le désir véritable de rencontrer autrui ? Certains personnages nous en offrent l'exemple. C'est tout d'abord Anselme dans *L'Avare*, père généreux et aimant, antithèse de l'insensibilité prude et avaricieuse d'Harpagon. C'est aussi Mme Conin dans *L'Argent* qui repousse avec élégance les avances de Saccard : « Comment ! l'argent ne donnait donc pas tout ? Voilà une femme que d'autres avaient pour rien, et qu'il ne pouvait avoir, lui, en y mettant un prix fou ! »[9] Cette femme généreuse et naturelle, sensuelle et séduisante, qui aime sincèrement son mari, n'a des liaisons que d'un soir avec ceux qui lui plaisent. Aucune affectation, aucune pruderie, aucun intéressement financier : la joie du plaisir donné et reçu. C'est également Mme Caroline qui se donne à Saccard sans engagement, sans arrière pensée. Figure exemplaire, elle conclut le livre de son regard optimiste et lucide qui se refuse à porter un jugement moral et plaide pour un amour simple de la vie : « Pourquoi donc faire porter à l'argent la peine des saletés et des crimes dont il est la cause ? L'amour est-il moins souillé, lui qui crée la vie ? »[10]

[8] p. 153 [9] p. 332 [10] p. 500

Ainsi les œuvres du programme illustrent bien les origines et manifestations communes de la pruderie et de l'avarice : sécheresse du corps et du cœur fondée sur un égoïsme forcené ; amour-propre démesuré qui conduit à donner une image trompeuse de soi, volonté de puissance et de domination qui subvertit les valeurs et pervertit toute relation humaine. Si la pruderie semble bien être une forme d'avarice, l'avare n'est pas en reste, lui qui ne sait donner ni argent ni sentiments. Il n'est donc pas sûr que l'une soit pire que l'autre. Mais il est intéressant de constater que l'avarice n'est pas la seule déviance pathologique qui conduise à cette inauthenticité de nos relations à autrui et au monde. C'est le malheureux penchant des sociétés qui ont fait de l'argent l'aune à laquelle toute chose est mesurée et qui en font le principe et la fin de toute relation humaine. La fiction dévoile ces vices, pour mieux nous en préserver et nous propose des contre modèles positifs.

IV Éviter le hors sujet

« L'avarice est le pire défaut qui existe. Si on compte ses sous, on compte aussi ses sentiments. » Michel Audiard

La citation de Michel Audiard est assez proche de celle de Stendhal dans la structure superlative de la phrase et dans l'équivalence proposée entre l'absence de générosité financière et affective. Pas de réflexion cependant, chez Audiard, sur la dimension théâtrale et hypocrite de ces comportements. Pour traiter un tel sujet, il faudrait donc se concentrer davantage sur l'équivalence proposée et qui semble pour Audiard aggraver le défaut du pingre. L'avare est-il forcément avare de son amour ? Nous pourrions apporter une nuance avec le personnage de Gundermann, patriarche aimant et affectueux qui s'enrichit dans l'espoir de laisser sa fortune à ses enfants. Il faudrait également dépasser l'équivalence en s'interrogeant sur les autres rapports à l'argent que proposent les œuvres du programme et qui montrent qu'il n'y a pas que les avares qui soient incapables d'aimer sincèrement. La problématique s'élargit alors à l'ensemble de nos comportements dans une société dominée par l'argent et par l'amour-propre.

Sujet 17

« Peut-être en va-t-il de l'argent comme de l'art : se transforment tout le temps, ne progressent jamais. D'où leurs accointances. » (Régis Debray, « 1, 17 euro », article de *Médium*, numéro 16–17 : « L'Argent maître », juillet–décembre 2008)

Vous commenterez cette citation à la lumière des œuvres au programme.

Corrigé proposé par Aurélien PIGEAT

I Analyse du sujet

1 Analyse des termes du sujet

Le sujet est concis, et apparaît comme une formule lapidaire. Proche de l'aphorisme, il exige de déceler les implicites qu'il recèle afin de parvenir à le traiter. Une démarche d'explicitation est nécessaire afin de rendre pleinement compte de la pensée de Régis Debray.

Le sujet se présente sous une forme assertive qui établit un lien entre deux univers a priori distincts, étrangers voire opposés : celui de l'argent et celui de l'art. Sa forme est celle d'une hypothèse qui pose l'équivalence entre les deux domaines. Cette équivalence porte sur leur nature, et conduit à une conséquence : le constat d'une proximité entre argent et art.

Le sujet semble donc construire une logique à rebours. Art et argent sont deux domaines en nécessaires relations. L'art est l'œuvre de la création, dépend du domaine esthétique, mais s'ancre dans une réalité sociale et économique, et est soutenu par un marché, fondé sur des cotes, à la manière du monde boursier. Il y a donc une évidente relation entre les deux univers puisque l'argent participe au fonctionnement des échanges au sein du monde artistique. De plus, cette dépendance économique, qui fait de l'œuvre d'art une marchandise, est doublée par les similitudes des marchés financier d'une part et artistique d'autre part. La spéculation y a également cours : le décrochage entre valeur accordée au produit et réalité produite évoque autant le monde de la bourse que le marché de l'art.

Il s'agit là des présupposés implicites contenus dans les « accointances » constatées par Régis Debray dans cette citation. À partir de ce postulat, Régis Debray établit un lien plus profond qui associerait fonctionnement de l'argent et fonctionnement de l'art. C'est la nature dynamique des deux univers qui est alors explorée. Régis Debray évoque l'évolution constante dont font preuve l'art et l'argent. Mais cette évolution masque pour l'auteur une stagnation de fond : seules les formes changent. Si cette assertion peut effectivement s'appliquer spontanément à l'argent, la déplacer sur le domaine de l'art recèle une nature polémique. Si les formes artistiques changent au cours des époques et des sociétés, l'histoire de l'art, considérée comme l'ensemble des manifestations artistiques au cours du temps, serait un juxtaposition d'évolutions successives. Il n'y aurait pas de fin, au sens téléologique, poursuivie dans l'art, et donc pas de progrès, au sens scientifique du terme, dans ce domaine. Le verbe *progresser* joue sur l'ambiguïté lexicale des substantifs *progrès* et *progression*. Le premier peut contenir l'idée d'amélioration, quand le deuxième, plus neutre, n'envisage qu'une avancée chronologique ou quantitative. Si l'art est marqué par une progression des formes, il ne témoignerait pas, a priori, d'un progrès global. L'argent ferait de même : évoluant dans ses formes, ne changeant pas dans ses principes. Pourtant, les artistes restent portés par l'idée d'une amélioration de leur art au cours de leur carrière, et s'inscrivent dans une trajectoire en progrès de l'art en général. Sans cela, il ne saurait y avoir de tension créatrice, de désir d'innover, d'inventer. C'est pourquoi le propos de Régis Debray apparaît comme polémique, fondant ensemble quantitatif et qualitatif pour rapprocher art et argent.

Cette constance commune des deux univers peut en fait, à terme, paraître relever d'une forme de sacralité qui caractériserait l'art et l'argent. Objets sacrés, c'est-à-dire en quelque sorte intouchables dans leur essence, ils ne connaîtraient de mutations que de surface.

2 Confrontation aux œuvres

Dans ***L'Avare***, l'argent n'est pas envisagé dans son lien avec l'art. Il adopte toutefois une forme particulière, souvent symbolique, qui déplace la monnaie sur un domaine connexe. L'argent est représenté dans la pièce à travers la cassette d'Harpagon, à travers ses descriptions, et la circulation dont elle fait l'objet. L'argent reste le même fondamentalement, mais ne cesse de changer de lieu. Il est l'objet d'échanges entre les personnages, de tractations et de discussions. À ce titre, il illustre bien la réflexion de Régis Debray opposant transformation et progression concernant l'argent.

Émile Zola évoque directement la question des formes prises par l'argent. À travers les usages de l'argent pour différents personnages, le lecteur prend conscience de la nature protéiforme de l'argent. Mais la dynamique du roman, et la trajectoire qu'il trace avec le parcours de son personnage principal, Saccard, forment une boucle. Le caractère cyclique de l'argent est ici mis en relief. Si l'argent change dans ses formes, il ne progresse pas, et reste identifiable à travers des phénomènes sociologiques précis, que Zola décrit tout au long du roman.

Georg Simmel analyse précisément les mécanismes de conversion liés à l'argent. Mais il fait aussi de ces conversions un système où l'argent, moyen absolu, substituable à tout produit, ne progresse pas en tant que tel, puisqu'il peut en permanence revenir à des états antérieurs, et qu'aucun état n'est en soi supérieur aux autres, en dehors du système de valeur monétaire. Par ailleurs, Simmel dresse lui aussi un parallèle entre l'argent et l'œuvre d'art à partir de l'investissement psychologique dont tous deux sont l'objet. Pour Simmel, tous deux existent davantage en tant que réalités subjectives qu'en tant que réalités objectives.

3 Problématique

Ce sujet, par le parallèle qu'il dresse entre deux domaines en apparence étrangers, invite à se servir de l'un pour comprendre l'autre. Il s'agit donc d'utiliser des catégories et concepts relevant du domaine de l'art pour aborder et explorer celui de l'argent. C'est ainsi qu'il faut élaborer une réflexion qui tienne compte du parallèle établi, le commente et le discute, tout en faisant des outils suscités par l'univers esthétique des leviers pour décortiquer les mécanismes du monde de l'argent.

Dès lors, il faut nous demander s'il en est véritablement de l'argent comme de l'art, si cette comparaison renseigne utilement sur l'argent, ou nous écarte par ce déplacement de ce qu'est l'argent. L'écart proposé par la comparaison doit nous permettre de mettre en relief à la fois ce qui est commun et ce qui distingue, et donc d'identifier les caractéristiques de l'argent : par la similitude, et par la différence, la nuance. Plus globalement, il nous faut nous interroger sur la portée de ce rapprochement entre art et argent, et sur ce qu'il fait de l'argent en le superposant à l'art.

Ainsi, le plan adopté sera plus spontanément dialectique pour examiner la validité de la citation. Sa forme d'aphorisme invite à une exploration à la fois positive et critique. Il faut montrer sa pertinence et ses limites. Les deux premières parties adopteront donc cette démarche dialectique. La troisième partie devra alors déterminer quel principe, implicite dans la citation de Régis Debray, permet de nourrir ce parallèle en profondeur.

II Plan détaillé

I L'art et l'argent, d'étonnants points de comparaison

1. Deux mondes en constante transformation
2. Art et argent ne progressent jamais
3. Des systèmes de valeur

   Malgré tout, ces ressemblances peuvent n'être que de surface, et masquer des divergences plus essentielles.

II Des similitudes trompeuses
1. Conversion contre évolution
2. Progression contre progrès
3. Valeur économique contre valeur esthétique
Pour autant, il demeure qu'un principe de fond relie l'art et l'argent : tous deux reposent sur la création et l'engendrement.

III Des dynamiques de création
1. Un principe commun : créer
2. Engendrer le même contre susciter la différence
3. Un pur moyen à côté d'une pure fin ?

III Dissertation rédigée

POUR LE PHILOSOPHE ITALIEN Giorgio Agamben, qui analyse la mutation des formes d'art dans la seconde moitié du XIXe siècle, « la transformation de l'œuvre d'art en marchandise absolue est aussi l'abolition la plus radicale de la marchandise. »[1] Il constate ainsi l'existence d'un lien étroit et complexe entre les sphères de l'art et de l'argent, perceptible sous la forme d'une tension.

Régis Debray, dans une revue sur le thème de « L'Argent maître », aborde ce lien à travers l'évolution des formes de l'art et de l'argent : « peut-être en va-t-il de l'argent comme de l'art : se transforment tout le temps, ne progressent jamais. D'où leurs accointances. » L'art et l'argent se présentent sous des formes multiples, sont l'objet de mutations, sans qu'aucun des deux ne présente un changement radical susceptible de modifier sa nature. Régis Debray nous invite ainsi à questionner cette proximité, établie sous un angle précis, de deux réalités a priori perçues comme étrangères, voire opposées, tout en présupposant les liens étroits et souterrains qui les unissent. Cette perspective peut-elle pour autant être immédiatement validée, et justifier les accointances observées entre l'art et l'argent ?

Ainsi, nous analyserons d'abord la nature des liens qui unissent l'argent et l'art. Puis nous montrerons que les similitudes observées se révèlent trompeuses, et masquent des écarts essentiels. Nous étudierons enfin quel principe commun à l'art et l'argent peut être identifié.

L'ART ET L'ARGENT présentent des similitudes : constantes transformations, absence de progression, et inscription dans des systèmes de valeur.

Les formes de l'art et de l'argent connaissent de multiples mutations. Les formes de l'art sont diverses (peinture, sculpture, poésie ou musique, par exemple)

[1] Giorgio Agamben, *Stanze*, Rivages/Payot, p. 81

comme ses expressions qui évoluent selon les époques, les cultures, les lieux. Le caractère de transformation de l'argent est lié à sa faculté de conversion qui permet d'obtenir les objets désirés par un processus d'échange. Cette faculté fait de l'argent un « moyen absolu »[2] pour Simmel. En tant que pur moyen inscrit au cœur des séries téléologiques, l'argent est objet et vecteur de transformations. Chez Zola, les multiples usages de l'argent (charité, spéculation, consommation) proposés par les différents personnages confirment cette nature protéiforme de l'argent.

Parallèlement à ces transformations de surface, l'art et l'argent ne progressent pas pour Régis Debray. Il y a en eux une immobilité foncière qui repose sur la permanence des fins poursuivies. Pour l'art, quelle que soit la forme considérée, la finalité, esthétique, reste la même. Pour l'argent, il s'agit de ce que Simmel considère comme une absence de fin : pur moyen, il est incapable de progresser. L'argent reste définitivement le même, comme l'illustre sa conservation sous une forme voulue immuable par Harpagon dans *L'Avare*. La cassette devient un emblème de cette immobilité de l'argent comme un ensemble, même si dans le détail l'usure pratiquée par Harpagon augmente son magot. De même, la trajectoire de *L'Argent* de Zola nous ramène au point de départ, annulant les mouvements effectués tout au long du récit.

L'art et l'argent reposent en outre tous deux sur des systèmes de valeurs mouvants. L'œuvre d'art comme marchandise voit sa nature esthétique doublée d'une valeur économique, fondée sur un marché. L'évaluation des œuvres repose sur des cotes variables selon les périodes, les artistes. Ce modèle, parfois spéculatif, rappelle le fonctionnement boursier. Chez Zola, L'Universelle montre les mécanismes de la spéculation financière, capable de décrocher la valeur d'un objet de sa réalité. Les valeurs fluctuent au gré des annonces, des rumeurs, des intrigues de spéculateurs, en fonction de critères plus subjectifs qu'objectifs. Simmel, analysant le *superadditum*, établit un parallèle du même ordre entre art et argent[3].

Malgré tout, ces ressemblances peuvent n'être que de surface, et masquer des divergences plus essentielles.

CES SIMILITUDES sont ainsi trompeuses. Des nuances apparaissent qui différencient l'art et l'argent.

Tout d'abord, la conversion propre à l'argent se distingue de l'évolution qui relève de l'art. Lorsque l'argent se transforme, le processus est celui de la conversion, identifié par Simmel. L'argent se trouve convertible en biens divers, tous situés sur le même plan par rapport à lui. L'art, lui, voit ses formes évoluer de manière continue, sans la fixité d'une référence constante que l'on retrouve dans l'ar-

[2] p. 244 [3] p. 255

gent. Si l'argent est toujours fluctuant, il reste au centre des séries téléologiques. C'est pourquoi il reste, à travers la cassette d'Harpagon, dans cet état de conversion potentielle jamais actualisée pour finalement ne jamais changer de forme.

En outre, l'art et l'argent ne progressent pas de même façon. Si l'argent, moyen absolu, peut suivre une progression numérique par l'accumulation, ses changements restent réversibles, peuvent être annulés. L'évolution des formes de l'art ne s'accommode pas de retours, et suppose au moins l'idée d'un progrès, au sens d'une recherche sans cesse poursuivie, à l'échelle d'un artiste ou de l'histoire de l'art, et visant à progresser, non pas quantitativement, mais bien qualitativement. Cela laisse entendre une amélioration, quand la progression constate un changement sans l'évaluer. L'avarice d'Harpagon illustre la progression strictement quantitative de l'argent. Cette obsession le conduit à nier tout ce qui pourrait entraver cette accumulation. L'avare est celui qui fait de la quantité d'argent un principe de vie. Celle-ci est toutefois précaire, comme le montre la logique spéculative mise en scène dans *L'Argent* : la valeur des titres de l'Universelle connaît autant de régressions que de progressions.

Cette opposition entre quantitatif et qualitatif distingue les logiques des systèmes de valeur de l'art et de l'argent : logique économique de l'argent contre logique esthétique de l'art. La première vise une augmentation stricte que nous découvrons à travers des personnages de financiers, comme Daigremont, dont le seul souci est leur capital. La seconde ne vise pas cette augmentation. La valeur marchande d'une œuvre ne correspond pas directement au jugement esthétique. Elle n'en est qu'une équivalence, tronquée. La jouissance esthétique d'une œuvre peut s'effectuer en dehors de la logique économique d'une possession matérielle. La relation entre l'art et l'argent reste donc de l'ordre de la comparaison, comme le fait Simmel pour expliquer le *superadditum* : un biais qui aide à penser davantage qu'une véritable identité.

Pour autant, il demeure qu'un principe de fond relie l'art et l'argent : tous deux reposent sur la création et l'engendrement.

CES NUANCES mettent en évidence une dynamique similaire qui invite à questionner ce phénomène de ressemblance.

Ce principe apparaît bien d'abord comme quelque chose de partagé : Dans les deux cas, il s'agit de produire. Cette ressemblance entre les deux univers se trouve soulignée presque historiquement avec le monde moderne tel qu'il est décrit par Simmel : « autrefois [l'argent] servait seulement à la consommation, tandis que maintenant il sert essentiellement à la production. »[4] Dans le même temps, l'œuvre d'art, du fait de la reproductibilité généralisée au XIXe siècle, est associée

[4] p. 276

à l'idée de production. La construction de son syndicat par Saccard afin de lancer l'Universelle illustre bien cette logique productrice de l'argent. Celui-ci doit être amené afin de créer une dynamique d'inflation.

Toutefois, si la dynamique est semblable, le geste est différent dans sa finalité. L'argent est pris pour lui-même, en tant que moyen absolu, susceptible d'être converti selon nos désirs. La logique est d'abord de produire l'argent lui-même. La production est alors la duplication du même. À l'inverse, même si l'art existe à travers la reproductibilité, comme avec les livres d'art, l'œuvre d'art est étroitement liée à la notion d'original. Cela implique que chaque œuvre est produite en tant qu'elle se distingue de toutes les autres. L'art est ainsi du côté de la nouveauté. L'avarice d'Harpagon le conduit à cultiver l'argent pour le démultiplier. L'argent est nié en tant que moyen de consommation, vaut pour lui-même. Chez Zola, le système spéculatif fonctionne de même : les actions ne sont que des valeurs, ne correspondent qu'à des gains ou des pertes financières.

La nature d'absolu de l'art et de l'argent les rapproche et les distingue radicalement en même temps : pur moyen pour Simmel, l'argent fait en ce sens écho à l'art qui s'érige comme une pure fin. Par ailleurs, pour Simmel, de pur moyen, l'argent peut devenir, par un phénomène de sublimation, une pure fin : « il est le moyen absolu qui, pour cette raison même, s'élève à la signification psychologique d'une fin absolue. »[5] C'est très exactement le cas d'Harpagon qui fait de sa fortune une fin en soi. La sublimation est par ailleurs le terme que Freud utilise pour décrire le processus de création artistique. La confusion entre les mondes de l'art et de l'argent est là possible, avec la tentation vertigineuse de faire de l'avarice d'Harpagon un geste esthétique.

L'APHORISME DE RÉGIS DEBRAY construit, de manière polémique, un parallèle entre ces deux sphères, financière et esthétique, que tout semble opposer. Il attire notre attention sur des ressemblances troublantes qui mettent en relief une série de nuances distinguant art et argent. Tous deux peuvent toutefois aisément être confondus, se rejoignant dans une forme d'absolu à travers leur dynamique de création.

Cette parenté ouvre des perspectives permettant de joindre ces deux mondes que pourrait prolonger le biais de la religion. Évoqué par Simmel, souvent associé à l'art, ce champ est marqué dialectiquement par la tension entre sacré et profane, sacralisation et profanation. *L'Argent* et *L'Avare* illustreraient pleinement ce déplacement du religieux sur le domaine de l'argent, avec les mystères qui environnent la Bourse ou avec le culte que voue Harpagon à son or.

---

[5] p. 283

IV Éviter le hors-sujet

Tout d'abord, il est bon de ne pas s'affoler face à un tel sujet. Même s'il paraît relever du champ de la philosophie esthétique, il ne requiert pas de votre part de connaissances particulières concernant ce domaine. Il s'agit d'un moyen comme une autre de réfléchir sur l'argent. Le sujet doit donc être appréhendé comme tout sujet : de manière assez générale, et non comme un piège destiné à d'hypothétiques spécialistes d'esthétique.

Dès lors, le principal danger d'un tel sujet réside dans l'ouverture qu'il propose. En comparant l'argent, thème de l'année, à un autre domaine, l'art, il invite à mettre en lumière des ressemblances, ainsi que des divergences, et à les analyser. Le sujet, malgré son apparente ouverture, est implicitement contextualisé et cadré par le corpus de textes auquel nous devons recourir. Dès lors, le premier risque est de s'écarter de ce cadre pour construire sa dissertation directement sur l'art, alors que celui-ci doit en fait servir de levier pour explorer le domaine de l'argent. Il y a donc un équilibre à conserver entre prise en compte de la comparaison établie dans le sujet, l'art, et exploration de l'enjeu essentiel de la dissertation, l'argent.

Ainsi, la démarche doit éviter de s'égarer sur le premier point commun liant l'art et l'argent, à savoir la valeur marchande de l'objet d'art. Si celle-ci fonde le rapprochement, et est présente dans le sujet à travers l'allusion que contient le terme « accointances », elle ne doit pas servir de base à l'analyse mais s'y inscrire comme élément parmi d'autres. Se focaliser sur ce que vaut une œuvre d'art, et sur la légitimité de cette valeur, idée immédiate quand on rapproche art et argent, c'est orienter la dissertation vers le domaine de l'art, et non vers celui de l'argent. La valeur de l'objet d'art doit être questionnée dans une réflexion construite autour de l'argent.

L'autre grande difficulté du sujet réside sans doute dans la mise au point du plan, et dans la stratégie adoptée pour exploiter la citation. A priori, il semble possible d'opter aussi bien pour un plan thématique que pour un plan dialectique. Le sujet se présente sous une forme assertive, et non comme une question. Il apparaît de plus comme vaste, et appelle une ouverture à partir de la comparaison qu'il avance. Mais choisir un développement thématique peut conduire à manquer la dimension éminemment polémique du propos de Régis Debray. Il ne va pas de soi de rapprocher comme il le fait l'art et l'argent, surtout pour signifier l'idée que l'un comme l'autre ne « progressent jamais ». Il y a là quelque chose d'original, qui sollicite une réponse, une prise de position face à une proposition détonante. Le plan dialectique permet de tenir compte de cette teneur polémique de la citation, en la discutant tout en l'explorant.

Argent et travail

Passages clés analysés et commentés

Texte n° 1

Harpagon : un homme tourmenté par son argent

Molière, *L'Avare*

Acte I, scène 3

La crainte du vol

Harpagon chasse La Flèche...

La première apparition d'Harpagon sur scène est celle d'un homme autoritaire, violent, qui renvoie ses gens de façon arbitraire : « Hors d'ici », « sors vite » ordonne-t-il au valet de son fils, qu'il menace de frapper à plusieurs reprises. Harpagon ne donne aucune raison à La Flèche concernant cet ordre : « Tu m'as fait que je veux que tu sortes. » En réalité, Harpagon a peur que La Flèche ne le vole ; ce dernier est accusé d'être « un espion », « un traître », un « mouchard »... Cette peur est si ancrée chez Harpagon qu'il ne peut se retenir de fouiller La Flèche.

...avant de le retenir pour l'examiner

Harpagon vérifie que La Flèche n'emporte rien avec lui. De façon comique, il inspecte ses mains, ses chausses, ses poches... À la fin, c'est La Flèche lui même qui « lui montr[e] une des poches de son justaucorps », ce qui accentue le ridicule physique d'Harpagon : on peut l'imaginer, tel un pantin ou une mécanique, tournant autour de La Flèche, cherchant à explorer toutes les cachettes possibles de ses habits. Il se démène physiquement pour vérifier que La Flèche ne lui a rien volé. Travaillé par l'angoisse d'être volé, Harpagon se dévoile lui-même.

La maladresse d'Harpagon

Harpagon est si obsédé par son argent qu'il ne peut éviter de dévoiler son secret. Il ne parvient pas garder pour lui des informations pourtant confidentielles : « Ne serais-tu point homme à aller faire courir le bruit que j'ai chez moi de l'argent caché ? » Or, c'est à partir de ce moment que naît le projet de La Flèche de dérober l'argent. Finalement, c'est Harpagon lui-même qui déclenche le vol qu'il redoute tant : « qu'un homme comme cela mériterait bien ce qu'il craint ! et que j'aurais de joie à le voler ! »

Protéger son argent

Une torture morale

Harpagon ne peut pas être certain que son argent est toujours présent, car il ne peut pas l'avoir tout le temps sous les yeux. S'éloigner de son argent est une véritable torture : c'est la porte ouverte à tous les soupçons. Il ne peut qu'être tourmenté : « je tremble qu'il n'ait soupçonné quelque chose de mon argent », et son obsession est telle qu'il transforme la réalité, et devient paranoïaque : La Flèche devient ainsi un espion qui passe son temps « à observer ce qui se passe », Harpagon voit dans les hauts de chausse « les receleurs des choses qu'on dérobe ». Protéger son argent est donc pour Harpagon un travail, au sens étymologique de ce mot, une « torture ».

Un travail à plein temps

Mais c'est aussi une véritable occupation. La Flèche insiste en effet sur le soin qu'Harpagon prend à protéger son argent : « Êtes-vous un homme volable, quand vous renfermez toutes choses, et faites sentinelle jour et nuit ? » Harpagon est toujours occupé : il a l'œil sur tout (sur sa cassette, comme sur son personnel, dont il craint « les yeux maudits » qui « furètent de tous côtés »), et écoute tout ce qui se dit. Il relève tous les mots se rapportant à l'argent : « voler », « avarice et avaricieux ». Ainsi, Harpagon, qui « a le diable au corps » perd son rang social en s'agitant comme un fou.

... dont se moque avec insolence son valet

La Flèche évoque avec un malin plaisir la plus grande crainte d'Harpagon : « que j'aurais de joie à le voler », puis transforme sa phrase pour ne pas éveiller ses soupçons : « Je dis que vous fouillez bien partout, pour voir si je vous ai volé ». Juste après, il critique les avares, qui sont des « vilains et des ladres ». Ces insultes sont destinées à son maître, mais La Flèche est trop habile pour le reconnaître devant Harpagon. Il esquive par des questions : « De quoi vous mêlez-vous ? », « Est-ce que vous croyez que je veux parler de vous ? », et par une réponse absurde : « je parle à mon bonnet. » Harpagon est rabaissé par son valet et ne trouve plus rien à dire. En dernier recours, il lui ordonne de se taire, ce qui n'empêche pas quelques piques de La Flèche. Par le langage, La Flèche s'emploie à montrer la vanité d'une préoccupation qui ne profite à personne.

Conclusion

Dans cette scène, Harpagon s'en prend à son valet La Flèche, qu'il soupçonne d'intentions malhonnêtes. À travers cette dispute, le spectateur perçoit combien conserver son argent représente pour Harpagon un véritable travail, tant physique et mental. En effet, cet argent, dont il ne peut vérifier en permanence la présence, le rend particulièrement anxieux et angoissé, ce dont se moque son valet.

Texte n° 2

Le travail et le jeu

Émile Zola, *L'Argent*

depuis « La maison Sédille... » (p. 146) jusqu'à « Dites à Daigremont que j'en suis. » (p. 147)

Une vie de travail

La fortune des Sédille

Sédille est un marchand de soie lyonnais qui a fait fortune dans son métier. À force d'efforts, le personnage est à la tête d'une « maison » florissante : il « venait enfin de faire de son commerce de soie l'un des mieux connus et des plus solides de Paris ». Cette maison est ainsi établie entre Lyon, ville connue pour la qualité de ses soieries, où se trouvent les ateliers, et Paris, le marché le plus intéressant de France, où Sédille vend ses produits. Zola insiste sur les étapes de cette réussite : « après trente ans de travail », « enfin ». Le temps du travail est un temps long. Cette réussite représente une vie entière.

La paresse de Gustave Sédille

Les membres de la famille n'ont pas tous la même attitude face à la fortune : alors que le père l'a patiemment construite à force de travail, le fils, Gustave, vit en paresseux. Loin de marcher sur les traces de son père, qui pourtant « avait rêvé de se décharger de sa maison sur ce fils », cette « âme de joie et de fête » n'est bonne qu'à « croquer les fortunes faites ». Zola en fait un dévorateur, à l'instar de Maxime Saccard. Il est frappant et ironique d'ailleurs que son père l'envoie « chez Mazaud pour voir s'il mordait aux questions de finance ».

La fièvre du jeu

Une maladie subite

Mais le père lui-même a subi une métamorphose radicale : « la passion du jeu, à la suite d'un incident de hasard, s'était déclarée et propagée en lui avec la violence destructive d'un incendie ». Le parvenu est « affolé » par l'ampleur des gains boursiers. Au temps long de la réussite par le travail, s'oppose la fulgurance du jeu : « À quoi bon donner trente ans de sa vie, pour gagner un pauvre million, lorsque, en une heure, par une simple opération de Bourse, on peut le mettre dans sa poche ? »

Les remords d'un honnête homme

Le « négociant »s'est « dégoût[é] du gain légitime ». Zola fait de lui l'exemple d'une loi générale : « on finit même par perdre la notion exacte de l'argent ». Alors que celui-ci, gagné par le biais du commerce, peut apparaître comme la juste rétribution des efforts et le couronnement du talent, la fièvre du jeu transforme l'argent en simple chiffre, le dématérialise. Le rapport à l'argent se teinte alors d'une dimension presque sacrée : le hasard (ou la fortune) le distribue aveuglément. Sédille est pris de « terreur », de « désir »et de « crainte ». Mais ces remords sont bien faibles face à l'emprise de l'argent sur ce père qui cherche son propre intérêt en envoyant son fils chez un agent de change : « peut-être apprendra-t-il là-bas, à la charge, des choses qui me seront utiles ».

Sédille s'associe avec Saccard

L'appât du gain

L'appât du gain s'insinue dans des préoccupations avec lesquelles il n'avait rien à faire. C'est lui qui décide finalement Sédille à s'associer avec Saccard pour fonder l'Universelle. Influencé par le nom de Daigremont, il cède à la tentation, perdant de vue le risque qu'il prend : il ne garde en l'esprit que les gains possibles. Ces gains ont beau être virtuels, l'idée même de ne pas les réaliser fait souffrir ce personnage et le pousse à « la ruine ».

Un engrenage pervers

Ainsi Sédille joue pour éviter un manque à gagner : le virtuel l'emporte sur la richesse réelle, l'excitation propre au jeu de Bourse aliène le marchand, qui perd toute lucidité et toute capacité à calculer profits et pertes. Saccard apparaît donc comme un tentateur qui détourne le négociant de ses « pièces de soie », avec lesquelles Sédille déclare qu'il ferait mieux de s'enfermer. Le jeu réduit son esprit en esclavage au point que seule une réclusion réelle, physique, pourrait l'arrêter.

Conclusion

Sédille est fasciné par l'argent facile. Sa nouvelle passion, qui induit chez lui un rapport nouveau à l'argent, engloutit ainsi les bénéfices produits par une vie entière de travail.

Texte n° 3

Argent, travail et capital

Georg Simmel, *Philosophie de l'argent*

depuis « Or, évidemment, un outil prendra » (p. 246) jusqu'à « sphère de la marchandise et du travail. » (p. 247)

Enjeu du texte

La signification d'un outil pour la société dépend des buts qu'il permet d'atteindre. Or, l'argent est un outil particulier, qui se définit par la multiplicité, voire l'infinité des usages qu'il permet. Quelles conséquences cela a-t-il sur la valeur de l'argent dans la société ? Avoir de l'argent, n'est-ce que disposer d'un outil plus efficace que les autres ?

L'argent vaut plus que ce qu'il permet d'acheter

Une affirmation paradoxale

Simmel affirme qu'il y a une proportion entre la valeur de l'outil et le nombre de buts qu'il peut servir. Plus ce nombre est grand, plus grande est sa valeur. Appliqué à l'argent, ce principe signifie que l'argent a une valeur illimitée. Simmel en tire une conclusion d'apparence paradoxale : l'argent aurait plus de valeur que ce qu'il permet d'acheter. Pourtant, l'argent représente la valeur des objets échangés, ce qui fonde un rapport d'identité. Mais il ne faut pas confondre le prix de la chose, exprimé par une somme et déterminé par le marché, et la valeur de la chose : l'importance qu'une personne ou une société lui accorde.

La valeur de la liberté

Cette valeur supérieure correspond à un avantage de l'argent : ce qu'il permet, ce n'est pas l'obtention pure et simple d'un bien, mais l'obtention d'une vaste gamme de biens ou services. Accumuler de l'argent, ce n'est jamais limiter ses moyens à un seul but (par opposition, accumuler des marteaux n'apporte rien, et constitue un gaspillage). L'argent est un moyen tellement puissant qu'en l'accumulant, je n'ai pas à penser à ce à quoi je veux l'utiliser : je conserve toujours la liberté de choisir à quoi le faire servir. L'argent libère l'esprit pour le choix des fins, là où le travail est l'effort pour accomplir une fin déjà donnée. Un outil peut devenir inutile, mais l'argent ne le peut pas.

Le capital vaut plus que le travail

Polyvalence de l'argent contre limitation du travail

Cette opposition entre la polyvalence de l'argent et le caractère unilatéral de l'outil fonde une opposition entre travail et capital. Comme l'argent, le travail n'est qu'un moyen : c'est l'effort mis en œuvre pour produire un bien ou un service. Il suppose des compétences, des outils. Mais il est comme condamné à certains effets. Mes compétences de mécanicien sont vaines si je veux un ordinateur. Si je suis salarié, mes compétences me vaudront de l'argent, que je pourrai convertir en ordinateur. La valeur supérieure du capital, au sens de somme d'argent que je peux utiliser pour acquérir ou produire des biens, est ici très claire. Si un emploi me permet d'avoir de l'argent, pendant ce temps où j'ai l'argent et non la chose je peux encore changer d'envie, et préférer une guitare à un ordinateur. Le capital peut servir à tout, et il sert aussi à me laisser le temps et la liberté du choix.

La vie selon le travail et la vie selon le capital

L'argent est un moyen universel, et cela fonde son rapport avec la notion de liberté de choix. Ce lien avec la liberté a une signification cruciale pour la vie en société : mener sa vie grâce au moyen qu'est l'argent, ce n'est pas du tout la même chose que la mener par le seul travail. Il y a un confort, et une qualité de vie liés au capital, que je n'ai pas si je n'ai que ma seule force de travail. Simmel n'explicite pas les conséquences sociologiques de cette différence mais elles sont claires : c'est le constat d'une inégalité grave dans le rapport de l'individu à son épanouissement personnel.

Conclusion

Disposer d'argent pour mener sa vie, ce n'est pas la même chose que disposer de compétences et d'une force de travail. Accumuler de l'argent ne m'engage envers aucune fin. En repoussant le moment de la conversion, je reste libre de choisir entre les fins que je veux atteindre. Les différences d'argent sont donc aussi des différences de rapports à l'épanouissement personnel, et plus précisément à la liberté individuelle, qui sera logiquement le sujet du chapitre 4 de la *Philosophie de l'argent.*

Sujet 18
L'argent représente-t-il une forme d'esclavage ?

Corrigé proposé par Matthieu BENNET

I Analyse du sujet

1 Analyse des termes du sujet

Ce sujet suppose de lier une institution, l'argent, à une forme de rapports sociaux et juridiques. L'esclavage est une forme de privation de liberté : l'esclave se définit par le fait qu'il ne s'appartient plus aux sens juridique et moral du terme. Il est la propriété d'un autre, à qui il doit obéissance. Moralement, cela veut dire que sa volonté ne compte pas : c'est la volonté du maître qui s'impose à lui. L'esclave est traité comme un outil. L'esclavage est donc une situation de dépendance extrême, de soumission de la volonté individuelle et d'instrumentalisation de la personne humaine. Le sujet impose de se demander si malgré la disparition du statut juridique de l'esclave, le fait que la société ait recourt à l'outil qu'est l'argent a des conséquences similaires sur la vie des hommes.

L'enjeu du sujet est double. D'une part il faut se demander ce qui, dans l'institution qu'est l'argent, conduit à diminuer la liberté individuelle, ce qui soumet l'homme à des forces et des choix qu'il n'accepterait pas en temps normal. D'autre part, il faut s'interroger sur la pertinence de la notion d'esclavage dans le cas de l'argent. Il n'est pas innocent d'appliquer ce terme à des situations qui s'écartent de son champ d'application initial.

Comprendre l'argent à travers la notion d'esclavage, c'est mesurer la part d'aliénation que l'argent implique. Mais toute réflexion sérieuse doit pouvoir marquer les limites d'une identification pure et simple.

2 Confrontation aux œuvres

L'Avare conforte l'identification entre argent et esclavage. D'une part, l'avarice est une forme d'auto-asservissement. Harpagon se fait le serviteur de sa fortune, et sacrifie les plaisirs et jouissances qu'elle aurait pu lui apporter. Cette aliénation atteint le point où La Flèche met en doute l'humanité du père de famille[1]. D'autre part, la pièce montre une famille dont le sort dépend de l'argent, et de celui qui le

[1] acte II, scène 4

détient. Par le jeu des dots et de l'autorité paternelle, les questions de mariage sont avant tout des questions d'argent, comme le confirme le dénouement où l'amour triomphe... parce qu'Anselme accepte de payer le prix de ces unions ! La pièce décrit une société où la vie dépend fortement de l'argent, où ceux qui en ont peuvent être les esclaves de cette force impersonnelle, et où ceux qui n'en ont pas sont dépendants des premiers.

Zola fait le tableau d'une contagion. De la passion des hommes pour l'argent (Gundermann[2]), qui s'exerce à la Bourse, découle l'exploitation d'une foule d'anonymes. La bourse est une institution où l'argent est érigé en finalité ultime : les hommes se consacrent à lui, et par là ils cessent de s'appartenir (Zola le dit de Saccard, qui est « l'homme des millions qu'il gagnait »[3], comme un esclave est l'homme de son maître). À cette soumission des individus au dieu-argent, il faut ajouter l'exploitation d'autrui. Maxime le dit à Mme Caroline : Saccard vendrait n'importe qui pour de l'argent[4]. Depuis la Bourse, c'est toute la société qui est dominée : la Banque Universelle exploite le besoin vital d'argent et la crédulité de la foule. Seuls deux personnages résistent toujours à la force de l'argent : le capitaine Chave ne joue que pour subvenir à des besoins modestes, et Victor montre que l'argent ne peut pas tout, que la nature humaine est aussi en cause.

Le texte de **Simmel** permet de prendre plus de distance avec le sujet. Certes, il explique pourquoi l'argent tend à devenir une obsession : c'est qu'il est le moyen par excellence, dont l'utilité suscite beaucoup d'espoirs. Certes, il montre que les échanges sont facilités lorsqu'on est indifférent à leur dimension personnelle, ce qui conduit à instrumentaliser autrui. Mais jamais Simmel ne franchit le pas qui sépare l'analyse des effets pervers de l'argent, et la condamnation de l'argent lui-même. L'argent répond à des besoins et exacerbe des tendances. Il ne conduit pas toujours à l'aliénation sociale ou à l'avarice. Simmel décrit des processus où l'individu perd de sa liberté (ainsi le capital a une valeur supérieure au travail, ce qui fonde une inégalité cruelle[5]), et d'autres où l'argent est force d'émancipation (les exclus trouvent dans l'argent une façon de s'intégrer[6]).

3 Problématique

Le sujet ne demande pas uniquement de prendre conscience des effets de l'argent sur la liberté des individus. Il exige de comparer ces effets à un concept difficile et dont l'usage n'est pas innocent : toute atteinte à la liberté n'est pas une forme d'esclavage. L'argent implique-t-il nécessairement une diminution de la liberté, et si oui justifierait-elle le nom d'esclavage ?

---

[2] p. 136–147 [3] p. 341 [4] p. 285 [5] p. 247 [6] p. 259–263

II Plan détaillé

I L'argent impose à l'individu des représentations et des rapports sociaux où il perd de sa liberté

1. L'argent peut causer un auto-asservissement
2. La lutte pour l'argent implique de renoncer à ses valeurs, ses principes
3. La société de l'argent se sert de l'homme comme d'un moyen

On peut se soumettre à l'argent, et on peut avoir tellement besoin d'argent que l'on se soumet à d'autres hommes. Mais l'argent est-il la cause ou l'instrument de cette aliénation ? Est-il condamné à asservir les hommes ?

II Est-ce l'argent qu'il faut accuser de la servitude des hommes, ou l'homme lui-même ?

1. L'ambivalence des effets de l'argent
2. Les effets pervers de l'argent sont ceux des passions individuelles
3. Accuser l'argent, n'est-ce pas déresponsabiliser les individus ?

L'argent a ses effets et sa logique propres. Mais l'esclavage suppose la domination d'un homme sur un autre. On ne pourra alors parler d'esclavage que dans un sens large, et qu'il faut discuter.

III Tout rapport de dépendance et de domination mérite-t-il le nom d'esclavage ?

1. La passion de l'argent : un esclavage impersonnel dont il ne tient qu'à nous de nous libérer
2. Le travail, même exploité, n'est pas un esclavage
3. L'argent ne doit pas être la seule langue des rapports humains

III Dissertation rédigée

LES SOCIÉTÉS MODERNES se sont bâties sur la défense de la liberté individuelle, et l'éradication de l'esclavage en est un des symboles les plus importants. L'esclavage est un rapport de domination extrême où l'homme n'est plus propriétaire de lui-même : on le traite comme une chose, sa volonté ne compte pas et il se soumet à un maître. Mais si nos sociétés proscrivent l'esclavage, on peut se demander si les hommes ne subissent pas des contraintes qui les rendent pareils à des esclaves.

Par la façon dont il structure les relations humaines, l'argent est souvent dénoncé comme une puissance aliénante : une force qui rend les hommes étrangers à eux-mêmes, qui leur ôte leur humanité et leur liberté. Dans un monde où l'individu est spécialisé, il ne peut pas produire lui-même de quoi satisfaire ses besoins élémentaires. Il lui faut passer par des échanges. L'individu a donc un besoin vital d'argent et ce besoin fait que l'homme semble prêt à renoncer à ses valeurs et à sa liberté pour en obtenir. De plus, la puissance de l'argent est telle que celui qui en a est dans un rapport de domination avec ceux qui n'en ont pas. De sorte qu'on peut se demander si l'argent ne représente pas une forme d'esclavage. Est-ce que l'introduction de l'argent cause nécessairement une diminution de la liberté telle qu'elle justifie le nom d'esclavage ?

Évidemment, l'argent n'est pas en soi identique à l'esclavage. L'enjeu est de savoir si l'organisation de la société par l'argent conduit à des résultats similaires à l'esclavage. De fait, il est clair que l'argent impose à l'individu des idées et des relations sociales où il perd de sa liberté. Mais l'argent a aussi une puissance émancipatrice, et l'argent n'est pas vraiment un maître : c'est l'homme qui l'utilise pour asservir d'autres hommes. Enfin, il ne faut pas user du terme « esclavage » de façon laxiste. L'esclavage est une forme d'aliénation précise, et nous montrerons que si l'argent a une dimension aliénante, elle ne mérite pas le nom d'esclavage.

La nature et la puissance de l'argent font que les hommes s'inclinent devant lui comme devant leur maître. Pire, les inégalités entre riches et pauvres donnent aux premiers un pouvoir sur les seconds, qui y perdent leur liberté.

Si l'argent fonde une forme d'esclavage, c'est au sens où les hommes se soumettent à lui comme à un maître. Évidemment, l'argent ne donne pas d'ordres, mais il a une logique propre. Comme le dit Simmel, l'argent est le moyen absolu[7] : il peut être échangé contre n'importe quoi, si on y met le prix. C'est cette logique de la quantité, de l'accumulation, qui en fait le maître devant lequel on peut s'incliner. Harpagon, dans son monologue,[8] présente l'argent comme son « ami », sa « joie » : sans lui, il lui est impossible de vivre. L'avare dépend de l'argent. Si on peut parler d'esclavage c'est que ce désir d'argent s'oppose à d'autres désirs : l'avare n'est pas heureux, il doit réprimer ses penchants pour que triomphe la logique de l'épargne. C'est ce combat intérieur qui crée le comique de la scène où Cléante offre à Mariane la bague d'Harpagon[9]. Quand l'amour de l'argent ne cause même plus de dilemmes, il offre le spectacle d'un homme outil comme Gundermann[10].

Mais s'il est une puissance aliénante, c'est aussi parce que le besoin d'argent oblige l'homme à des sacrifices, à renoncer à ses principes. L'homme prouve ainsi que sa morale est moins importante que le besoin d'argent, et que la volonté de ceux qui peuvent lui en procurer. Les dames Beauvilliers illustrent ce renoncement. Nobles, elles viennent d'un monde où la richesse est issue de la terre. Mais la pauvreté et leur conscience du devoir de préserver les apparences les feront abandonner leurs principes. Elles vendront leur ferme pour acheter des actions, bravant l'interdit selon lequel l'argent est le prix du travail et non du commerce de l'argent. De même, Cléante en est réduit à accepter un prêt usurier, car il n'a pas d'autres solutions pour mener la vie qui est la sienne[11].

---

[7] p. 242 [8] acte IV, scène 7 [9] acte III, scène 7 [10] p. 137 [11] acte II, scène 1

Au renoncement s'ajoutent enfin la soumission à autrui et l'exploitation de la misère par ceux qui ont de l'argent. Autrefois, on devenait esclave par la force ou quand la misère conduisait à se livrer à ses créanciers (esclavage pour dettes). Aujourd'hui, le besoin d'argent fait que les hommes se soumettent d'eux-mêmes à d'autres hommes pour gagner de quoi vivre. Certaines personnes en utilisent d'autres comme de simples moyens. L'usure pratiquée par Harpagon[12] n'est que le premier niveau de cette aliénation, qui prouve le mépris de l'avare pour la personne humaine. L'exploitation médiatique de la crédulité populaire par la Banque Universelle est un stade supérieur. Mais le cas des travailleurs pauvres est le plus parlant. Dans *L'Avare*, Maître Jacques, la Merluche et Brindavoine incarnent ceux qui n'ont d'autre choix que de servir autrui pour subvenir à leurs besoins. Frosine est contrainte de flatter Harpagon avec des arguments absurdes pour espérer – en vain – obtenir quelque argent. Chez Zola, ce sont les pauvres de la cité de Naples, dont la misère est exploitée par la Méchain[13], qui rendent sensible cette existence réduite à la survie, à la limite de l'humanité.

On peut se soumettre à l'argent, et on peut avoir tellement besoin d'argent que l'on se soumet à d'autres hommes. Mais l'argent est-il la cause ou l'instrument de cette aliénation ? Est-il condamné à asservir les hommes ?

LES EFFETS DE L'ARGENT sur la psychologie et la société sont évidents. Pourtant, on peut se demander si ces effets ne vont que dans un sens, et si l'on doit blâmer l'argent lui-même, ou l'usage qu'en font les hommes.

Car l'argent est une réalité ambivalente. Si l'argent est un moyen absolu, alors il peut aussi servir à libérer l'homme. Le capitaine Chave illustre cette autonomie permise par l'argent : avoir suffisamment d'argent permet de ne plus dépendre d'autrui et de pourvoir à ses besoins. De même Jordan trouve dans l'argent de quoi poursuivre le but final de sa vie : l'écriture. Simmel apporte un élément crucial, en soulignant le lien essentiel entre oppression sociale et intérêt pour l'argent[14]. Si une société refuse des droits à certains groupes, ceux-là vont souvent se tourner vers le commerce et les métiers d'argent (Simmel prend l'exemple des Juifs[15]). C'est que l'argent permet d'obtenir un pouvoir qui concurrence le droit. L'argent peut être une puissance émancipatrice.

Cette ambivalence vient du fait que l'argent n'est qu'un outil et que si l'on veut juger ses effets, il faut s'intéresser à ceux qui le manient. Ceux qui ont de l'argent et qui en profitent pour exploiter autrui ne le font pas parce que l'argent les y contraint : ils le font parce qu'ils voient dans l'accumulation une source de jouissances et de pouvoir sans équivalent. Derrière l'esclavage de l'argent, il y a la passion pour le pouvoir, une passion qui trouve dans l'argent son moyen d'expres-

[12] acte II, scène 2 [13] p. 202 [14] p. 259–268 [15] p. 262

sion le plus efficace. Saccard ne cherche pas autre chose qu'un pouvoir : il n'est pas dans le rapport abstrait à l'argent de l'avare, il veut être le « maître indiscuté de la fortune »[16], être dieu[17]. On voit lorsqu'il veut se consacrer à l'Œuvre du Travail[18] que l'argent est neutre : l'individu cherche un pouvoir, et il peut aussi bien rêver d'exercer un pouvoir charitable, qu'un pouvoir reposant sur l'exploitation des plus faibles.

Parler d'esclavage, c'est condamner l'argent. Mais on ne condamne pas une institution, on condamne des hommes. Mme Caroline se pose la question de la responsabilité de l'argent. Elle se demande si Victor est ce qu'il est parce qu'il n'a pas eu un environnement favorable[19] : l'argent suffit-il à rendre poli ou vicieux, selon qu'on en manque ou qu'on en a ? Caroline doit bien admettre que l'argent ne fait pas tout : Victor est irrécupérable. Elle finira par comparer l'argent au fumier[20] qui produit le pire comme le meilleur. Ce sont les hommes qui usent de l'argent selon leur nature et leur volonté. Le problème est donc de savoir si les hommes peuvent rétablir un rapport sain à l'argent, ou s'ils sont condamnés à subir leurs passions. Sur ce point, *L'Avare* et *L'Argent* disent cette soumission : Harpagon reste avare et insensible, Saccard conserve ses rêves grandioses.

L'argent a ses effets et sa logique propres. Mais l'esclavage suppose la domination d'un homme sur un autre. On ne pourra alors parler d'esclavage que dans un sens large, et qu'il faut discuter.

L'ASSIMILATION DE L'ARGENT À UN ESCLAVAGE a ses limites. L'argent autorise des rapports de domination aussi cruels que ceux impliqués par l'esclavage, mais la servitude de l'esclavage a ses spécificités, qui interdisent de parler d'esclavage au sens strict.

L'esclave est la propriété d'un maître et il ne peut pas se sortir lui-même de cette situation. Mais il est faux de dire que l'on est soumis à l'argent comme l'esclave au maître : du point de vue de l'auto-asservissement, le vrai maître n'est pas l'argent, c'est la passion. L'avare ne doit rien à personne : s'il cède, c'est à lui-même, à des pulsions qui sont les siennes On ne peut donc parler d'esclavage pour l'argent qu'en ajoutant qu'il est impersonnel. Ce n'est pas en échappant à quelqu'un qu'on se libère de l'argent, c'est en gagnant une plus grande maîtrise de soi. Le capitaine Chave et Anselme sont des exemples d'une telle maîtrise. Caroline, elle, incarne non pas une solution mais un espoir. Elle s'est laissée griser par Saccard et son discours, mais, en faisant le bilan des actes de Saccard, elle a su se forger une image plus juste des hommes et de l'argent, ainsi que de ses propres désirs. Et peut-être évitera-t-elle de retomber dans ces travers.

[16] p. 193 [17] p. 161 [18] p. 84–85 [19] p. 208–209 [20] p. 291–293

L'exploitation liée à l'argent ne mérite pas non plus le nom d'esclavage. Le propre de l'esclave est de ne pas avoir de droits, de n'avoir aucun pouvoir. Certes, la misère a des conséquences comparables : l'homme doit travailler pour un salaire dérisoire. Mais tout travail, même en cas d'exploitation, est-il un esclavage ? Ce que l'on dénonce dans l'esclavage, c'est un lien personnel de dépendance. Les échanges économiques, eux, ne lient pas les hommes de cette façon : l'individu y sent que sa vie dépend d'autrui, mais il n'est attaché à personne en particulier. Simmel insiste : l'argent crée des liens impersonnels[21], contrairement à l'esclavage qui lie deux personnes précises. Le salarié peut espérer un employeur qui rémunérera mieux son travail. Il n'y a pas de fatalité dans l'argent : rien que l'expression des vices et des vertus. Malgré tout, le salarié n'est pas un esclave.

Le risque majeur que l'argent fait courir à la liberté, c'est qu'il devienne la seule façon de penser les rapports humains. Si l'exploitation du travail est possible, c'est qu'on juge qu'on ne doit à autrui que le respect des accords passés, fussent-ils injustes. L'analogie faite par Simmel entre langue et argent est éclairante[22]. L'argent est la langue qui facilite les échanges et la réalisation des projets humains. Mais elle donne une forme précise à ce qui est exprimé par elle : celle de la quantité, de la comptabilité. Cette langue a ses défauts et ses qualités, mais le problème arrive quand cette langue est la seule utilisée. Ce qui fait obstacle à l'exploitation d'autrui, c'est la langue de l'altruisme, de la justice et du droit. Simmel est conscient que l'argent tend à devenir la seule langue universelle. Mais les œuvres donnent des raisons d'espérer : si *L'Avare* nous fait rire, c'est que nous réagissons à la bêtise de l'avare ; si Caroline clôt *L'Argent* sur une note optimiste, c'est qu'elle a vu, chez Saccard et même chez Busch, de la générosité et du dévouement.

PARLER D'ESCLAVAGE suppose d'identifier une dépendance, une soumission et une instrumentalisation de l'homme. Il est clair que l'argent provoque ces excès : le cas le plus marquant étant celui de l'auto-asservissement de l'avare. De plus, l'inégalité entre riches et pauvres a des points communs avec l'inégalité entre le maître et l'esclave. Mais les mots ont un sens, et l'argent n'est pas un maître. Ou bien c'est l'individu qui se soumet à l'argent, et alors c'est à ses pulsions qu'il se soumet, ou bien c'est un individu qui en soumet un autre par le biais de l'argent. Et alors il ne s'agit pas d'esclavage, mais de rapports de domination économique.

Évidemment, la pauvreté n'est pas un sort enviable, et si on a tendance à parler d'esclavage, c'est que l'on pense à la dureté de la dépendance et des sacrifices qu'implique la misère économique. Mais l'esclavage suppose une soumission personnelle, une absence totale de liberté. L'argent n'implique pas cela. Penser aux problèmes de l'économie monétaire à travers la catégorie de l'esclavage,

[21] p. 268 [22] p. 243

c'est manquer la spécificité de notre époque, qui est que la misère et la dépendance puissent exister en même temps que la plus grande des libertés individuelles.

IV Éviter le hors-sujet

« L'argent est un maître qu'on se donne » (René Ouvrard, *La Veuve*)

Ce sujet semble très proche du nôtre : n'y est-il pas question de l'argent comme esclavage ? Peut-être, mais les termes sont différents, aussi le candidat doit-il les justifier et comprendre leur spécificité. Deux points distinguent ce sujet du nôtre. Premièrement, la thèse qu'il défend est que le rapport qu'on a à l'argent est un rapport de soumission volontaire, ce qui doit faire l'objet d'une discussion attentive. Le problème est alors de savoir si nous sommes responsables de cette soumission à l'argent. Cette dimension n'est pas présente dans notre sujet. Deuxièmement, ce n'est pas parce que le mot « maître » apparaît, que le sujet se réduit à la question de l'esclavage. Le maître d'école n'a pas d'esclave, mais des élèves. Ce sujet ouvre la possibilité de discuter la valeur du rapport de l'homme à son maître. Ce rapport est-il nécessairement aliénant ? N'existe-t-il pas de bons maîtres ? Notre sujet, en utilisant le terme d'esclavage, était d'emblée une condamnation. Demander si l'argent est une forme d'esclavage, c'est demander si l'institution de l'argent est un mal, une forme très précise de mal, celle de la soumission totale de l'homme aux besoins d'un autre. Il ne fallait surtout pas se limiter à chercher les effets positifs et négatifs de l'argent. Il fallait s'interroger sur la légitimité de parler d'esclavage, là où au premier abord, la notion ne s'applique évidemment pas.

Sujet 19

« À la télé ils disent tous les jours : "Y a trois millions de personnes qui veulent du travail." C'est pas vrai : de l'argent leur suffirait. »

Pensez-vous comme Coluche le dit dans cet extrait du sketch « Le chômeur » que l'argent est une fin et que le travail n'en serait que le moyen ?

Corrigé proposé par Marianne ISOLA-ESCLANGON

I Analyse du sujet

1 Analyse des termes du sujet

Le travail constitue une valeur sociale dans le contexte particulier de la propriété et de l'indépendance. Le travail fonde la légitimité de la propriété car celle-ci résulte de ce que l'individu y a déposé son travail. Il lui permet de surcroît de subvenir à ses besoins par lui-même. Pourtant le travail est recherché, non comme une valeur, mais comme une nécessité. En réalité, sans le besoin de travailler pour « gagner sa vie », l'on ne peut affirmer que l'individu travaillerait. Ce que Coluche exprime de façon ramassée ici est bien la nécessité sociale d'avoir de l'argent pour subsister et pour cela de se soumettre à l'emploi. Or le travail confère une connotation méliorative dans une société qui l'érige en valeur morale. Par le travail, l'argent se trouve soudain lavé de tout soupçon. En revanche vouloir de l'argent sans passer par ce détour salutaire, comme le fait le spéculateur mais aussi le banquier, attire la réprobation morale alors que la société nous impose un certain niveau de richesse pour obtenir la reconnaissance. Ce sujet soulève les paradoxes de la société contemporaine. À défaut, l'argent est toujours condamnable et le métier de la banque ne peut être exercé que par ceux que la société considère comme marginaux en les rappelant à leur statut d'étrangers.

2 Confrontation aux œuvres

L'Argent oppose à plusieurs reprises l'argent peu à peu et durement gagné par le travail et l'argent coulant à flots de la spéculation, gagné et perdu en quelques minutes de jeu. D'une façon tragique, plusieurs des figures qui apparaissent dans l'œuvre perdent dans la faillite de l'Universelle l'épargne construite jour après jour. Le travail, ou encore la terre comme métaphore du travail, représentent la valeur réelle par opposition à celle illusoire de l'argent de la spéculation, quoique l'argent travaille à sa façon et rémunère le travail fait. La fin que les hommes poursuivent n'est en rien le travail qui est toujours du côté des moyens et même le moyen par excellence de parvenir à ses fins alors qu'ils veulent de l'argent.

La ***Philosophie de l'argent*** insiste sur la symbolique de l'argent au sein de la société et évoque peu le travail. C'est par le travail de la terre que Georg Simmel aborde la question en rappelant que la propriété foncière emporte la dignité, convenant ainsi à la noblesse, car elle montre le travail des hommes sur la nature et sa domestication. Le travail est un pouvoir d'appropriation, en ce sens distinct de celui qui résulte du commerce, des échanges et de la banque. Toutefois l'argent occupe une fonction similaire de moyen, par lequel parvenir à ses buts. Plus encore, par la circulation de la valeur qu'il permet, il est un moyen supérieur au travail car plus fluide et propre à toutes les incarnations.

Dans ***L'Avare***, la prodigalité du fils s'oppose à l'avarice du père pour traduire le conflit des générations. L'un comme l'autre considèrent l'argent isolément de tout travail, sauf lorsque Harpagon témoigne de son inquiétude devant les dettes que son fils s'apprête à contracter. L'argent est d'abord le fruit du travail des parents, rappelle Harpagon dont l'avarice conduit son fils à souhaiter hériter puisqu'il ne bénéficie pas de cet argent gagné par d'autres. Il reproche pour sa part à son père de vouloir faire travailler son argent et s'enrichir par l'usure alors que lui-même n'envisage pas de gagner ce qui lui est nécessaire par son travail mais par des dettes. L'un comme l'autre tiennent un double discours à propos de la relation entre l'argent et le travail.

3 Problématique

Le sujet porte essentiellement sur le paradoxe de la société qui exige des individus qu'ils parviennent à la richesse et leur fait une obligation de gagner cet argent dans des termes moralement acceptables. Le travail, de nécessité vitale, devient de façon hypocrite et idéologique ce qui rend acceptable le gain alors que l'argent gagné par usure ou par risque est entaché d'immoralité. La richesse soudaine, acquise sans travailler, est pourtant l'objet du désir inavouable que la société imprime au cœur des hommes.

II Plan détaillé

I La société oppose moralement l'argent honnêtement gagné à l'argent de la spéculation

1. L'argent acceptable aux yeux de la société est celui purifié par l'effort consenti au travail
2. L'argent gagné par le commerce et la banque rend son possesseur suspect d'abuser autrui

3. Le commerce de l'argent représente l'immoralité abandonnée aux étrangers

   Pourtant, la richesse ne résulte que très lentement du travail, qui ne suffit pas à atteindre le degré de richesse que la société fait miroiter.

II De façon hypocrite, la société fait violence aux hommes en leur imposant de désirer la richesse comme un bien

1. La richesse, plutôt que la propriété ou l'indépendance, est le bien auquel nous fait tendre la société de consommation
2. La richesse est acceptable aux yeux de la société lorsqu'elle récompense le travail
3. Mais le travail paraît toujours insuffisant à atteindre la richesse

   Si la richesse est ce qui est désirable, les moyens d'y atteindre ne devraient pas faire l'objet d'une réprobation morale.

III Le paradoxe de la société contemporaine est qu'elle nous condamne à désirer la richesse et à mépriser de s'enrichir

1. Plus l'argent est désiré comme un bien, plus il s'oppose au travail comme la fin aux moyens
2. Moyen absolu, il se substitue à toutes les fins dont il est la promesse
3. Et déconsidère à la fois la valeur du travail et la valeur de la richesse

III Dissertation rédigée

MARX, DANS L'ANALYSE qu'il fait de la valeur, montre que le travail est ce qui fonde la valeur des marchandises et que l'argent n'en est que l'expression. Le travail, en effet, ajoute la valeur à ce que la nature offre et qu'il transforme ; c'est par le travail que les marchandises échangées dans la société valent et que la propriété peut trouver une légitimité.

Pourtant, parce que le travail est toujours une nécessité pour parvenir à ses fins et qu'il n'y suffit pas, l'argent semble un meilleur moyen d'y parvenir, plus efficace et plus abstrait. C'est ainsi que l'on peut entendre la formule de Coluche selon laquelle c'est l'argent, et non le travail, qui est l'objet du désir des hommes. Sans éprouver le manque d'argent comme une limite aux possibilités d'action, l'homme ne travaillerait pas, d'autant que le travail est le moyen paradoxalement admis par la société d'obtenir de l'argent.

Nous verrons d'abord que les moyens d'atteindre à la richesse ne sont pas considérés comme équivalents par la société, puis que celle-ci nous impose de désirer la richesse comme le moyen de réaliser nos désirs plutôt que le travail, enfin que la société crée une situation morale intenable qui conduit à mépriser l'enrichissement alors que la richesse est considérée comme un bien essentiel.

LA SOCIÉTÉ OPPOSE MORALEMENT l'argent honnêtement gagné à celui de la spéculation, comme si la nature de la richesse se modifiait profondément selon la source dont elle provient.

L'argent acceptable moralement aux yeux de la société est en effet celui dont l'acquisition est purifiée par l'effort consenti au travail, alors que la spéculation relève du jeu, sinon de l'escroquerie, et perd toute légitimité morale. À l'issue de *L'Argent*, seuls quelques personnages sortent épargnés par Zola : le couple des Jordan est remarquable à cet égard. La figure de l'écrivain laborieux et méritant et celle de sa femme aimante sont récompensées par la reconnaissance du talent, assis sur le travail. Zola fait ainsi la part belle à ceux qui ne se laissent pas séduire par la tentation de l'argent. À l'extrême inverse se trouve la figure de la princesse d'Orviedo, qui expie le tort causé par l'enrichissement, à ses yeux immoral, de son époux, puisque cette fortune ne provient pas du travail mais des abus de la spéculation. Le rapport nouveau à l'argent qui trouve son apogée avec la Révolution industrielle s'amorce dès l'époque moderne. Le discours que tient Harpagon éclaire cet aspect : il rappelle la fortune acquise par le travail de plusieurs générations et se situe dans une symbolique nouvelle qui rompt avec la logique de la noblesse[1].

L'argent gagné par le commerce de l'argent et la banque rend son possesseur suspect d'abuser autrui car il n'accorde pas le même prix à l'argent que celui à qui il le prête. Comme le souligne Simmel, le banquier, qui prête à intérêt, instaure un rapport à l'agent tout à fait spécifique. Il considère l'argent comme une marchandise susceptible de rapporter un bénéfice et ne l'investit pas de sa signification sociale : l'absence d'investissement symbolique dans le rapport à l'argent inquiète le débiteur, tout entier habité par la promesse que l'argent représente pour lui. Molière rappelle la relation de nécessité et de mépris qui unit l'emprunteur à son créancier lorsque Cléante et La Flèche commentent les conditions auxquelles le prêt que demande Cléante est consenti. D'abord, l'usurier, se contentant d'un taux remarquablement bas, apparaît comme un bienfaiteur, avant de se révéler sous un jour maléfique lorsque s'ajoutent les conditions secondaires. Le préjugé à l'encontre de l'usurier se déploie dans toute sa force à travers le discours adressé par Cléante à son père lorsque celui-ci se révèle être le créancier.

Faire ainsi commerce d'argent est toujours entaché de soupçon car l'intérêt réel de l'argent échappe à l'estimation. Quelle est la valeur de l'argent et quelle valeur produit-il ? La difficulté réside dans ce point où l'argent travaille et produit effectivement de la richesse sous la même apparence que celle qu'il emprunte lors de folles spéculations. Simmel attire notre attention sur le fait que l'ordre social confère un statut si ambivalent au commerce de l'argent qu'elle assigne à cette place l'étranger et l'opprimé, ceux pour qui l'argent tient lieu de droits et remplace

[1] II, 2

la reconnaissance. Cette articulation se retrouve dans *L'Argent* où Zola évoque à plusieurs reprises le préjugé antisémite qui associe la richesse et la cupidité au judaïsme, tant à travers la figure de Gundermann que dans les propos de ses adversaires ou encore dans la rengaine du remisier Massias répétant qu'il faut être juif pour réussir en Bourse. L'absence de sens moral ou d'amour du prochain est pointé comme un travers essentiel des banquiers juifs dans le discours antisémite alors que Zola nous les montre en contre-point achetant des friandises pour leurs petits-enfants ou d'une indulgence maternelle avec leur frère et travaillant sans discontinuer, dans la plus étroite discipline.

Pourtant, la richesse ne résulte que très lentement du travail, qui ne suffit pas à atteindre le degré de richesse que la société fait miroiter.

DE FAÇON HYPOCRITE, la société fait violence aux hommes en leur imposant de désirer la richesse comme un bien, alors qu'elle devrait rester un moyen commode d'échange et de réalisation des fins. La richesse, mesure de la valeur, se substitue progressivement à toute valeur.

La richesse, plutôt que la propriété ou l'indépendance, est le bien auquel nous fait tendre la société de consommation : Sigismond, dans sa critique portée contre la société, dénonce le fait que l'argent est devenu le bien auquel tendent les hommes. Au lieu de souhaiter s'accomplir par leur travail et par le progrès collectif, les hommes, dans la société capitaliste, fondée sur la circulation de l'argent, considèrent l'argent comme la fin ultime et cherchent l'enrichissement par les moyens détournés que, par ailleurs, ils condamnent : héritage, mariage, escroquerie. Toute la question de *L'Avare* consiste ainsi à opposer une conception du mariage fondée sur l'intérêt économique, où le montant de la dot est central, à une conception fondée sur la proportion des qualités des époux, âge, beauté, rang, plutôt que leur richesse.

Mais la société réprouve tout haut ce qu'elle suscite tout bas en consacrant la richesse comme une valeur. Traditionnellement, la noblesse tire sa fortune de la propriété foncière, identifiée et immobilisée, dont elle tire les revenus d'exploitation. Les Beauvilliers illustrent ainsi la tradition mais témoignent aussi du fait qu'une telle fortune, faute de liquidité, est vouée à disparaître. La situation du fils illustre comment la position sociale de l'aristocratie, ainsi que l'analyse Simmel, articule l'emploi non rémunéré à la fortune. L'emploi est ainsi l'inverse du travail puisqu'il dépend de la fortune préalable et ne permet pas d'en construire une. Faute de liquidités, Beauvilliers ne peut prétendre à mieux et le noble meurt de ne pas se déclasser en acceptant une fortune issue de la circulation de l'argent. À l'inverse, l'homme d'argent, menacé de déclassement social, ne se maintient que par la fortune. La figure du travailleur reste donc le modèle moral qu'offre la société pour parvenir à la richesse.

Mais le travail paraît insuffisant à atteindre la richesse. Souvent, la richesse ne vient consacrer le travail que trop tard pour en jouir. Les Maugendre, arrivés à la fin de leur vie de labeur, se retirent avec une rente confortable, fruit de leurs années d'épargne ; cette richesse dont ils devraient profiter[2] perd à leurs yeux toute signification dès lors que les gains de la Bourse les poussent à jouer. Ils pensent dès lors constituer une fortune à la mesure de ce qu'ils imaginent comme la richesse : effacer la dimension du travail qui ramène inlassablement l'argent gagné à une réalité finie. Simmel rappelle qu'au regard de la chaîne causale Dieu est celui dont la volonté n'éprouve ni la contrainte de la limite ni celle du délai. Il lui suffit de vouloir pour réaliser sa volonté, alors qu'il est nécessaire à l'homme de faire effort et d'accepter que l'intervalle entre la volonté et la fin réalisée s'étire dans le temps. Or l'image de la richesse véhiculée par le discours de la société de consommation s'approche de la condition divine : l'argent permettrait la réalisation immédiate des désirs et des volontés. La richesse est ainsi manifestée par la pratique du caprice et de l'oisiveté, qui traduisent la puissance à laquelle permet de parvenir l'argent. La richesse abolit dans l'imaginaire la nécessité du travail. Ainsi la loterie ou l'héritage deviennent-ils des moyens de fortune alternatifs au travail.

Si la richesse est ce qui est désirable, les moyens d'y atteindre ne devraient pas faire l'objet d'une réprobation morale

LE PARADOXE DE LA SOCIÉTÉ CONTEMPORAINE est qu'elle condamne à désirer la richesse et à mépriser de s'enrichir puisqu'elle ne reconnaît pas en apparence tous les moyens d'enrichissement.

Plus l'argent est désiré comme un bien, plus il s'oppose au travail comme la fin aux moyens, dans la mesure où il s'identifie à toutes les fins que visent les hommes. Parce que l'argent se présente comme le moyen absolu et le plus abstrait, il entretient l'illusion que le travail est un moyen inférieur et négligeable de s'enrichir. Il est un moyen primitif, d'autant plus qu'il est immobilisé dans la terre ou dans le capital, alors que l'argent se caractérise par la circulation et la fluidité, tant dans l'analyse de Simmel que dans les métaphores liquides qui jalonnent le texte de Zola. Les Dejoie et les Beauvilliers fondent leur espérance sur la spéculation alors que leur stratégie d'épargne pourrait les conduire à leur but ; mais la rapidité de l'enrichissement dans la spéculation les conduit à désirer de l'argent plutôt que leur but initial, mesuré à une somme donnée, qu'ils augmentent chaque fois. L'argent se substitue bien à toutes les fins pour devenir le bien désiré. En miroir, le travail semble impuissant.

L'argent acquiert, dans le discours sous-jacent de la société, le statut de bien et de fin, à la fois convoité et estimé. L'argent agit en réalité comme moyen de la résolution des obstacles et des conflits dans *L'Avare* car il apaise en réalité les op-

---

[2] p. 353

positions entre Harpagon et ses interlocuteurs dans les scènes de dénouement. L'amour sincère ou le *deus ex machina* des retrouvailles ne sont au fond qu'un voile jeté sur le pouvoir qu'exerce la richesse d'Anselme sur les résolutions d'Harpagon. Dans le discours des personnages de Zola, l'argent semble créer la richesse pour chacun comme par une multiplication miraculeuse. C'est ainsi que Saccard parvient à persuader ses interlocuteurs du bien-fondé de ses malversations. Seuls ceux qui sont assez riches pour ne pas se passionner et poursuivre le jeu froidement résistent à la séduction de l'argent, devenu fin des fins.

Transformer l'argent en fin présente le danger que se trouvent à la fois déconsidérés la richesse et le travail. L'utopie de Sigismond dans *L'Argent*[3], prononcée sur son lit de mort, souligne ce risque. Deux perversions du système social sont mises en lumière : l'abaissement du travail par son asservissement à la nécessité de gagner de l'argent et d'autre part l'apparition de violences interpersonnelles créées par le désir d'argent. La richesse suscite l'envie chez autrui et entretient la fascination pour l'argent, détournant les forces des individus des richesses réelles, produites par le travail et la coopération. La richesse devient méprisable, car suspecte, et convoitée par ceux qui ne la possèdent pas ; mais elle est méprisable pour ceux qui la possèdent car, selon Simmel dans la théorie du *superadditum*[4], la richesse donne l'avantage de ne pas regarder à la dépense. Celui qui possède suffisamment d'argent parvient au stade où le rapport aux choses n'est plus conditionné par le prix ni par la valeur mais par une relation esthétique qui nie la valeur de l'argent.

LE RISQUE EST AINSI PRÉSENT, dans toute société qui use d'argent pour ses échanges, de transformer l'argent en bien suprême et d'influer ainsi sur les relations individuelles de ses membres. La signification que reçoit l'argent dans l'ordre social détermine des rapports sociaux et moraux car la neutralité initiale de l'argent permet de l'investir aussi de valeur morale. Il devient alors ce qui rend son détenteur suspect ou estimable aux yeux des autres – et le plus souvent envié.

La volonté qui pointe dans les sociétés de moraliser le gain au matin de chaque crise doit être regardée avec vigilance car elle tend à faire accepter idéologiquement la pauvreté comme une valeur morale et à désigner le financier comme coupable.

IV Éviter le hors-sujet

« Ce n'est pas le travail qui est la liberté, c'est l'argent qu'il procure, hélas ! » (Gilbert Cesbron, *Journal sans date*)

La formule de Cesbron se rapproche beaucoup de celle de Coluche par son opposition de l'argent et du travail, qui souligne la confusion qui s'opère entre les

---

[3] p. 493 et suiv. [4] p. 257

deux. Le travail se fait passer en apparence pour la condition de la liberté alors qu'il s'agit en réalité du rôle de l'argent. Toutefois l'élément qui distingue nettement les deux sujets est le troisième terme qui intervient ici : celui de liberté. Le travail se donne pour la liberté alors qu'il est la preuve de la soumission des hommes à la nécessité. Ceux-ci sont contraints de travailler pour vivre et, en ce sens, le travail est, comme le dirait Kant, le lieu de l'hétéronomie, le contraire donc de l'autonomie qui est la forme même de la liberté. Espérer conquérir sa liberté par le travail est une illusion, quand l'argent est le pouvoir réel sur les autres et sur les choses et facteur de satisfaction ou de domination. Si liberté il y a, elle n'est pas le fruit du travail mais de la richesse, à laquelle l'individu tend par son travail. Néanmoins, le travail demeure la condition du bon usage de la liberté car il invite l'individu à faire effort sur lui-même et à dépasser sa condition d'être soumis à la nécessité.

Sujet 20

« Dans le capital productif d'intérêt, le système capitaliste atteint la forme extrême de son aliénation et de son fétichisme. Nous avons ici de l'argent qui crée de l'argent, de la valeur qui engendre de la valeur, sans l'intermédiaire du processus qui relie les deux extrêmes. [...] La confusion ne s'arrête pas là. Alors que l'intérêt n'est qu'une partie du profit, c'est-à-dire de la plus-value, que le capitaliste actif extorque au travailleur, c'est maintenant le contraire que l'on constate : l'intérêt semble être le fruit même du capital, l'élément originel. [...] Nous tenons la forme irrationnelle du capital, la perversion monstrueuse des rapports de production mués en choses : le capital réduit à sa pure forme, la forme productive d'intérêt, sous laquelle il préside son propre processus de reproduction. » (Karl Marx, *Le Capital*, Livre III, 1885)

Dans quelle mesure les œuvres au programme reflètent-elles cette analyse de Marx ?

Corrigé proposé par Natalia LECLERC

I Analyse du sujet

1 Analyse des termes du sujet

Cette longue citation comporte de nombreuses idées, qui viennent illustrer une thèse principale. Marx dénonce le capitalisme car il fonctionne en circuit fermé, l'argent allant à l'argent, venant de l'argent, sans être lié à la force qui en est généralement la source autant que la rétribution, le travail. Plus particulièrement, Marx fustige la création d'intérêt, qui est devenue la seule raison d'être du capitalisme, au lieu d'être un supplément, une « plus value ». Le travail est évacué de ce processus, et ainsi dévalué, puisque l'argent semble pouvoir s'auto-engendrer (« de l'argent qui crée de l'argent, de la valeur qui engendre de la valeur »).

Marx analyse à l'aide de concepts ce qu'il nomme une « perversion monstrueuse ». Il parle ainsi d'« aliénation »et de « fétichisme » : le capital n'est pas seulement fou ; être aliéné, c'est aussi ne plus s'appartenir, dépendre d'un autre (du latin « alienus »). Le fétichisme évoque l'instauration d'un principe en divinité, ou plus exactement en idole, en faux dieu. En l'occurrence, dans le capitalisme, il s'agit de l'argent, qui devient une valeur absolue. Pour le philosophe, le capital a pris une forme « irrationnelle », car son détachement du circuit de production le fait fonctionner en autonomie, en roue libre, sans se rapporter à la valeur réelle des biens, à l'effort réel de travailleurs. Il ne correspond à rien de concret, et à ce titre, a perdu tout repère. L'argent, qui est censé avoir une valeur calculable, ne signifie plus rien.

2 Confrontation aux œuvres

Si l'œuvre de **Molière** ne se place pas dans une époque où le capitalisme a la forme décrite par Marx, il est envisageable d'y trouver des équivalents aux processus décrits et dénoncés par le philosophe. Les pratiques d'Harpagon constituent un embryon de méthode capitaliste, tandis que son rapport à l'argent est si absolu qu'il ne prend pas en compte sa valeur. Harpagon est aliéné par son argent ce qui le conduit à un comportement irrationnel et perverti, y compris dans ses rapports à son entourage et à sa famille.

Le roman de **Zola** – qui d'ailleurs intègre la réflexion de Marx par le biais du personnage de Sigismond – décrit pour sa part le mécanisme ici analysé. Les personnages qui se prennent au jeu de Saccard sont obsédés par la possibilité de gagner toujours plus d'intérêts. La valeur de l'Universelle se détache de ce qui est rationnellement envisageable, et Hamelin et sa sœur Madame Caroline, un des porte-parole de Zola dans le roman, font partie des rares à garder un regard critique par rapport à ce processus.

L'analyse de **Simmel** va dans le même sens que Marx, même si la dénonciation ne se fait pas dans les mêmes termes. Elle se place dans une réflexion sur la téléologie, c'est-à-dire sur la finalité. La perversion du capitalisme provient en particulier de la confusion entre fin et moyen.

3 Problématique

Une première remarque s'impose, au regard du corpus : les œuvres au programme tiennent un discours moralement proche de celui de Marx, même si les termes sont différents. La question que pose cette citation est celle du rapport de l'argent à l'intérêt d'une part, et au travail d'autre part. Pour Marx, seul le premier rapport subsiste, au détriment du second. Le sujet conduit donc à s'interroger sur le fonctionnement de ce circuit fermé que constitue le capitalisme, en se demandant en quoi il représente un cercle vicieux, que le travail peut et doit rééquilibrer, pour restaurer un cercle vertueux. Le sujet invite à s'interroger sur la possibilité d'un capitalisme sain.

II Plan détaillé

I Le capitalisme à outrance, un circuit fermé
1. Aliénation et fétichisme
2. La prédominance des intérêts
3. Le capitalisme, une forme vide

Dans le capitalisme tel que le décrit Marx, l'argent n'est pas la forme abstraite d'un contenu, d'un support concret. Il échappe à un rapprochement avec des valeurs réelles, avec la matière. Son autonomie le fait fonctionner dans un cercle vicieux, solipsiste, de lui-même à lui-même.

II Un capitalisme sain est-il possible ?
1. La création d'intérêt permet l'investissement
2. Mais elle doit être fondée sur le respect de la morale...
3. ... pour conserver une rationalité

L'argent voué à fonctionner en autonomie rend malsain socialement le système dans lequel il évolue. L'argent ne peut se détacher du travail, qu'il représente et qu'il alimente.

III Rendre sa place au travail ?
1. L'argent entre dans un circuit de production
2. La valeur de l'argent retrouvée
3. Une justice sociale

III Dissertation rédigée

MARX EST CONNU pour avoir fustigé le système capitaliste, mais aussi pour avoir affirmé que le travail est la condition de la liberté de l'homme.

Il développe ces points dans un passage du *Capital* où il s'attaque à la production d'intérêts. Cet aspect du capitalisme lui fait atteindre « la forme extrême de son aliénation et de son fétichisme », et le détache de la réalité : l'argent « crée de l'argent », la valeur « engendre de la valeur ». Non seulement la configuration est absurde, mais elle est malsaine, puisque le travailleur est bafoué. Le travail est censé produire un fruit, et accessoirement, un intérêt, une plus-value. Mais dans le capitalisme à outrance, l'attention n'est pas portée au fruit du travail, elle se concentre sur le surplus, laissant le travailleur et son effort sur la touche : « nous tenons la forme irrationnelle du capital, la perversion monstrueuse des rapports de production ». Le capital élude le travail pour se complaire dans « son propre processus de reproduction ». Les œuvres au programme semblent tenir un discours allant dans ce sens. Pourtant, tout en dénonçant le capitalisme à outrance, ou son équivalent à l'époque de Molière, elles pourraient proposer des solutions. Quelles seraient les conditions de possibilité d'un capitalisme sain ?

Nous verrons d'abord comment les œuvres peuvent alimenter l'argumentation de Marx contre le capitalisme aliéné et perverti, avant de nous interroger sur la possibilité d'un capitalisme sain. Enfin, nous verrons que cette dernière est inenvisageable sans une place essentielle accordée à la notion de travail.

LE CAPITALISME tel que l'analyse Marx est un système perverti, ne se satisfaisant que du capital et évacuant le travail, pour fonctionner en circuit fermé, dans un cercle vicieux, allant de l'argent à l'argent.

Dans ce cercle vicieux, l'argent est aliéné, il ne correspond plus à un salaire pour un travail, au prix d'un objet. Il n'est plus en relation qu'avec lui-même, avec les intérêts qu'il engendre, il est indépendant de la réalité. Il atteint même une forme de transcendance, il est divinisé, fétichisé. Si Harpagon vit sous le règne du Dieu Argent, Saccard lui-même devient une forme de divinité. La fin de *L'Argent* le met en scène avec une ironie tragique et mordante. Alors que l'Universelle a entraîné dans sa faillite la ruine de milliers d'épargnants anonymes réduits à la misère, le lecteur revoit des fillettes, à l'Œuvre du Travail de la princesse d'Orviedo, priant pour Saccard, pour ce qu'il fit jadis au nom de cette Œuvre. Dans une fin de roman pour le moins ambiguë, Mme Caroline même, l'incarnation de la raison, ne parvient pas à en vouloir pleinement à Saccard et oscille entre l'accusation et la compréhension.

Dans ce système capitaliste, Marx dénonce aussi la prédominance des intérêts, de l'argent comme pur profit et non comme salaire d'un travail réel. Dans sa large palette de personnages, Zola met en scène la sinistre association entre Busch et la Méchain, qui, outre le commerce de valeurs dépréciées, s'acharnent sur toutes les victimes possibles. Ainsi, ils harcèlent le petit ménage Jordan pour une somme de 700 francs, dont la majeure partie, significativement, représente des intérêts accumulés pendant plusieurs années. Si Simmel n'aborde pas cette notion, il mène une réflexion proche dans son analyse de la prime, du pourboire. Nous pouvons considérer que ce « supplément » d'argent a une parenté avec les intérêts, dans la mesure où il ne correspond justement pas au prix d'une chose. Simmel montre ainsi que « l'avantage reste au partenaire qui tient le moins au contenu de celle-ci [la prime] »[1]. Comme le capitaliste, le riche qui peut offrir de larges pourboires agrandit encore sa domination sociale.

Enfin, Marx stigmatise la vacuité du capitalisme d'intérêt. C'est une coquille vide, une enveloppe ne correspondant à rien. *L'Argent* montre le mécanisme de ce décrochage. Saccard réussit un magistral coup de Bourse grâce à une nouvelle politique qu'il obtient avec quelques heures d'avance : alors que tout le monde croit la France en guerre, la paix a été signée. Avant que les autres ne soient au courant, Saccard donne de nombreux ordres d'achats, alors que les actions sont à

---

[1] p. 250

très bas prix, et gagne une fortune lorsque le marché, apprenant la paix, reprend confiance. Saccard empoche deux millions de francs, sans avoir fait le moindre effort. Une scène de *L'Avare* rend concrète cette vacuité qui peut marquer l'argent. Lorsque Frosine présente à Harpagon les avantages d'un mariage avec Mariane, elle calcule ce que la jeune femme pourrait lui apporter non en se référant à une somme réellement possédée, mais aux économies qu'elle lui ferait réaliser par sa frugalité, son dégoût du jeu et des bijoux. Même Harpagon, pourtant complice d'un système où l'argent est détaché de la réalité, constate : « ce compte-là n'a rien de réel »[2]. Ainsi, lorsque l'argent n'est plus rattaché à un travail, à un produit, il fonctionne à vide.

Dans le capitalisme tel que le décrit Marx, l'argent n'est pas la forme abstraite d'un contenu, d'un support concret. Il échappe à un rapprochement avec des valeurs réelles, avec la matière. Son autonomie le fait fonctionner dans un cercle vicieux, solipsiste, de lui-même à lui-même.

MAIS LES ŒUVRES ne se contentent pas de dénoncer le capitalisme ou un rapport à l'argent qui s'y apparente. Elles proposent également des solutions pour tirer le meilleur bénéfice possible de l'argent, ainsi que les conditions de son développement.

En effet, la création d'intérêts permet un surplus d'argent qui lui-même est réinvesti dans l'économie et la fait prospérer. Ainsi, les projets d'Hamelin, pendant la période de succès de l'Universelle, sont réalisés. Il fonde une compagnie maritime, exploite une mine, bâtit un village. L'argent bien investi est bénéfique à l'humanité. Simmel montre, plus abstraitement, qu'il donne un pouvoir potentiellement infini à l'homme. Ce pouvoir a deux dimensions : celle du « simple possible » mais aussi celle d'un « réel "pouvoir" »[3]. L'argent permet à l'homme d'élargir le champ de sa réalité, ouvre sur une infinité de perspectives. Il n'est pas intrinsèquement mauvais, mais son utilisation peut être détournée.

C'est la raison pour laquelle le système capitaliste, et de façon plus générale « l'usage de l'argent », n'est envisageable que s'il ne se fonde pas sur une immoralité qui conduit à la « confusion », à sa « perversion monstrueuse ». Les œuvres dénoncent un bouleversement du monde par un usage malsain de l'argent. L'Universelle ne tient que sur des bases artificielles, sur l'achat par Saccard lui-même, par le biais d'hommes de paille, d'actions, pour maintenir leur cours. Mme Caroline, dès la fondation de la banque, s'inquiète des malversations qui la permettent. L'illégalité du fonctionnement est enracinée au plus profond de la banque que fonde Saccard. Chez Molière, la perversion se répand sur les humains et leurs rapports. Non content d'être un père tyrannique, Harpagon est le rival de son propre

[2] II, 5 [3] p. 290

fils en amour. À soixante ans, il veut épouser une jeune fille de la génération de son fils. Si cette configuration est source de quiproquos et de comique, elle signale aussi que le monde tourne mal. L'argent aliène Harpagon et lui fait peut-être perdre tous ses autres repères.

En étant morale, l'utilisation de l'argent a aussi toutes les chances d'être rationnelle. L'avarice qui ronge Harpagon est une véritable pathologie mentale. En considérant l'argent comme une fin en soi, comme un pur objet, qu'il veut essentiellement posséder, l'avare perd sa lucidité. Il imagine, dans un délire paranoïaque, qu'on veut le voler ; il interprète à contre sens les paroles de ses interlocuteurs ; il cherche enfin à se faire passer pour pauvre, aux yeux de Cléante et Élise mais aussi de son voisinage. Il n'est plus rattaché lui-même à la réalité du monde. Simmel analyse les processus propres de l'avarice et montre en quoi elle constitue une vision irrationnelle de la réalité : l'argent non dépensé constitue pour l'avare « une valeur définitive et absolument satisfaisante »[4]. L'avare ne voit pas l'argent comme le moyen d'acheter des biens ou comme la récompense d'un travail, mais comme un absolu, qu'il faut avoir, la dépense s'apparentant à la dilapidation. Le capitalisme, par son fétichisme de l'argent, risque toujours de s'éloigner de la rationalité, mais si cette dernière est possible, le capitalisme doit pouvoir être sain. Une dernière condition subsiste toutefois.

L'argent voué à fonctionner en autonomie rend malsain socialement le système dans lequel il évolue. L'argent ne peut se détacher du travail, qu'il représente et qu'il alimente.

LA CRÉATION D'INTÉRÊTS, de plus-values, qui est propre au capitalisme, est néfaste quand elle est le centre du système. Mais si un capitalisme où la création d'argent peut rester indissolublement liée au travail est possible, alors ce capitalisme peut être raisonnable et rationnel.

L'argent détaché des biens qu'il représente prend une autonomie inquiétante. Il ne peut fonctionner sainement que dans un circuit de production. Ainsi, la prodigalité de la princesse d'Orviedo perd en absurdité lorsqu'on découvre qu'elle est tournée vers le travail, vers ce qu'on appellerait aujourd'hui la réinsertion. Simmel montre l'infériorité du travail par rapport au capital, lorsqu'il rappelle que ce dernier est « toujours transférable d'un usage à un autre »[5], contrairement au travail. Mais cette fixité du travail, qui peut laisser croire que c'est une activité immobiliste, peut aussi garantir le caractère sain des mouvements d'argent. En ne permettant pas des transferts inconsidérés d'argent, le travail interdit aux valeurs de s'envoler de façon disproportionnée.

---

[4] p. 293 [5] p. 247

Ainsi, le travail fixe les mouvements d'argent, ne leur permet pas de créer des plus-values fascinantes, mais il oblige à garder des repères. Sigismond, le représentant de Marx dans le roman de Zola, envisage dans sa société utopique de supprimer l'argent : « À titre de rémunération, nous le remplaçons par nos bons de travail ; et, si vous le considérez comme mesure de la valeur, nous en avons une autre qui nous en tient parfaitement lieu, celle que nous obtenons en établissant la moyenne des journées de besogne, dans nos chantiers... »[6] Dans l'univers de Molière, bien antérieur au capitalisme, nous trouvons une situation analogue : pour déjouer la tyrannie de son père, Cléante s'adonne au jeu. Certes, il ne s'agit pas ici de travail, mais il est notable que Cléante ne joue pas pour jouer ; avec l'argent gagné, il s'achète des vêtements ; il convertit l'argent du jeu en objets réels, utiles, même si Harpagon considère ses tenues comme extravagantes. Bien que Cléante ne travaille pas, il a un usage de l'argent qui s'oppose au fétichisme malsain de son père.

Dans une société du travail, l'argent est un principe utile et peut même devenir un moyen de justice sociale. Le capitalisme fait circuler l'argent dans un circuit fermé, alors que d'autres formes de circulation rationnelles et raisonnables participent de l'équilibre de la société. Ainsi, la générosité, amplement représentée dans le corpus, illustre une utilisation positive et bienfaisante de l'argent, que ce soit par le biais d'Anselme, chez Molière, ou de la princesse d'Orviedo et de toutes les personnes charitables qui l'assistent, chez Zola. Simmel donne un exemple a contrario : si les riches sont aussi souvent ceux qui ont le pouvoir politique, c'est précisément parce qu'ils ont les moyens financiers d'accéder aux fonctions publiques non rémunérées[7]. Cette analyse laisse entendre qu'au contraire des sociétés qui payent les citoyens pour leur métier de citoyen, comme la Grèce antique, sont fondamentalement démocratiques.

AINSI, LE CAPITALISME tel qu'il est décrit par Marx, apparaît comme porteur de graves dysfonctionnements et les œuvres au programme mettent à jour les ravages que l'argent peut produire. Toutefois, ces ravages sont le produit d'un décrochage, d'un détachement de l'argent par rapport au travail, ou en tout cas d'une activité proprement humaine. Ce détachement n'est pas une fatalité et les œuvres montrent aussi qu'il finit par être sanctionné.

Le travail, qui est une transformation de la réalité, pour la rendre habitable par l'homme, n'apparaît pas alors comme la malédiction propre à la condition humaine déchue, mais comme le moyen de créer ses conditions de vie, d'en être maître et en somme d'être libre.

---

[6] p. 366 [7] p. 257

IV Éviter le hors-sujet

« Tout travail mérite salaire ». Dans quelle mesure les œuvres au programme reflètent-elles la sagesse populaire ?

Cette maxime, issue de la morale commune, semble dire en bref ce que Marx dit plus longuement. Elle met en rapport le travail et l'argent. Pourtant, elle adopte un point de vue inverse par rapport à Marx. Ce dernier constate que, dans le capitalisme, l'argent est déconnecté du travail, parce qu'il peut être généré sans rapport avec lui. Le dicton, tout en fustigeant cette même déconnexion, dénonce au contraire le travail tout à fait gratuit. Si Marx, dans l'ensemble de son œuvre, et dans son interprétation actuelle, s'attaque à l'exploitation du prolétariat par le patronat, qui verse un salaire de misère, le dicton rappelle tout simplement la nécessité de ce salaire.

Ainsi le dicton « tout travail mérite salaire » ne conduit pas tant à s'interroger sur l'autonomisation de l'argent par rapport au travail que sur la notion de gratuité. Certes, un travail qui ne recevrait pas de salaire, d'argent en guise de compensation, de rétribution, serait assimilable à de l'esclavage. Mais ne faut-il pas laisser une place à la gratuité, au don, dans une société qui ne s'attacherait pas avidement au gain ? Ainsi le bénévolat est aussi une forme de travail. Cependant, cette instauration de la gratuité comme principe comporte aussi ses risques, puisque les abus peuvent conduire à une forme d'exploitation. C'est la raison pour laquelle la société doit permettre une juste rétribution du travail, lorsque celui-ci mérite salaire, mais ne pas exclure la possibilité de la générosité gratuite, cadre dans lequel la société doit exercer un contrôle rigoureux afin que cette générosité ne soit pas le vecteur d'une aliénation.

Citations à retenir

Les citations qui ne sont pas tirées des trois œuvres au programme sont utiles pour votre culture générale et votre compréhension du thème. Vous pourrez les utiliser comme point de départ de votre introduction ou comme élargissement de la réflexion dans la conclusion, mais vous ne devez pas les citer dans votre développement.

I Puissance de l'argent

1 Molière

Cléante : « Car enfin peut-on rien voir de plus cruel que cette rigoureuse épargne qu'on exerce sur nous, que cette sécheresse étrange où l'on nous fait languir ? »

(I, 1)

Frosine : « aux personnes comme moi le Ciel n'a donné d'autre rente que l'intrigue et l'industrie » (II, 4)

Harpagon : « Dis-moi un peu, nous feras-tu bonne chère ? »

Maître Jacques : « Oui, si vous me donnez bien de l'argent. » (III, 1)

2 Zola

« Un milliard à soi, ainsi manœuvré, est une force inexpugnable. » (Chap. III, p. 135)

« C'est ainsi que le monde va être renouvelé, car rien n'était possible sans l'argent, l'argent liquide qui coule, qui pénètre partout, ni les applications de la science, ni la paix finale, universelle... » (Chap. IV, p. 173)

« L'argent serait-il donc l'éducation, la santé, l'intelligence ? » (Chap. V, p. 208–209 ; voir aussi chap. XII, p. 474)

« L'argent, l'argent roi, l'argent Dieu, au-dessus du sang, au-dessus des larmes, adoré plus haut que les vains scrupules humains, dans l'infini de sa puissance ! »

(Chap. VII, p. 287)

« Comment ! l'argent ne donnait donc pas tout ? Voilà une femme que d'autres avaient pour rien, et qu'il ne pouvait avoir, lui, en y mettant un prix fou ? »

(Chap. VIII, p. 317 : Mme Conin se refuse à Saccard)

« Avec six cent millions, il balayait les juifs, il devenait le roi de l'or, le maître du monde. » (Chap. X, p. 404)

3 Simmel

« mon action ou mon avoir doivent adopter la forme de la valeur monétaire pour servir l'avancée de ma volonté. » (p. 243)

« l'argent est le moyen absolu » (p. 244)

« Celui qui possède de l'argent au-delà d'une quantité donnée en retire l'avantage supplémentaire de pouvoir le mépriser. [...] Quand donc un individu un peu moins fortuné achète le même objet que le très riche, ce dernier bénéficie encore d'un *superadditum* psychologique ; une acquisition et une jouissance faciles, directes, entières » (p. 258)

« l'homme d'argent pur et simple est vite menacé de déclassement social, au sentiment duquel il n'échappera souvent que par sa puissance » (p. 260)

Comme la foi en Dieu, « l'argent accorde lui aussi cette élévation au-dessus du particulier, cette confiance en sa toute puissance comme en celle d'un principe suprême » (p. 281)

4 Autres auteurs

« L'argent qu'on possède est l'instrument de la liberté, celui qu'on pourchasse est celui de la servitude. » (Jean-Jacques Rousseau, *Les Confessions*)

« Une bourse d'or me paraît toujours un argument sans réplique. » (Beaumarchais, *Le Barbier de Séville*)

« Jamais surintendant ne trouva de cruelles. / L'or, même à la laideur, donne un teint de beauté. » (Boileau, *Satires*, VIII)

« Ah ! vous ne comprenez pas, vous autres, comme c'est amusant, les affaires [...]. Le grand combat, aujourd'hui, c'est avec l'argent qu'on le livre. » (Maupassant, *Mont Auriol*, c'est le banquier Andermatt qui parle)

II Argent et valeur

1 Molière

Valère : « l'argent est plus précieux que toutes les choses du monde » (I, 5)

Valère : « Ce n'est pas qu'il y ait quantité de pères qui aimeraient mieux ménager la satisfaction de leurs filles que l'argent qu'ils pourraient donner [...] » (I, 5 ; Valère est ironique : il faut comprendre que quantité de pères, contrairement à Harpagon, aimeraient etc.)

Cléante : « Ne rougissez-vous point [...] de sacrifier gloire et réputation au désir insatiable d'entasser écu sur écu ? » (II, 2)

2 Zola

« Ce n'était plus qu'un faiseur d'argent, qui jetait à la fonte les choses et les êtres pour en tirer de l'argent. » (Chap. VII, p. 288)

« Alors, Mme Caroline eut la brusque conviction que l'argent était le fumier dans lequel poussait cette humanité de demain. [...] Tout le bien naissait de lui, qui faisait tout le mal. » (Chap. VII, p. 291–292 ; voir aussi p. 500)

« l'idée de la valeur de l'argent se trouvait abolie à ce degré de fièvre, il n'y avait plus que des pions que l'on poussait sur l'échiquier. » (Chap. X, p. 404)

3 Simmel

« la valeur d'une somme d'argent particulière dépasse la valeur de chaque objet particulier obtenable en échange : car elle accorde la chance de choisir tel objet au lieu de tel autre » (p. 246)

« Finalement, toute la diversité des marchandises est convertible en une seule valeur, l'argent, tandis que l'argent, lui, est convertible en toute la diversité des marchandises. » (p. 247)

« le vouloir humain, quant à lui, n'ayant aucune limite, une multitude d'éventuelles utilisations concourent sans cesse pour chaque somme disponible ; comme alors on choisit le bien le plus désiré, l'argent sera forcément estimé, à tout moment donné, en égale valeur à l'intérêt majeur ressenti comme tel provisoirement. » (p. 248)

« Aussi, devant le choix entre la totalité des biens matériels et la totalité des biens idéaux, opterions-nous obligatoirement pour les premiers, parce que renoncer à eux reviendrait à nier la vie dans son ensemble, y compris ses contenus idéaux ; mais le cas échéant, nous n'hésiterions pas à nous dessaisir de chaque bien matériel pris dans le tout, en échange de n'importe quel bien idéal. » (p. 252)

« La fortune passe même pour une sorte de mérite moral » (p. 254)

« Tandis que [l]a valeur [de l'argent] comme *moyen* grandit, sa *valeur* grandit, au point qu'il passe pour valeur en soi et que la conscience téléologique s'arrête définitivement à lui. » (p. 275)

4 Autres auteurs

« La plus belle réussite d'un dandy est l'emploi de son temps, et non son argent. Car il méprise l'or dans lequel croupissent les bourgeois : son chef-d'œuvre est sa liberté, l'acquisition de sa liberté. » (Michel Onfray, *Les Deux Violences*)

« N'estime l'argent ni plus ni moins qu'il ne vaut : c'est un bon serviteur et un mauvais maître. » (Alexandre Dumas fils, *La Dame aux camélias*)

III Pathologies de l'argent

1 Molière

La Flèche : « La peste soit de l'avarice et des avaricieux ! » (I, 3)

Cléante : « Voilà où les jeunes gens sont réduits par la maudite avarice des pères ; et on s'étonne après cela que les fils souhaitent qu'ils meurent. » (II, 2)

La Flèche : « Le seigneur Harpagon est de tous les humains l'humain le moins humain » (II, 4)

Valère : « Il faut manger pour vivre, et non pas vivre pour manger. » (III, 1)

Harpagon : « Hélas ! mon pauvre argent, mon pauvre argent, mon cher ami ! [...] sans toi, il m'est impossible de vivre. » (IV, 7)

2 Zola

« toute une vie de vols effroyables, non plus au coin des bois, à main armée, comme jadis, mais en correct bandit moderne, au clair soleil de la Bourse » (Chap. II, p. 80, évocation des activités du prince d'Orviedo)

« Et Saccard, qui, dans ses terribles appétits, faisait cependant la part de l'amour désintéressé de l'argent, pour la puissance qu'il donne, se sentait pris d'une sorte de terreur sacrée, à voir se dresser cette figure, non plus de l'avare classique qui thésaurise, mais de l'ouvrier impeccable, sans besoin de chair, devenu comme abstrait dans sa vieillesse souffreteuse » (Chap. III, p. 137, à propos de Gundermann)

« tout ce qui l'entoure, ça ne passe pour lui qu'après l'argent... Oh ! entendons-nous, il n'aime pas l'argent en avare, pour en avoir en gros tas, pour le cacher dans sa cave. Non ! s'il en veut faire jaillir de partout, s'il en puise à n'importe quelles sources, c'est pour le voir couler chez lui à torrents, c'est pour toutes les jouissances qu'il en tire, de luxe, de plaisir, de puissance. [...] Il est vraiment le poète du million, tellement l'argent le rend fou et canaille, oh ! canaille dans le très grand ! »

(Chap. VII, p. 285, Maxime à propos de Saccard)

3 Simmel

« La simple possibilité d'usage illimité qu'il [l'argent] a en lui ou plutôt qu'il est en soi – à cause de son manque absolu de contenu propre – a sa traduction positive en ceci qu'il ne connaît pas le repos et pousse sans cesse à son emploi, quasi spontanément. » (p. 247)

« L'avare aime l'argent comme on aime un homme très vénéré dont le simple fait qu'il existe [...] contient déjà de la félicité » (p. 288)

« L'effort qui s'est d'abord tourné vers l'argent ne trouve en lui que quelque chose de tout à fait indéterminé, absolument incapable de satisfaire un désir rationnel [...] ; aussi, quand le désir ne va pas au-delà vers un but concret, il en résulte une mortelle désillusion » (p. 290)

« L'argent lui est presque aussi essentiel qu'à l'avare, mais sous la forme de la dépense et non de la possession. » (p. 297, le prodigue)

« Rien ne peut mieux flatter [le cynique] que la capacité de l'argent à réduire les valeurs les plus hautes comme les plus basses, uniformément, à une seule et unique forme de valeur » (p. 307)

4 Autres auteurs

« Ne faites donc pas comme l'avare, qui perd beaucoup pour ne vouloir rien perdre » (Rousseau, *L'Émile*)

« Maintenant, je vais aller voir si mon or est bien comme je l'ai caché, cet or qui me rend malheureux et me tourmente de mille manières » (Plaute, *La Marmite*)

« L'enfant était malade dès sa naissance, frappé d'une maladie héréditaire dont seulement peuvent se débarrasser les hommes les plus vitaux ; je veux dire la pauvreté, la plus mortelle et la plus impérieuse des maladies. » (Eugene O'Neill, *Brouillard*)

« Les pauvres, à force de penser à l'argent, et d'y penser sans arrêt, en arrivent à perdre les avantages spirituels de la non-possession et à descendre aussi bas que les riches. » (Cioran, *De l'inconvénient d'être né*)

« Un homme qui connaît le prix de chaque chose et la valeur d'aucune. C'est le cynique. » (Oscar Wilde, *Lady Wintermere's Fan*)

IV Argent et échange

Pour cette section, nous vous indiquons entre parenthèses des utilisations possibles illustrant les différents types d'usage de l'argent.

1 Molière

Cléante : « Et que nous servira d'avoir du bien, s'il ne nous vient que dans le temps que nous ne serons plus dans le bel âge d'en jouir [...] ? » (I, 1)

Cléante : « Je mets sur moi tout l'argent que je gagne. » (I, 4, achat)

Harpagon : « Il est bien nécessaire d'employer de l'argent à des perruques, lorsque l'on peut porter des cheveux de son cru, qui ne coûtent rien. » (I, 4, thésaurisation, économie)

Harpagon : « Si vous êtes heureux au jeu, vous devriez en profiter, et mettre à honnête intérêt l'argent que vous gagnez, afin de le trouver un jour. » (I, 4, placement)

Cléante : « Qui est plus criminel, à votre avis, ou celui qui achète un argent dont il a besoin, ou bien celui qui vole un argent dont il n'a que faire ? » (II, 2, endettement et usure)

2 Zola

« Des passants tournaient la tête, dans le désir et la crainte de ce qui se faisait là, ce mystère des opérations financières où peu de cervelles françaises pénètrent, ces ruines, ces fortunes brusques, qu'on ne s'explique pas. » (chap. I, p. 44, affaires)

« L'idée de charité le blessait, le jetait hors de lui : la charité, c'était l'aumône, l'inégalité consacrée par la bonté » (chap. I, p. 68, il s'agit de Sigismond – aumône)

« Trois ou quatre petites entreprises, qui végètent isolément, deviennent d'une vitalité et d'une prospérité irrésistibles, si elles se réunissent... oui, demain est aux gros capitaux, aux efforts centralisés des grandes masses. » (Chap. II, p. 93, Saccard envisage la création de la Compagnie générale des Paquebots réunis – trust)

« L'ancienne fortune domaniale est une forme caduque de la richesse, qui a cessé d'avoir sa raison d'être. Elle était la stagnation même de l'argent, dont nous avons décuplé la valeur, en le jetant dans la circulation [...]. » (Chap IV, p. 173, propriété terrienne)

3 Simmel

« La libre utilisation confère à l'argent du client une prépondérance dont le "coulant" de l'autre partie forme l'équivalence. » (p. 250, pourboire)

« On pourrait parler ici d'une loi de limitation des prix à la demande : une marchandise ne sera jamais plus chère que ne saurait la payer la couche sociale la plus dépourvue de moyens à laquelle cette marchandise doit être encore offerte » (p. 256)

4 Autres auteurs

« La monnaie est devenue, en vertu d'une convention, pour ainsi dire, un moyen d'échange pour ce qui nous fait défaut. C'est pourquoi on lui a donné le nom de *nomisma* parce qu'elle est d'institution, non pas naturelle, mais légale, et qu'il est en notre pouvoir, soit de la changer, soit de décréter qu'elle ne servira plus. »

(Aristote, *Éthique à Nicomaque*)

« Quelle entreprise hardie, pour un pauvre, d'avoir commerce avec un riche, d'entreprendre avec lui quelque affaire ! » (Plaute, *La Marmite*)

« L'argent n'est-il pas un moyen de traiter les relations humaines aussi sûr que la violence, et ne nous permet-il pas de renoncer au trop naïf usage de celle-ci ? Il est de la violence spiritualisée, une forme particulière, souple, raffinée, créatrice, de la violence. » (Musil, *L'homme sans qualités*)

V Argent et travail

1 Molière

Harpagon : « N'as-tu point honte [...] de faire une honteuse dissipation du bien que tes parents ont amassé avec tant de sueurs ? » (II, 2)

2 Zola

« Le collectivisme, c'est la transformation des capitaux privés, vivant des luttes de la concurrence, en un capital social unitaire, exploité par le travail de tous. »

(Chap. I, p. 71)

« Et c'était bien cela qu'elle [Mme Caroline] voyait se dresser de nouveau : [...] le continuel travail, de nouvelles jouissances conquises, le pouvoir de l'homme décuplé, la terre lui appartenant chaque jour davantage. L'argent, aidant la science, faisait le progrès. » (Chap. II, p. 113)

« Après trente ans de travail [...] la passion du jeu, à la suite d'un incident de hasard, s'était déclarée et propagée en lui avec la violence destructive d'un incendie. » (Chap. III, p. 146, il s'agit de Sédille, marchand de soie)

« n'ayez pas l'air de cracher sur l'argent : c'est idiot d'abord, et ensuite, il n'y a que les impuissants qui dédaignent une force... Ce serait illogique de vous tuer au travail pour enrichir les autres, sans vous tailler votre légitime part. » (Chap. VIII, p. 317)

Dans la société rêvée par Sigismond, « C'est l'heure d'ouvrage qui est la commune mesure, un objet ne vaut que ce qu'il a coûté d'heures » (Chap. XII, p. 493–494)

3 Simmel

« Par rapport au travail, le phénomène prend cette forme particulière que le capital est presque toujours transférable d'un usage à un autre [...] tandis que le travail, lui, ne l'est quasiment jamais. » (p. 247)

4 Autres auteurs

« En général, les biens provenant du hasard sont ceux qui provoquent l'envie. »

(Aristote, *Rhétorique*)

« Le capital, semblable au vampire, ne s'anime qu'en suçant le travail vivant et sa vie est d'autant plus allègre qu'il en pompe davantage » (Marx, *Le Capital*)

« Le capital est seulement le fruit du travail et il n'aurait jamais pu exister si le travail n'avait tout d'abord existé. » (Abraham Lincoln, *Premier message annuel au Congrès*)

Lexique

Aphorisme: maxime, phrase courte délivrant une vérité

Apposition: construction dans laquelle un terme déterminant un autre est placé juste après ce dernier

Apurer: reconnaître un compte exact après examen des pièces justificatives

Ascèse (ascétique): privation volontaire de tout plaisir dans un but d'élévation spirituelle et morale

Assertion (assertif): affirmation (affirmatif)

Blasement: état d'un être blasé

Captatio benevolentiae: partie du discours qui attire l'attention de l'auditeur

Chimérique: créé de toutes pièces, imaginaire

Dot: somme d'argent apportée par l'épouse lors d'un mariage

Emphase (emphatique): exagération

Eudémonisme: doctrine morale pour laquelle le but de l'action est le bonheur

Industrie (dans la langue de Molière): habileté

Labilité: caractère changeant, voire faillible

Mélioratif: qui a une connotation favorable

Messianique: relatif à la venue du Messie, attendu pour établir le règne de Dieu sur terre

Métaphysique: partie de la philosophie relative au sens de l'existence, aux fins ultimes de la vie

Parataxe: juxtaposition de phrases sans mot de liaison explicite

Péricliter: dépérir et mourir

Polysémie: fait qu'un mot ait plusieurs sens possibles

Positivisme: doctrine se réclamant de l'expérience scientifique, des faits

Solipsisme: attitude refusant la réalité du monde extérieur

Sublimer: (psychanalyse) transposer des pulsions (ex : agressivité) sur un plan supérieur (ex : en les exprimant par l'art)

Tautologie: (logique) fait de dire deux fois la même chose

Téléologie: étude des fins

Thésauriser: constituer un trésor, amasser

Usure: prêt à intérêt au-delà du taux habituel

Bibliographie

Ouvrages généraux

- Bonetti, Henri, *L'Argent, petit cours de rattrapage à l'usage des parents*, Nathan, 2007. Utile aussi quand on n'est pas parent !
- *L'Argent-maître*, numéro spécial de la revue *Médium*, n°16–17, 2008. Intéressant notamment pour l'article introductif de Paul Soriano et la partie « Concept » sur la monnaie.

Sur Molière

- Force, Pierre, *Molière ou le prix des choses*, Nathan, 1994.
- Forestier, Georges, *Molière en toutes lettres*, Bordas, 1990.
- Amon, Évelyne, L'Avare *de Molière*, Balises, Nathan, 1995. Une première approche de l'œuvre.

Sur Zola

Parmi les nombreuses publications de qualité sur l'œuvre de Zola et le naturalisme, on pourra retenir les ouvrages suivants :

- Mitterand, Henri, *Zola et le naturalisme*, PUF, « Que sais-je ? », 2002. Une étude complète par un spécialiste de Zola.
- Pagès, Alain, Morgan, Owen, *Guide Émile Zola*, Ellipses, 2002.
- Becker, Colette, Gourdin-Servenière, Gina, Lavielle, Véronique, *Dictionnaire d'Émile Zola*, Laffont, 2002.

Plus spécifiquement sur *L'Argent* :

- Gomart, Hélène, *Les Opérations financières dans le roman réaliste*, Champion, 2004. Le chapitre 2 de cette étude universitaire est consacré à *L'Argent*.

Sur Simmel

- Vandenberghe, Frédéric, *La Sociologie de Georg Simmel*, éd. La Découverte, 2001. Une utile présentation de la méthode de Simmel. Le chapitre 5 est consacré à la *Philosophie de l'argent*.
- Collectif, *À propos de* Philosophie de l'argent *de Georg Simmel*, L'Harmattan, 1993. Le chapitre 6 évoque « le type de l'avare ».

Index des œuvres et des noms propres

Index des notions

Qu'avez-vous pensé de ce livre ?

A-t-il répondu à vos attentes ?
Était-il instructif ? pratique ?
Qu'auriez-vous aimé y trouver ?

Écrivez-nous !

Tous les courriers seront étudiés par les auteurs et par l'équipe éditoriale.

contact@H-K.fr

louisjean IMPRIMEUR
59, Av. Émile Didier
05003 Gap Cedex
Tél. 04 92 53 17 00
Dépôt légal : 220
Mai 2009
Imprimé en France

IMPRIM'VERT Votre imprimeur agit pour l'environnement

Toutes les encres et les vernis utilisés sont certifiés d'origine végétale.
Les eaux de mouillage des machines, les plaques, les produits de développement et les chutes de papier sont recyclés.

Imprimerie certifiée IMPRIM'VERT.